U0819700

利益相关者会计与管理文丛

丛书编委会主任　王竹泉

企业营运资金融资结构研究

孙兰兰　著

中国财经出版传媒集团
中国财政经济出版社

图书在版编目（CIP）数据

企业营运资金融资结构研究／孙兰兰著．—北京：中国财政经济出版社，2018.9

（利益相关者会计与管理文丛）

ISBN 978－7－5095－8469－9

Ⅰ.①企…　Ⅱ.①孙…　Ⅲ.①企业管理－资金管理－研究－中国 ②企业融资－研究－中国　Ⅳ.①F279.23 ②F275.1

中国版本图书馆 CIP 数据核字（2018）第 194819 号

责任编辑：王　丽　　　　责任校对：徐艳丽

中国财政经济出版社 出版

URL：http：//ckfz.cfeph.cn

E－mail：cfeph@cfeph.cn

社址：北京市海淀区阜成路甲 28 号　邮政编码：100142

营销中心电话：010－88191537

天猫网店：中国财政经济出版社旗舰店

网址：https：//zgczjjcbs.tmall.com

北京财经印刷厂印装　各地新华书店经销

880×1230 毫米　32 开　8.375 印张　200 000 字

2018 年 9 月第 1 版　2018 年 9 月北京第 1 次印刷

定价：46.00 元

ISBN 978－7－5095－8469－9

（图书出现印装问题，本社负责调换）

本社质量投诉电话：010－88190744

打击盗版举报热线：010－88191661　QQ：2242791300

中国海洋大学一流大学建设专项经费及
青岛科技大学科研启动经费资助

《利益相关者会计与管理文丛》
编　委　会

总序

企业理论是会计理论、财务理论的基础。近年来，以股东或业主权益最大化为企业目标的传统企业理论的弊端日益明显，倡导合作共赢和可持续发展的利益相关者理论应运而生，利益相关者治理和管理的时代正快速向我们走来。利益相关者理论不仅对企业生存所处的环境、企业生产经营观念、企业文化、企业价值决定和价值创造机制等产生了深层次的影响，而且也必将对企业的治理结构、商业模式、管理体制等产生革命性的影响，并进一步推动以企业理论为基础的会计理论、财务理论等的创新和发展。

从利益相关者视角来看，企业是一种为其资本所有者创造价值的形式，是拥有物质资本、人力资本或社会资本的利益相关者基于自身利益进行集体选择的结果，企业的本质是利益相关者的集体选择（王竹泉等，2006），是企业契约选择者的集体选择达到的一种可接受的均衡状态。要使参与集体选择的利益相关者的个体理性和集体理性同时得到满足，其蕴含的基本思想是合作共赢。即：集体选择不仅增进了集体福利，而且增进了每一个参与者的个体福利。利益相关者合作企业的核心和生命力在于能否实现合作共赢（王竹泉等，2012）。

利益相关者理论改变了企业是由物质资本所有者独享所有权的状况，变为由多方利益相关者集体选择所形成的不特定的利益相关者单方或多方共享所有权。与此同时，公司治理将由企业股东单边治理转变为利益相关者共同治理，企业价值将由股东价值转变为利益相关者价值，企业财务管理目标将由股东价值最大化转变为内部利益相关者价值最大化，企业价值形成及创造机制也将由企业内部管理转向企业与外部利益相关者之间的合作共赢。

伴随着上述转变，利益相关者管理将成为企业价值的重要驱动因素。正如R. 爱德华·弗里曼所指出的，“我们必须把经济活动理解为一种为‘利益相关者创造价值’的工具”。当企业价值管理中加入利益相关者管理这一元素后，对不同种类利益相关者的关注大大拓展了企业管理的半径，企业管理不再是停留在对企业内部资源的管理，而是延伸到企业之外，根据关注的利益相关者不同形成了不同的管理分支和理论，如对企业下游顾客的管理需求产生了客户关系管理理论、对企业上游供应商的管理需求产生了供应链管理理论、对企业外部拥有关系资源的其他利益相关者管理的需求产生了社会资本管理等等。

利益相关者理论为会计理论、财务理论的创新与发展提供了新的视角和理论支持，并催生了一系列新的研究分支。（1）企业分类治理和内部控制研究；每一个公司或企业都具有自己的个性，如何在公司或企业治理的研究中对公司或企业进行分类，利益相关者理论为我们提供了一个很好的分析框架。(2) 企业业绩评价研究；不同的企业，由于其参与企业契约集体选择的利益相关者的不同而具有不同的所有权和目标追求，因此，对企业的业绩评价必须分别不同类型的企业而设置与其相适应的评价体系和评价指标。(3) 企业价值管理研究；利益相关者集体选择的结果不仅决定了企业的所有权边界和企业的目标，而且也决定了企业的经营边界和商业模式，因此，不同类型企业其企业价值的衡量方法应该是不同的，而要实现企业价值增值的商业模式也会有差别。(4) 企业社会责任研究；根据是否参与企业契约的集体选择可以将利益相关者划分为内部利益相关者和外部利益相关者，内部利益相关者即企业的所有者，增加内部利益相关者的价值是企业的经济责任，而外部利益相关者是独立于企业的社会主体，增加外部利益相关者的价值就是企业的社会责任。(5) 企业财务报告改革研究；当企业的所有权为更多的利益相关者所分享时，财务报告的目标、权益理论和企业的收益计量等都会随着发生变化。(6) 企业会计政策选择研究；企业会计核算的范围和会计政策的边界在哪里？谁应该成为企业会计政策选择的权力主体？企业会计政策选择需要满足的集体理性和个体理性条件各是怎样的？在不同类型的企业中，上述问题的答案是否会有差异？(7) 企业财务理论创新研究；传统企业财务理论一直将由投资活动和筹资活动组成的理财活动作为研究重点，而对经营活动另行对待且较少关注。同时，其关注的资本形态主要是财务资本和物质资本，其所研究的财务主体也始终没有超出投资者和经营者的范围。利益相关者理论的出现为创建"以内部利益相关者为财务主体、以广义营业活动（包括投资活动、筹资活动和经营活动）为财务边界、以广义资本（包括财务资本、物质资本、知识资本、网络资本或社会资本）的配置和运用为研究对象”的新型企业财务理论奠定了理论基础。

基于上述认识，我们设立了《利益相关者会计与管理文丛》的出版计划，致力于推动利益相关者视角的企业理论、会计理论和财务理论等的创新与发展。入选系列丛书的书稿均为专注该领域研究的学术专著和博士学位论文，并经过了严格的“双盲”评审，基本反映了利益相关者会计与管理领域的发展前沿和中国海洋大学在该领域研究中形成的优势和特色。

衷心感谢中国海洋大学“985工程”海洋发展人文社会科学研究基地建设经费和中央高校基本科研业务费对本丛书出版的资助。感谢国家自然科学基金、教育部、中国会计学会、中国海洋大学等为该领域研究提供的支持。感谢丛书编委会各位编委以及中国财政经济出版社樊清玉编审对本丛书出版的无私帮助！是他们的共同努力，才使得这套丛书得以问世！

《利益相关者会计与管理文丛》将随着研究的深入而不断增添新的内容，我们希望这套丛书的出版能够启迪本领域的后续研究，促进该领域的研究不断深入和发展。

王竹泉

2013年9月1日于青岛

序

企业的营运资金融资决策与流动性风险和短期偿债能力紧密相关。当前，我国经济发展步入新常态，企业发展面临新的机遇，但也面临着更为残酷的竞争环境，资金链日趋紧张，如何对营业活动流动资金来源进行合理安排，成为企业财务管理决策的重要内容之一。对企业营运资金融资结构的系统研究不仅可以从理论方面深化对营运资金融资结构管理内涵、模式和方法的认识，而且可以为企业合理安排营业活动流动资金来源、对营运资金融资结构进行优化选择提供有益指导。

传统研究将反映企业财务状况和偿债能力的指标——营运资本（Working Capital，即流动资产与流动负债的差额）与企业在营业活动中所投入的营运资金（或流动资金）相混淆。实际上，营运资金与营运资本是两个完全不同的概念。营运资本是流动资产与流动负债之差，它与营运资金的内在联系是，营运资本是营运资金的长期资金来源。除此之外，营运资金还可能来源于金融性流动负债。因此，营运资本与金融性流动负债之间的比例关系属于营运资金的融资结构问题。

《企业营运资金融资结构研究》是一部在区分营运资金与营运资本概念的基础上，对营运资金融资结构的理论基础、影响因素与动态调整等问题进行系统研究的学术著作。作者基于营运资金融资结构概念内涵的重新界定，对我国企业营运资金融资结构的时序特征、行业特征及其他分类特征进行统计，并从微观、中观和宏观层面对企业营运资金融资结构的影响因素进行分析和检验。同时，作者从动态权衡视角对企业营运资金融资结构的调整机理进行深入剖析，并对不同调整意愿和调整能力下营运资金融资结构的动态调整速度进行系统探讨。该著作不仅丰富了营运资金管理的理论研究，也拓展了企业融资结构的研究，对于企业优化营运资金融资结构具有一定的指导作用。

本书是中国海洋大学中国资金管理智库协同创新中心策划、中国财经出版传媒集团出版的“利益相关者会计与管理文丛”系列著作之一，由孙兰兰博士在博士学位论文基础上充实完善最终成稿。值此新书出版之际，以此为序，向广大读者特别推荐。

王竹泉

2018 年 7 月于中国海洋大学

前言

营运资金管理既是财务管理理论研究的重要组成部分，也是企业财务管理实践的重要内容之一。企业营运资金投资决策与营运资金融资结构选择是营运资金管理的两个方面，但目前已有研究大多集中于对营运资金投资方面的分析，对营运资金融资结构的研究相对较少。事实上，企业营运资金融资政策不仅涉及营业活动短期和长期资金融通规模，而且直接决定了营业活动流动资金的结构配置，不同来源和期限的营运资金融资选择会对企业成本和财务风险产生不同的影响。尤其在经济下行的大背景下，企业面临着更为残酷的竞争环境，资金链日趋紧张，如何对营业活动流动资金来源进行合理安排、对营运资金融资结构进行优化选择，成为企业生存和发展面临的重要挑战。与之相对应，营运资金融资结构管理的内涵、模式和方法等也需要进行合理调整，这就对学术界营运资金融资结构管理的理论研究和实证分析提出了新的要求与挑战。

本研究首先对企业融资结构相关理论和营运资金融资结构理论与实证研究进行了系统回顾，发现已有研究的不足与缺陷。其次，在借鉴已有理论成果的基础上，对企业营运资金融资结构的概念内涵和动态调整机理进行深入剖析。再次，对我国企业营运资金融资结构的时序特征、行业特征以及相关分类特征进行统计，并进一步从微观、中观（行业和供应链）和宏观层面对营运资金融资结构的影响因素进行系统分析和检验。最后，对不同调整意愿和调整能力下企业营运资金融资结构的动态调整问题进行了考察。

本研究的主要研究结论如下：第一，企业营运资金融资决策的终极目的是为营业活动流动资金净需求提供资金支持，营运资金融资结构选择的本质是在权衡风险和成本的基础上，对营运资金需求的长期和短期资金来源进行合理配置。因此，营运资金融资结构应界定为：营运资本占营运资金净需求之比。第二，从时序特征来看，总体上，我国制造业企业营运资金融资结构较为激进，隐含着较高的财务风险水平；受金融危机影响，企业风险意识逐渐提升，营运资金融资结构变得相对稳健。从行业特征来看，不同制造业细分行业间企业营运资金融资结构存在较大差异。第三，在微观影响因素研究方面，实证结果显示，当营运资金需求占企业总资金需求的比例较高、盈利性较强、资金周转效率较低时，企业更多地选择长期资本为营运资金需求提供融资支持，即营运资金融资结构较为稳健；对于高风险承担企业、高成长性企业、大规模、成立年限较长的企业和国有企业而言，则将短期金融性负债作为营业活动流动资金净需求的主要来源，即营运资金融资结构较为激进。第四，在中观层面的影响因素研究方面，实证结果显示：对垄断性行业、差异化产品行业、非耐用品行业以及供应链关系中供应商和客户集中度较高的企业而言，营运资金净需求中短期金融性负债占比较小，而营运资本占比较大，营运资金融资结构较为稳健。第五，在宏观影响因素研究方面，在经济下行时期，企业最主要的经营目标不再是增加投资和追逐利润，而是应该将注意力转移到对自身流动性风险的预防上，因此，在进行营运资金融资决策时，会选择相对稳健的营运资金融资结构。在货币政策紧缩时，企业外部资金融资成本较高，出于控制成本和未来降息时财务灵活性的考虑，企业应更多地选择短期金融性负债作为营运资金需求的主要资金融通来源。第六，在营运资金融资结构动态调整研究方面，实证结果表明：企业会根据目标值对营运资金融资结构不断进行调整；企业家经济预期和供应链集中度会影响企业对营运资金融资结构的调整意愿，进而影响营运资金融资结构动态调整的速度；企业面临的融资约束程度、财务柔性和货币政策是影响企业融资结构调整成本的主要因素，进而也会对营运资金融资结构的调整速度产生影响。

本研究的主要创新之处在于：第一，本研究秉承王竹泉（2013）提出的营运资金融资结构定义，进一步考虑不同来源和期限的资金融通方式的异质性，对权衡风险和成本的营运资金融资结构内涵进行了系统分析，有助于完善营运资金融资结构管理理论。第二，结合营运资金融资结构的本质和内涵，本研究从微观、中观和宏观三个层面对营运资金融资结构的影响因素进行更为系统和全面的理论分析和实证检验，提出营运资金融资结构选择是对风险和成本进行权衡的综合结果，拓展了企业营运资金融资结构影响因素研究的视野。第三，将企业营运资金融资结构的研究深入到动态调整层面，填补了营运资金融资结构动态调整研究的空白，有助于更深入地理解宏观经济形势和政策、供应链关系、外部融资能力、财务灵活性等与营运资金融资结构调整之间的动态协同效应。

孙兰兰

2018年7月

目录

第1章 导　论

1.1　研究背景与意义

1.1.1　研究背景

当前，我国经济发展步入新常态，企业发展面临新的机遇，但经营环境的不确定性和风险程度也在不断提高。尤其对钢铁、煤炭、造船等产能过剩行业来说，供应链账款拖欠问题更为严重、企业间债务违约存在蔓延风险，新“三角债”问题再次严峻起来，近来春和、东北特钢、天威等企业的债务违约风波就是其中的典型案例。中国企业营运资金管理研究中心的年度调查显示，2015年中国上市公司营运资金的主要项目存货、应收账款和应付款项的整体规模增幅均超过10%，营运资金管理的重要性日渐凸显；从营运资金融资结构上来看，短期金融性负债占比总体上达到58.29%，虽然较2014年有所降低，但仍存在部分行业短期金融性负债占比过高的问题，短期资金风险已成为企业亟需解决的重要问题（王竹泉等，2016）[1]。企业营运资金融资政策不仅涉及短期和长期资金融通规模，而且直接决定了营业活动流动资金的结构配置，不同来源和期限的营运资金融资选择会对企业成本和财务风险产生不同的影响。尤其在经济下行的大背景下，企业面临着更为残酷的竞争环境，资金链日趋紧张，如何对营业活动流动资金来源进行合理安排、对营运资金融资结构进行优化选择，成为企业生存和发展面临的重要挑战。与之相对应，营运资金融资结构管理的内涵、模式和方法等也需要进行合理调整，这就对学术界营运资金融资结构管理的理论研究和实证分析提出了新的要求与挑战。

在营运资金概念界定上，国内外学者大多将其理解为资金需求净额（流动资产与流动负债之差），并在此基础上将营运资金融资结构界定为企业总体上如何为短期资产提供资金支持（刘怀义，2010；Etiennot 等，2012）[2,3]。王竹泉（2013）[4]进一步指出，上述营运资金概念并未体现业务、财务一体化的时代特征。事实上，企业的营业部门不再仅仅是资金需求方，而是可以为自身业务活动融通资金，甚至作为融资平台为企业长期资产投资需求提供支持。因此，业务活动真正需要财务部门筹集的短期资金数额应该是流动资产减去经营性流动负债之后的净额。在营运资金实证研究方面，国内外学者大多基于营运资金整体或各主要项目的周转期，研究营运资金周转绩效的影响因素（Baños 等，2010；Azeem，2015；等等）[5,6]，以及营运资金周转绩效与公司业绩的关系（Ding 等，2013；鞠晓生等，2013；de Almeida 等，2014；等等）[7,8,9]；也有部分学者进一步对营运资金投资规模的调整进行了分析（Baños 等，2013；

吴娜，2013；等等）[10,11]。相比于投资视角的营运资金规模和绩效研究，学者们对营运资金融资结构的研究仍然较少。具体到营运资金融资结构的影响因素研究方面，多数学者仅从营运资金融资结构的某一个或某几个影响因素进行研究，而没有从微观到中观和宏观、从单个到整体的角度对营运资金融资结构的影响因素进行全面而系统的考察。此外，相比于静态视角的营运资金管理研究，关于营运资金动态调整的研究相对较少，特别是对营运资金融资结构动态调整问题的研究目前仍是一个空白。鉴于上述分析，本书结合营运资金融资结构的本质和内涵，从微观、中观和宏观视角对营运资金融资结构的影响因素进行更为系统和全面的分析；并进一步基于局部调整模型，对营运资金融资结构的动态调整问题进行系统研究。

1.1.2 研究意义

对企业营运资金融资结构的系统研究不仅可以从理论方面深化对营运资金融资结构管理内涵、模式和方法的认识，而且可以为企业合理安排营业活动流动资金来源、对营运资金融资结构进行优化选择提供有益指导。以下，本书将从理论和实际两方面对本书的研究意义进行具体说明。

1. 理论意义

第一，秉承王竹泉（2013）[4]提出的营业活动流动资金净需求的概念内涵，本研究以长期资本、短期金融性负债与营运资金净需求的配比关系定义营运资金融资结构。在此基础上，基于融资结构的权衡理论，对权衡成本和风险的营运资金融资结构内涵进行系统分析和阐述，有助于进一步完善营运资金融资结构管理的理论研究。

第二，结合营运资金融资结构的本质和内涵，本研究从微观、中观和宏观三个层面对营运资金融资结构的影响因素进行更为系统和全面的理论分析和实证检验，提出营运资金融资结构选择是对风险和成本进行权衡的综合结果，拓展了企业营运资金融资结构影响因素研究的视野。

第三，本研究不仅将营运资金融资结构的研究视野局限于静态视角的影响因素研究，还进一步拓展到动态调整层面，有助于更深入地理解宏观经济形势和政策、供应链关系、外部融资能力、财务灵活性等与营运资金融资动态决策之间的协同效应。

2. 实际意义

第一，对企业营运资金融资结构影响因素的系统研究，有助于从企业内部特点、所处的行业和供应链特征以及外部宏观经济形势和政策等微观、中观和宏观层面，更加系统地理解企业营运资金融资结构选择，为企业合理制定营运资金融资计划和进行长、短期资本配置提供借鉴和指导。

第二，对企业营运资金融资结构动态调整机理和调整速度影响因素的研究，有利于促进企业树立优化营运资金融资结构的意识，根据企业自身财务条件、所处供应链和经济景气度等外部经营环境的变化，对营运资金融资结构进行调整；同时，促进企业提高自身的外部融资能力，进而增强对营运资金融资结构的调整能力。

1.2 研究内容与方法

1.2.1 研究内容

营运资金融资结构选择是财务管理理论和企业财务管理实践的重要内容之一，其不仅涉及短期和长期资金融通规模，而且直接决定了营业活动流动资金的结构配置，对企业融资成本和风险水平均会产生重要影响。本书主要对企业融资结构相关理论和营运资金融资结构理论与实证研究进行系统回顾，发现已有研究的不足与缺陷，在借鉴融资结构和营运资金管理相关理论成果的基础上，对营运资金融资结构的概念内涵和动态调整机理进行深入剖析。在此基础上，对我国企业营运资金融资结构的时序特征、行业特征以及相关分类特征进行统计和分析；从微观、中观（行业和供应链）和宏观层面对营运资金融资结构的影响因素进行系统分析和检验；并进一步对不同调整意愿和调整能力下企业营运资金融资结构的动态调整问题进行考察。本书各章节的主要研究内容如下：

1. 第一章是导论。本章主要从研究的背景特征、研究的理论与实践意义、研究的内容、涉及的相关研究方法、主要的创新和贡献等几大方面对文章进行了总体介绍。

2. 第二章是文献回顾与评述。本章主要从企业融资结构理论研究、企业营运资金融资理论发展与实证研究两大方面进行了文献梳理。为本书后续的营运资金融资结构理论与实证研究提供了借鉴和参考。

3. 第三章是营运资金融资结构内涵及动态调整理论分析。本章主要对成本和风险权衡视角下的营运资金融资结构内涵进行了系统分析；并进一步基于动态权衡理论，对营运资金融资结构动态调整机理进行了分析。

4. 第四章是营运资金融资结构的企业微观影响因素分析。本章首先对我国企业营运资金融资结构的时序特征、行业特征以及相关分类特征进行了考察和分析；进一步从企业资金需求特征、盈利能力、资金周转效率、企业风险承担、企业成长性、规模、成立年限、企业性质等几大方面，对营运资金融资结构的微观影响因素展开理论分析与实证检验。

5. 第五章是营运资金融资结构的中观、宏观影响因素分析。本章对行业和供应链层面以及宏观层面的营运资金融资结构影响因素展开理论分析与实证检验。其中，在行业因素研究方面，本书选取了行业垄断程度、产品差异化、耐用品行业等指标进行分析；在供应链关系研究方面，本书选取了供应链集中度（包括客户集中度和供应商集中度）指标展开研究；在宏观影响因素方面，本书选取了经济周期、货币政策等指标进行分析。

6. 第六章是营运资金融资结构的动态调整分析。本章在前述营运资金融资结构影响因素分析的基础上，基于局部调整模型，对企业目标营运资金融资结构的存在性、不同调整意愿和调整能力下营运资金融资结构的动态调整速度，以及相关经济后果进行了理论分析和实证检验。

7. 第七章是研究结论与不足。本章对本书的研究结论进行了总结归纳，提出了相关启示和建议，并进一步指出了本书的研究不足和后续研究的方向。

本书的研究框架如图 1－1 所示。

1.2.2 研究方法

营运资金管理既是财务管理理论研究的重要组成部分，也是企业财务管理实践的重要内容之一。企业营运资金投资决策与营运资金融资结构选择是营运资金管理的两个方面，但目前已有研究大多集中于对营运资金投资方面的分析，对营运资金融资结构的研究相对较少，而且大多侧重于调查分析，深入的理论研究和实证检验更是少见。营运资金融资结构的影响因素分析和动态调整研究既是一个理论问题，也与企业管理实践密切相关，影响因素和动态调整机理分析需要理论分析，而对理

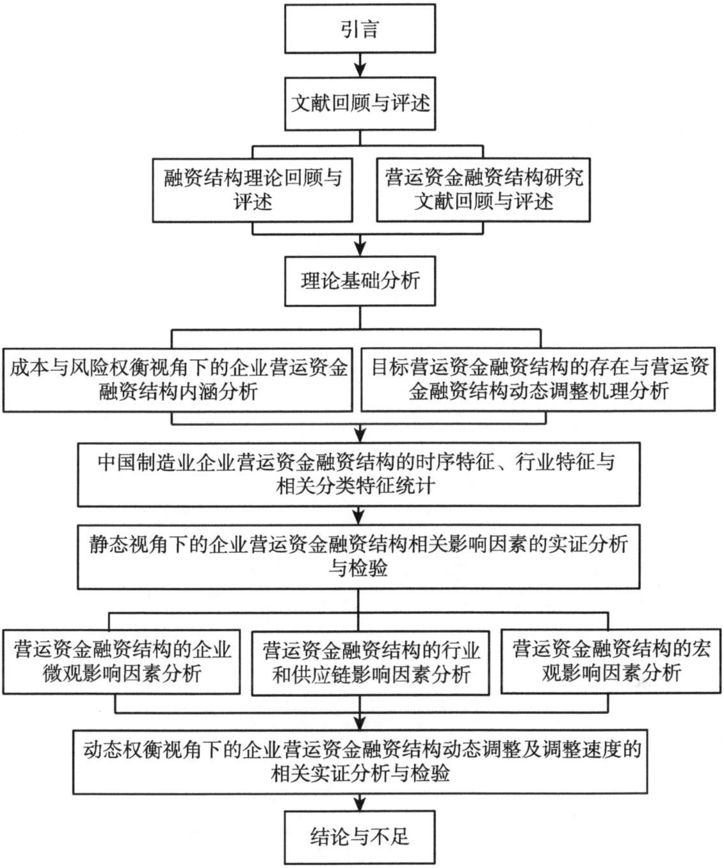

图1－1　本书研究内容与框架图

论科学性与合理性的证明则是个实证问题。鉴于上述分析，本书将采用规范研究与实证分析两者相结合的方法对营运资金融资结构展开研究。

（1）规范研究主要用于相关理论与机理分析。基于静态权衡理论，本书对成本和风险权衡视角下的营运资金融资结构内涵进行了系统分析。在此基础上，深入分析了资金需求特征、盈利能力、资金周转效率、企业风险承担、企业成长性、规模、成立年限、所有权性质等企业内部因素对营运资金融资结构的影响机理，并进一步对行业特征、供应链集中度与营运资金融资结构的作用机理进行了分析。此外，还从宏观层面将经济周期和货币政策对营运资金融资结构选择的影响进行了理论探讨。基于动态权衡理论，本书还对营运资金融资结构的动态调整进行了机理分析，为后续实证研究奠定理论基础。

（2）实证分析主要用于对理论的验证。一方面，在对营运资金融资结构的影响因素进行研究之前，本书对我国制造业企业营运资金融资结构的时序特征、行业特征以及相关分类特征进行了描述性分析，以使后续的影响因素研究更具明确性和针对性；另一方面，本书以2004～2015年的我国A股制造业上市公司作为研究样本，对企业营运资金融资结构的影响因素和动态调整进行了实证检验，增强了前述机理分析的合理性和说服力。

1.3 研究创新

基于对营运资金融资结构内涵及其动态调整机理的分析，本书对企业营运资金融资结构的微观、中观和宏观层面的影响因素进行了理论分析和实证检验，并进一步从动态视角对营运资金融资结构的动态调整及调整速度进行了系统探讨。对企业营运资金融资结构的理论研究进行了有益补充，也为企业合理优化营运资金融资结构提供了指导和借鉴。本书的主要创新点如下：

（1）对权衡风险和成本的营运资金融资结构内涵进行了系统探讨。在营运资金融资结构理论分析和实证研究方面，多数学者将营运资金融资结构定义为流动负债占总负债之比、流动负债占总资产之比或流动负债占流动资产之比（毛付根，1995；汪平和闫甜，2007；Salawu 等，2007；Nazir 等，2009；袁卫秋，2012；Wang 和 Li，2015；等等）[12,13,14,15,16,17]，而上述定义都存在较大的缺陷：有些仅仅局限于对流动负债的结构性管理研究，而没有结合营运资金投资决策，从更综合和全面的视角对营运资金融资结构选择进行分析；有些则将营运资金融资结构理解为流动负债对流动资产的融资支持比例，将经营性流动负债和金融性流动负债视为同质性的，与企业营业活动和融资活动的本质相违背。相比之下，王竹泉等（2013）[4]在重新认识营业活动的基础上，提出的营运资金融资结构概念更具合理性，即企业筹资活动如何为营运资金净需求提供资金支持。具体体现为企业营业活动流动资金净需求有多少由短期金融性负债提供融资支持，又有多少由营运资本来满足。本研究秉承王竹泉等（2013）[4]提出的营运资金融资结构定义，进一步考虑不同来源和期限的资金融通方式的异质性，对权衡风险和成本的营运资金融资结构内涵进行了系统分析。企业营运资金融资决策的终极目的是为营业活动流动资金净需求提供资金支持，营运资金融资结构选择的本质是在权衡风险和成本的基础上，对营运资金需求的长期和短期资金来源进行合理配置。

（2）基于风险和成本权衡视角下的营运资金融资结构，从静态权衡视角对营运资金融资结构的影响因素进行了系统而全面的论证。在营运资金融资结构的影响因素研究方面，以往不少学者的研究视角仅仅局限于企业规模、成立年限、经营风险等微观企业自身特征，或者只针对企业所处的行业竞争程度、产品异质性、金融危机等某一个或某几个外部影响因素进行分析，而没有从微观到中观和宏观、从单个到整体的角度对营运资金融资结构的影响因素进行全面考察。借鉴已有的研究成果、结合营运资金融资结构的本质和内涵，本研究从微观、中观和宏观视角对营运资金融资结构的影响因素进行更为系统和全面的研究。在微观影响因素方面，企业资金需求特征、盈利能力、资金周转效率、企业风险承担、企业成长性、规模、成立年限、企业性质等均对营运资金融资结构具有显著影响；在行业和供应链特征方面，行业垄断程度、行业产品差异化、耐用品行业、供应链集中度等也与营运资金融资结构选择有显著关系；在宏观经济形势和政策层面，经济周期和货币政策也是营运资金融资决策的重要影响因素。

（3）结合营运资金融资结构的本质和内涵，将企业营运资金融资结构的研究深入到动态调整层面，填补了营运资金融资结构动态调整研究的空白。相比于投资视角的营运资金投资规模和周转绩效的研究，国内外学者对营运资金融资结构问题的探讨仍然较少，而从动态角度对企业营运资金融资结构进行分析则是一个崭新的视角。一方面，本书基于局部调整模型，对我国制造业上市公司的营运资金融资结构动态调整进行了分析，回答了是否存在目标营运资金融资结构，以及企业是否会向这一目标值进行动态调整的问题；另一方面，结合调整意愿和调整能力，对企业营运资金融资结构的调整速度进行了检验。企业家经济预期和供应链集中度会影响企业对营运资金融资结构的调整意愿，进而影响营运资金融资结构动态调整的速度；企业面临的融资约束程度、财务柔性和货币政策是影响企业融资结构调整成本的主要因素，进而也会对营运资金融资结构的调整速度产生影响。

第2章 相关理论与文献回顾

2.1　融资结构相关理论回顾

2.1.1　融资结构的内涵

企业正常经营、投资活动的开展需要筹资活动融通各种资金进行支持，而对融通资金的来源和比例关系的选择则构成了企业融资结构的主要内容。融资结构选择是企业财务管理的重要内容。理论界对融资结构的理解有狭义和广义之分（陈耿，2004；孔庆辉，2011）[18,19]。

从狭义角度来看，企业融资结构仅仅是指企业长期资金融通的结构和比例。这种观点得到 Stephen A. Ross 等经济学家的支持（袁卫秋，2003）[20]。在这种观点下，企业融资结构是为企业经营、投资活动的开展提供长期支持的资本之间的组合，并没有将营运资金纳入其中。而另一种观点是从广义视角对融资结构进行理解，指出企业融资结构应该是所有融通资金之间的比例关系，其中既包含长期资本，也包含营运资金等短期资本。例如，经济学家 Theodore W. Schultz 就曾经指出，狭义融资结构对企业资金融通来源有所遗漏，应该将资产负债表负债和权益一侧的所有项目均纳入其中（沈艺峰，1999）[21]。袁卫秋（2003）[20]指出，对中国企业而言，短期负债是企业资金融通来源的重要组成部分，在企业融资结构研究中忽视短期负债会造成对企业融资行为认识的曲解，因此需要从广义融资结构视角对其进行实证检验。Frank 等（2009）[22]也区分了长期负债和总负债与总资产的比例关系，对企业融资结构选择的影响因素进行了实证检验。

接下来，本书将在广义融资结构概念内涵下对资本结构理论研究进行简单的回顾，并对与本书研究密切相关的债务期限结构理论研究、融资结构动态调整研究进行文献梳理。

2.1.2 资本结构理论

真正意义上的现代资本结构理论研究始于 Modigliani 和 Miller（1958）[23]提出的在完美的市场条件下，资本结构与企业价值无关的定理。随后，理论界针对企业资本结构理论展开了全面而深入的研究（Frank 等，2005；朱武祥等，2014）[24,25]。本书将对企业资本结构的几个主要理论进行简单的梳理，以为后续营运资金融资结构研究提供启示。

1. 权衡理论

根据权衡理论，资本结构的选择应该基于债务融资收益和成本之间的权衡。债务融资的成本和收益可以通过多个视角进行分析。第一，从税盾效应—破产成本权衡的视角来看，企业进行资本结构选择时，需要对负债的税盾效应和破产成本进行权衡。第二，从代理成本视角来看，增加负债融资比例，可以更好地限制和约束管理者的自利行为，缓解自由现金流过多导致的股东与管理层之间的委托代理问题，降低代理成本（Jensen 和 Meckling，1976；Jensen，1986）[26,27]；但与此同时，负债的增加会使得股东与债权人之间的冲突进一步恶化，增加相关代理成本（Myers，1977）[28]。第三，从外部利益相关者联合投资视角来看，负债比例较高的资本结构使得外部利益相关者与企业之间的联合专属投资风险加大，可能导致外部利益相关者减少与企业的联合投资，导致间接成本的产生。Titman（1984）[29]指出生产客户专属产品的企业风险加大，会导致客户的流失。Hart 和 Moore（1994）[30]则从人力资本投资的角度指出，企业破产风险的加大会降低员工进行人力资本投入的意愿。

2. 优序融资理论

优序融资理论最早由 Myers（1984）[31]明确阐述和建立，主要对企业资金融通的三大主要来源：留存收益（内部融资）、负债和股权融资（外部融资）进行了分析。由于信息不对称问题的存在，股权融资会导致严重的逆向选择问题，负债融资可以缓解逆向选择问题，而内部融资则可以完全避免这一问题。因此，股权和债权融资都会导致逆向选择风险溢价，而股权融资的这一溢价比债权更大，从而导致股权的融资成本更高。因此，对于企业而言，内部融资是首选，其次是债务融资，只有在前两者不足以满足资金需求时，企业才会选择外部股权融资。

3. 市场择时理论

市场择时理论的主要观点是：企业需要实时关注债券市场和股票市场的状况，当有融资需求时，根据市场状况择时而动，选择市场条件更有利的融资方式。如果债券和股票市场状况都不利于融资，则尽可能推迟融资；相反，如果债券和股票市场的融资状况都十分有利，则尽可能多地进行融资。Graham 和 Harvey (2001)[32]的调查问卷显示，企业管理者的融资行为确实符合市场择时理论。Lucas 和 McDonald（1990）[33]构建了一个将有序融资和市场择时理论相结合的动态逆向选择模型。Baker 和 Wurgler (2002)[34]指出对企业融资行为最好的理解是：过去一直尝试掌握市场时机的累积效应。市场择时理论看似合理，论证了股票收益和债权市场状况对资本结构选择的重要意义，但其并不能很好地解释企业资本结构的很多影响因素。

2.1.3 债务期限结构理论

传统资本结构理论将企业负债作为一个整体，研究负债和股权融资之间的结构关系、探讨利于提高企业价值的最优负债比率。这其中隐含着一个假设：即企业负债是同质性的，其对企业价值发挥的效应没有差异，而这样的假设与企业实际状况并不相符。事实上，期限、来源、转换性、担保情况、等级不同的企业负债对企业融资成本和风险同样产生着重要影响，进而影响着企业价值（袁卫秋，2004；肖作平，2006）[35,36]。Modigliani 和 Miller（1958）[23]在其论文中已提及企业债务期限理念，但并没有考虑多期（multi—period）背景。Stiglitz（1974）[37]在多期背景设定下，对 MM 理论进行了更严密地分析。文中指出，在不考虑税、交易和破产成本等情况下，债务期限选择与企业价值不相关。一旦放宽上述假设，在摩擦环境下债务期限结构选择（长、短期债务的选择）也会成为影响企业价值的融资结构选择之一。在此基础上，不少学者围绕债务期限结构这一主题展开深入的理论研究，形成了如下假说：

1. 债务期限结构的权衡假说

债务期限结构的权衡假说的主要思想是：最优的企业债务期

限结构是基于各期短期和长期债务的展期成本、浮动成本、破产成本、交易成本和税盾收益之间的权衡决定的。具体而言，Brick 和 Abraham Ravid（1985）[38]构建了一个基于债务融资税盾效应的多期框架来分析企业债务期限结构。在这一框架下，当利率期限结构是上升（即债券到期收益率和期限的关系是向下倾斜的曲线）时，相比短期负债，长期负债的税盾效应对企业价值的提升作用更为显现。Kane 等（1985）[39]基于多期税盾收益、债务发行成本和破产成本，构建了一个多期债务期限结构权衡模型。在该模型下，企业债务期限结构随着税盾收益的下降而延长，从而保证剩余的税盾收益不低于预期浮动成本和破产成本。Jun 和 Jen（2003）[40]指出，由于违约和通货膨胀溢价会随着债务期限的延长而增加，短期债务的名义利率通常低于长期债务，基于成本和财务灵活性的考虑，短期负债的优势更为明显。但从短期负债展期成本来看，短期负债在再融资时可能带来更高的展期利率。此外，Wiggins（1990）[41]、Scherr and Hulburt（2001）[42]、肖作平（2005）[43]、Antoniou 等（2006）[44]、王东静（2007）[45]、Renato（2011）[46]和王汀汀等（2015）[47]国内外学者基于前述展期成本、破产成本、浮动成本和税盾收益等展开实证研究，进一步验证了债务期限的权衡假说。

2. 债务期限结构的代理成本假说

债务期限结构代理成本假说的主要思想是：债务期限的缩短可以缓解企业各类利益相关者之间的代理冲突，减轻投资不足、过度投资或资产替代等问题，进而提高企业价值。Myers（1977）[28]指出，缩短债务期限可以缓解企业投资不足问题。面对 NPV >0 的未来投资机会，当企业不存在债务融资时，股东不会放弃这样的投资机会；当企业存在债务融资时，股东可能会选择放弃某些 NPV >0 的机会，也就出现了投资不足问题。其原因是当债务比例较高时，项目收益的一大部分可能都由债权人占有，股东所占的剩余收益较少。这种情况下，企业未来投资机会价值减少，进而降低了企业价值。Myers (1977)[28]认为，通过发行在成长期权执行前就到期的短期债务，使得债权人与企业可以重新签订债务契约，从而激励企业积极投资，缓解投资不足问题。因为相对于长期负债，短期债务的价值对企业资产收益的波动性较不敏感，而且短期债务较多的企业面临着更频繁的还本付息压力，这些都在一定程度上限制了股东选择高风险项目的倾向。缩短债务期限还可以缓解过度投资问题（企业对某些 NPV < 0 的项目仍然选择投资）。Jensen (1986)[27]指出，过度投资通常存在于自由现金流较多的企业，管理者通过过度投资扩大企业规模，进而实现自身所需利益，而这一行为却损害了股东利益。通过增加短期负债融资，可以使企业更频繁地还本付息，减少自由现金流，从而限制过度投资。同时，短期负债的增加导致企业破产风险的提升，进一步约束管理者的过度投资行为。此外，在企业的有限责任制下，负债公司的股东或管理者在进行投资决策时会减少或放弃对低收益低风险的选择，而倾向于将负债融资投放到收益更高但风险也更大的项目中，由此一来，财富将从债权人手中向股东转移，即产生负债的资产替代效应（Jensen 和 Meckling, 1976)[26]。Barnea 等 (1980)[48] 以及 Duffie 和 Singleton (1999)[49]都指出，短期债务融资可以很好地缓解上述代理问题。在此基础上，Barclay and Smith (1995)[50]、Guedes and Opler (1996)[51]、Ozkan (2000)[52]、王东静 (2007)[45]、黄乾富和沈红波 (2009)[53]、Renato (2011)[46]、Dang (2011)[54]、肖坤和秦彬 (2011)[55]、胡启明等 (2015)[56]学者从实证角度对债务期限的代理成本假说进行了验证。

3. 债务期限结构的信号传递假说

债务期限结构的信号传递假说的主要思想是：企业通过对债务的期限选择，向资本市场传递着信用质量信息，最终降低企业的资本成本。Flannery（1986）[57]指出，由于信息不对称的存在，与拥有内部信息的企业相比，外部投资者对企业质量的了解较少，无法对高质量和低质量企业进行合理的估计（高质量企业被低估，低质量企业被高估），进而导致对企业债券的错误估价，特别是长期债券被错误估价的可能性和程度更高。因此，高质量企业通常会选择错误估价程度更低的短期债务；而低质量企业则会选择被高估程度更大的长期债券。此外，由于交易成本的存在，低质量的企业通常无法承担短期债务的展期成本，因而倾向于选择长期债务；而高质量的企业更愿意选择短期债务，以向资本市场传递信用质量高的信息。Kale 和 Noe（1990）[58]在不考虑交易成本的情况下，得出了与 Flannery（1986）[57]同样的结论。Diamond（1991）[59]进一步提出了考虑流动性风险的债务期限信号传递假说。他指出短期债务结构会给企业带来更大的流动性风险，因为一旦债权人拒绝企业展期请求，则很可能导致企业面临流动性短缺。对于高质量企业而言，持续获得债权人持续资金支持的可能性大，因此倾向于选择短期债务，以向市场传递积极的信号。对质量较低的企业而言，如果债务期限较短，一旦需要再融资或展期，则必须披露自己的低质量或高风险，很可能面临更高的融资成本或者资金支持断裂，因此，会更多地选择长期债务。而对于质量特别低的企业而言，债权人为避免道德风险通常不向其提供长期资金，因此，只能使用短期债务。在前述理论基础上，Mitchell（1991）[60]、Gottesman 和 Roberts（2004）[61]、王东静（2007）[45]、Armstrong 等（2010）[62]、Custódio 等（2013）[63]学者对债务期限的信号传递假说进行了实证分析和验证。

4. 债务期限结构的期限匹配假说

债务期限与资产期限的最佳匹配假说是教科书里最常提及的经验法则，也是被广泛接受和认可的观点。这一假说的基础主要是流动性风险、低效率清算和产品市场周期理论。如果债务期限过短，则会导致资产无法产生足够的现金流来为债务还本付息，使企业陷入流动性风险或低效率清算；如果债务期限过长，则会产生机会成本，从企业角度来看同样是低效的，而且一旦资产产生现金流结束之后债务才到期，也可能导致没有足够现金流还本付息的风险。Emery（2001）[64]指出债务与资产结构的匹配是避免利率期限溢价的有效方式，进一步论证了债务、资产结构匹配的重要性。在实证检验方面，Guedes and Opler（1996）[51]、Stohs and Mauer（1996）[65]、Ozkan（2000）[52]、Renato（2011）[46]、于鑫（2012）[66]、钟凯等（2016）[67]等国内外学者对债务期限结构的期限匹配假说进行了研究。

5. 债务期限结构的外部环境影响假说

微观企业的投融资行为不仅受到企业自身特征的影响，还在很大程度上受到企业所处外部环境的影响和制约。作为企业融资结构决策的重要组成部分，企业债务期限结构选择同样受到所处行业和供应链关系以及货币政策、经济周期、景气度等宏观经济形势的影响。在债务期限结构的行业和供应链关系影响研究方面，Emery（2001）[64]指出，企业的投资、融资和产品需求特征之间相互影响，并且存在互相匹配的趋势，缩短债务期限结构可以在一定程度上使得产品需求与企业投资更具匹配性。Kanatas 和 Qi（2001）[68]指出，在古诺双寡头竞争下，企业竞争对手会选择增加产量，向短期信贷市场传递低成本信号，这将直接导致市场对企业未来盈利预期降低，从而向企业提供较少的短期债务融资。Campello 和 Gao（2017）[69]基于供应链客户视角，研究了客户集中度对企业银行借款负债融资期限、条款、配给额度等的影响。在债务期限结构的宏观经济影响研究方面，Booth 等（2001）[70]基于对发展中国家的对比研究，指出各国 GDP 增速、通货膨胀等宏观经济发展形势的不同对各国企业融资结构选择产生不同影响。Vermoesen 等（2013）[71]则以 2008 年爆发的金融危机为研究视角，探讨宏观经济形势对微观企业债务融资期限结构和企业融资约束的影响。此外，王东静（2007）[45]、Fan 等（2012）[72]、De Fiore 等（2015）[73]、王克岭等（2015）[74]、钟凯等（2016）[67]国内外学者也分别从行业特征、供应链关系和宏观经济形势的各个视角，进一步探讨了债务期限结构的外部环境影响假说。

2.1.4　融资结构动态调整理论

企业融资结构目标值的存在和动态调整的主要理论基础是动态权衡理论。动态权衡理论是在静态权衡理论基础之上发展演变而来的（胡建雄和茅宁，2014）[75]。在静态权衡理论下，企业存在固定的最优融资结构，可在权衡成本和收益的基础上，调整融资结构使企业价值达到最大化。在动态权衡融资结构理论下，企业的目标融资结构不是一个固定的负债比率，融资结构的目标值会发生改变，而企业所处的经营环境和其他相关影响因素也在不断地变化调整之中。鉴于此，企业需要在动态调整过程之中对其目标融资结构进行确定，目标融资结构的存在和确定是企业融资结构动态调整的基础和前提（Lööf，2004）[76]。在连续多期条件下，企业可以通过动态调整，使其融资结构慢慢向目标值靠拢，也就是说其与目标融资结构的偏离是暂时性的（Frydenberg，2011）[77]。当企业确定了理想状态下的融资结构目标值之后，可以根据偏离程度和企业调整意愿进行调整。而由于资本市场的不完善导致的调整成本的存在，企业融资结构的调整能力受到一定制约。企业融资结构调整意愿和调整成本随企业自身条件、行业特征和外部宏观环境的不同而变化，进一步又影响着融资结构的调整速度（胡建雄和茅宁，2014）[75]。

鉴于上述分析，多数学者采用局部调整模型对融资结构动态调整进行刻画（胡建雄和茅宁，2014）[75]，具体形式如下：

$$TL_{it} - TL_{i,t-1} = \lambda(TL_{it}^{*} - TL_{i,t-1}) \qquad (模型 2-1)$$

模型 2-1 中，TL_{it}和 $TL_{i,t-1}$分别表示企业在第 t 期和第 t-1 期的实际融资结构，而 TL_{it}^{*} 则表示企业在第 t 期的目标融资结构。系数 λ 反映了企业对融资结构的调整速度，λ 介于 0 和 1 之间。当 λ=1 时，表示企业不存在调整成本，可以在一个周期之内完全达到融资结构目标值；当 λ=0 时，则表示企业在第 t 期不对融资结构进行任何调整，而是保持第 t-1 期的融资结构，这种情况一般是企业对融资结构的调整成本过高，超过了融资结构调整带来的收益；当 0<λ<1 时，表示企业权衡调整成本和调整收益，对融资结构进行了局部调整。

2.2 营运资金融资结构文献回顾

2.2.1 营运资金融资结构理论

学术界对于企业营运资金融资结构的理论研究，主要以营运资金融资结构的概念界定为基础，对营运资金融资结构策略选择进行分析。营运资金融资结构策略选择主要基于两个理论：第一，期限匹配理论；第二，收益和风险权衡理论（袁卫秋和董秋萍，2011）[78]。

1. 营运资金融资结构的期限匹配理论

Merville 和 Tavis（1973）[79]认为，企业营运资金融资策略选择的基础是营运资金投资特征，也就是说，营运资金融资策略需要根据营运资金投资期限进行匹配和调整。为了更好地分析营运资金投资特征，Merville 和 Tavis（1973）[79]将营运资金投资区分为“永久性营运资金投资”和“临时性营运资金投资”。前者主要指不随产品周期变动的流动资产投入，即企业正常经营过程中所必需的、确定性的短期资产；而后者则指的是由于周期性或季节性变动而产生的暂时性的、偶然性的流动资产项目（如周期性存货、产品销售旺季的新增的应收项目等）。在此基础上，企业营运资金融资应进一步区分为中长期资本来源和短期资本来源。在期限匹配原则下，中长期资本主要为永久性营运资金投资提供资金支持，而短期资本则主要为临时性营运资金投资提供资金支持。当短期资本除了满足临时性营运资金需求外，还为永久性营运资金甚至固定资产提供资金支持时，视为较激进的营运资金融资策略；当临时性营运资金需求一部分由短期渠道筹集，一部分由中长期资本来源筹集时，视为较为保守的营运资金融资策略。Nunn（1980）[80]从企业战略视角对营运资金融资结构的期限匹配原则进行了进一步论证，得出与 Merville 和 Tavis（1973）[79]实质相同的结论。

2. 营运资金融资结构的风险—收益权衡理论

Van Horne（1969）[81]指出，营运资金融资结构是指流动负债占流动资产之比，即流动资金需求多少是由短期债务满足的。企业营运资金融资结构选择的实质是对收益和风险的权衡：从成本、收益角度来看，在忽略企业短期债务的其他隐性成本的前提下，长期资本成本通常高于短期资金成本，风险通常低于短期资金来源。当流动资金需求更多的由长期资本满足时，企业承担的资本成本上升，收益性下降，尤其对产品季节性需求明显的企业而言，这种成本负担更重；而当流动资金更多的由短期债务提供时，虽然企业承担的显性融资成本下降，但却面临着更大的风险。由于流动资产需求和未来现金流的不确定性，企业很难确定营运资金融资结构的安全边际，这一观点由 Smith（1980）[82]进行了进一步阐述和论证。

国内学者毛付根（1995）[12]同样基于风险—收益权衡视角，对营运资金投资和融资选择进行了分析。在营运资金融资管理方面，文章主要对流动负债的结构性管理进行了探讨。文章指出，长期和短期资本来源的成本和风险特性具有很大区别：在成本比较方面，基于利率的期限结构理论，短期融资的名义利率通常较低，且不需要像长期资本那样在企业不需要融资需求的时候承担额外的利息成本。在风险比较方面，一般情况下，债务期限结构越短，到期还本付息的压力越大，破产风险越大；此外，长期融资的利息成本在契约执行期内基本稳定，而短期借款承担的利息成本不确定性较大，尤其在利率政策波动较大的时期，利息成本的波动最终导致企业净利润的较大波动，加大了企业风险。因此，企业流动负债的结构性选择（即流动负债占资产总额的比例）应该基于对短期融资风险性和盈利性的全面估量和权衡。文章最后进一步指出，营运资金融资管理不应仅仅局限于流动负债的结构性管理，应结合营运资金投资视角的流动资产结构性管理，从更综合和全面的视角对营运资金融资结构选择进行分析。也就是说，企业营运资金融资结构应进一步着眼于企业流动资金需求如何融通，即流动资产所需的资金来源中短期融资来源（短期负债）和长期融资来源（长期负债和所有者权益）如何进行比例分配。

王竹泉等（2007）[83]从企业经营管理视角出发，分析了营运资金构成项目的特性、功能和财务定位的不同，将营运资金划分为“经营活动营运资金”和“理财活动营运资金”。前者主要是企业日常经营过程中的存货、应收款项、应付款项、应交税费、应付职工薪酬等营运资金项目；而后者则主要涉及投资活动和筹资活动中的应收股利、应收利息、交易性金融资产、短期借款、应付股利、应付利息等营运资金项目。在对企业营业活动进行重新认识和分类的基础上，王竹泉（2013）[4]进一步提出应将投资活动营运资金从理财活动营运资金中抽离出来，与经营活动营运资金一起，并称为企业的“营业活动营运资金”，这一概念体现了营运资金的投资决策理念。与之相对应，企业营运资金融资结构选择应该界定为企业筹资活动如何为营业活动营运资金提供资金支持，具体体现为企业营业活动营运资金有多少由短期金融性负债提供融资支持，又有多少由营运资本来满足。在新界定的营运资金融资结构概念下，王竹泉等（2013）[84]进一步指出，营运资金融资策略选择应与企业财务风险评估和管理紧密结合。财务部门的筹资活动应满足企业营业活动营运资金的基本融资需求（数量保障），保证资金链的正常运转；而营运资金融资结构则应提供对营运活动营运资金融资需求的结构性保障（质量保障）。通常情况下，短期金融性负债占比越高，结构性保障（质量保障）越差。在此基础上，中国企业营运资金管理研究中心团队从2013年起，启用营运资金融资结构新指标对中国上市公司营运资金融资管理现状进行数据调查和分析（王竹泉等，2013；王竹泉等，2014；孙莹等，2015）[85,86,87]。

2.2.2 营运资金融资结构的影响因素研究

1. 营运资金融资结构的微观影响因素分析

Watson 和 Wilson (2002)[88] 指出，对中小企业而言(SMEs)，营运资金筹资结构选择是其财务管理的关键领域。Padachi et al. (2008)[89] 以1998~2003年毛里求斯中小工业发展组织（SMIDO）目录中列出的58家小的制造业企业为样本，分析了其营运资金结构和融资模式。研究发现：虽然库存水平和应收账款没有发生太大变化，但它们仍占了被占用的营运资金的80%。样本公司营运资金融资结构中，短期组成部分融资有增加的趋势，这些短期组成部分主要是商业信用和其他应收款项，它们筹集了大部分的营运资金；而同时期内，过去由长期筹资筹集的营运资金比例下降。过度集中于短期资金融资是中小企业的现实，因为它们在为经营活动筹资时经常面临很多困难。

汪平和闫甜 (2007)[13] 以1995~2004年度我国上市公司财务数据为样本，研究了营运资金融资结构的影响因素。文中用流动负债占总负债之比衡量营运资金融资结构。结果显示，流动资产占总资产之比与营运资金融资结构正向关；净营运资本、流动比率、总资产增长率等与其呈显著负相关关系；而ROA、企业现金流产生能力与其相关性不显著。

曹玉珊 (2012)[90] 以在2007年有定向增发行为的中国企业为研究样本，实证检验了定向增发前后企业营运资金融资结构的变化。文中用易变现率（即长期资金来源与经营性流动资产之比）来衡量企业的营运资金融资结构，易变现率越高，代表营运资金融资结构越稳健。实证结果显示，2007年定向增发之后，企业易变现率有增大趋势，通过定向增发，企业营运资金融资结构趋于稳健。

王贞洁和王竹泉（2014）[91] 以 2007 ~ 2011 年我国电子信息业上市公司为样本，研究了企业的外向型水平与营运资金结构的关系。实证结果显示，外向型水平较高的企业在经济危机的条件下，会延长营运资金融资期限，选择相对稳健的营运资金融资结构以应对危机。

王竹泉等（2014）[92] 以 2007 ~ 2013 年我国上市公司为样本，研究了企业经营风险对营运资金融资结构的影响。文中用短期金融性负债占营运资金净需求之比衡量营运资金融资结构。实证结果显示，当企业面临较大的经营风险时，营运资金融资结构趋于稳健，即短期金融性负债占比减小，而长期资金来源占营运资金净需求之比增大。

Erdogan（2015）[93] 以土耳其中小上市公司为样本，研究了营运资金管理的影响因素和中小企业融资模式。实证结果显示，对大公司、具有国际质量认证的公司和较多使用赊销策略的公司而言，其营运资金融资来源中，内部资金占的比重较小，而银行借款的比重相对较高；在大公司和成立年限较短的公司中，商业信用是营运资金融资的最主要来源；成立年限较长和较少使用赊销策略的公司的营运资金融资来源中，内部资金比重较大。

朱晓（2015）[94] 以 2008 ~ 2013 年新疆地区的上市公司为样本，研究了企业特征对营运资金融资结构的影响。文章用营运资本与营业收入之比衡量营运资金融资结构，该值越大，代表营运资金融资结构越保守。实证结果显示，企业价值越大，营运资金融资结构越保守；而代理成本越高，则营运资金融资结构越激进。

2. 营运资金融资结构的行业及宏观因素分析

Salawu 等（2007）[14] 以在尼日利亚证券交易所上市的分属

15 个不同行业的企业为样本，用实证方法分析资本运作的行业惯例和企业营运资金管理策略之间的关系。其营运资金融资结构用流动负债与总资产之比衡量。结果发现：不同行业的企业营运资金管理模式有很大不同。行业营运资金投资政策和融资政策呈显著的负相关关系，即积极的营运资金政策投资往往被保守的营运资金融资政策所平衡。该研究建议，一个企业在决定其营运资本政策应该考虑其所属行业所采取的政策，积极的营运资金投资政策应对应着保守的营运资金融资政策。

Sathyamoorthi 等（2008）[95]调查了在博茨瓦纳证券交易所上市的零售企业的营运资金投融资管理，得出如下结论：企业的营运资金投融资管理并不是一成不变的，而是会随着宏观经济环境的改变而调整。在经济波动比较大的环境下，企业倾向于选择保守的营运资金投融资模式；而当经济形势比较稳定时，则倾向于选择相对激进的营运资金管理模式。

与王竹泉（2013）[4]的营运资金融资结构理念一致，Etiennot 等（2012）[3]同样将营运资金融资结构界定为营运资本对经营性融资需求（FNO）的筹集比例。在此基础上，作者以 2000 ~ 2007 年全球 51 个国家的 20515 家不同行业的上市公司为研究样本，对营运资金融资结构的影响因素进行了实证分析。实证研究表明，国家治理环境、企业所处行业都对营运资金融资结构产生重要影响。并进一步指出，营运资金融资结构的研究方兴未艾，应该对其影响因素和经济后果进行更为系统全面的研究，探讨最优的营运资金融资结构，以更好地提升公司业绩和控制财务风险。

不少学者在金融危机大背景下，对企业营运资金融资结构展开了实证研究。营运资金解决方案提供商 Demica（2010）[96]的调查报告显示，经济危机时期，许多（约 62%）欧洲公司因无法获得充足的营运资金而不能利用经济回升的大好形势。欧洲公司面临无法获得应付账款展期、供应商融资失败的潜在危险以及信贷成本上升等一系列困难。在这种形势下，供应链金融（SCF）作为释放营运资金的替代性融资方式受到青睐，从而进一步发展起来，将在企业今后的战略发展中发挥更大的作用。供应链金融不仅可以缓解企业目前信贷条件紧缩的压力，更重要的是可以为将来更好的经济形势提前筹集资金。王贞洁和王竹泉（2013）[97]在经济危机背景下，以 2007～2011 年我国电子信息产业上市公司为研究样本，研究了经济危机下的实体企业信用风险传染效应对外向型企业营运资金融资结构的影响。实证结果显示，在经济危机时期，商业信用的替代性融资效应难以发挥，企业营运资金融资净需求加大。此时，风险把控成为营运资金融资结构选择的主导因素，外向型企业普遍延长了营运资金融资期限，使营运资金融资结构更为稳健。McGuinness（2015）[98]研究了金融危机对英国、爱尔兰等欧洲中小企业营运资金管理的影响。研究发现，金融危机时期，中小企业去杠杆化趋势明显；对于融资困难的企业而言，商业信用在很大程度上发挥了融资作用。De Rozari 等（2015）[99]以印尼上市公司为样本，研究了金融危机对企业营运资金管理的影响，结果显示，金融危机促使企业使用更为激进的营运资金管理策略，营运资金管理绩效和企业盈利性、企业价值之间的关系在金融危机时期也发生改变。Kieschnick 和 Wendy（2016）[100]以加拿大公司为样本，研究了在经济危机时期（2007～2008 年），企业的套期保值策略对营运资金管理的影响。实证结果显示，现金持有量的增加和衍生金融产品的使用都是风险规避的重要方式，持有现金更多的公司通常使用较少的长期负债，持有现金更多的公司通常也面临更高的外汇风险。

2.2.3 营运资金融资结构的经济后果研究

1. 营运资金融资结构与企业价值

不少学者研究得出营运资金融资结构与企业价值呈单调线性关系。例如，Nazir 等（2009）[15]以 1998～2005 年巴基斯坦上市公司为样本，研究了营运资金融资结构与企业价值的关系。文中用流动负债与总资产之间的比例关系衡量营运资金融资结构。实证结果显示，稳健的营运资金融资结构（即流动负债与总资产之比较小）有利于提升企业价值。同样，邱妘和梁立（2010）[101]以 2008 年经济危机爆发时期的纺织服装业上市公司为样本，研究了营运资金结构对企业绩效的影响。结果显示，流动比率和流动负债比率越高（营运资金融资结构越激进），企业绩效越差。袁卫秋（2012）[16]以 2000～2009 年我国制造业上市公司为样本，用易变现率衡量企业营运资金融资结构，实证研究发现，营运资金融资结构越保守，越能够提升公司业绩。Al—Mwalla（2012）[102]以 2001～2009 年在安曼证券交易市场上上市的 57 家工业企业为样本，研究营运资金投融资管理策略对企业盈利能力的影响，实证结果显示：相对保守的营运资金投融资策略对企业盈利能力的提升起到积极地促进作用。而汪平和闫甜（2007）[13]以 1995～2004 年度我国上市公司财务数据为样本，分析了营运资金融资结构与企业业绩的关系。结果显示，两者之间的关系并不显著。Alavinasab 等（2013）[103]以 2005～2009 年伊朗上市公司为样本，研究发现营运资金融资决策与企业价值也不相关。相反地，Hoang（2015）[104]和 Pais 等（2015）[105]分别以越南和葡萄牙上市公司为样本，研究均发现相对激进的营运资金管理策略会更好的提升企业价值。

也有学者通过实证检验得出营运资金融资结构与企业价值呈

非单调线性关系。Wang 和 Li（2015）[17] 以 2007 ~ 2014 年沪、深两市建筑类上市公司为研究样本，从竞争战略视角探讨了营运资金投融资综合策略与企业价值的关系，构建起“竞争战略—营运资金融资管理—企业价值”关系模型。文中用流动资产占总资产之比衡量营运资金投资激进程度，用流动负债与总负债之比衡量营运资金融资激进程度，然后用两者的乘积衡量企业营运资金投融资综合激进程度。研究结果表明，营运资金投融资策略激进度与企业价值存在倒“U”型关系。总体来看，期限匹配策略是最优的营运资金管理战略。进一步考虑竞争战略的研究结果显示，实行差异化战略和成本领先战略的企业应该采取相对激进的营运资金融资管理策略以提高企业价值。

Baños—Caballero 等(2016)[106] 以 1997 ~ 2012 年西班牙中小制造业企业为研究样本，采用面板数据 GMM 估计方法，实证检验了营运资金融资结构对企业价值的影响。文章将营运资金融资结构界定为短期借款与营运资金净需求之比。实证结果显示，营运资金融资结构与企业价值呈倒“U”型关系。也就是说，在控制其他条件的情况下，存在使企业价值达到最大化的最优营运资金融资结构，当短期借款占营运资金净需求的比例较小时，缩短营运资金融资结构可以提升企业价值；而当短期借款占营运资金净需求的比例超过临界值时，缩短营运资金融资结构则会导致企业价值的下降。但营运资金融资结构与企业价值的上述关系在金融危机时期（2008 ~ 2012）发生了改变，在这一特殊时期，企业营运资金融资期限结构越短，反而会降低企业价值。进一步分析发现，企业营运资金融资结构与企业价值的关系受到企业财务柔性的制约。财务柔性较大（财务杠杆越低、现金持有越多）的企业可以在不损害企业价值的前提下，保持较短的营运资金融资期限结构。

2. 营运资金融资结构的其他经济后果

Afza 和 Nazir (2007)[107] 以 1998 ~2005 年巴基斯坦上市公司为研究样本，实证检验了营运资金投融资结构对企业价值和企业风险水平的影响。文中用流动负债与总资产之间的比例关系衡量营运资金融资结构，用营业收入、ROA、ROE 以及 Tobin’q 值的标准差衡量企业风险水平。实证结果显示，企业营运资金融资结构对企业风险水平并没有显著影响。

王贞洁和王竹泉 (2013)[97] 以我国外向型电子信息产业上市公司为研究样本，实证检验了经济危机时期营运资金融资结构与企业成长性的关系。实证结果显示，在经济危机的大背景下，稳健性的营运资金融资结构可以促进企业成长性的提高。进一步区分低度外向型和高度外向型企业来看，稳健性营运资金融资结构对企业成长性的提升作用只对低度外向型企业显著，对高度外向型企业而言，这一作用并不显著。

2.2.4 动态调整视角的营运资金管理研究

从已有文献来看，国内外学者还没有从动态调整视角对营运资金融资结构进行研究的。本书将对营运资金其他方面的动态调整研究进行整理和分析，以期为营运资金融资结构动态调整研究提供借鉴。由于资产负债表的短期科目在很大程度上更容易被企业把握和控制，因此，营运资金策略的动态调整相比长期资本项目要更容易实现，也更有易于为企业带来经济利益 (Peles 和 Schneller, 1989)[108]。但目前来看，相比长期资本结构的动态调整研究，有关营运资金管理政策的动态调整研究还相对较少。

Baños—Caballero 等 (2010)[5] 以 2001 ~2005 年 4076 个西班牙中小非金融类企业为样本，分析了企业营运资金周转期 (CCC) 的影响因素，构建线性回归模型确定营运资金周转期的目标值，在此基础上，基于局部调整模型采用系统 GMM 估计方法对营运资金周转期的动态调整进行分析。实证结果显示，企业存在目标营运资金周转期，这一目标值受到企业内部资金产生能力、规模、杠杆、成长性、成立年限、报酬率和行业等因素的影响，企业会以较快的速度向这一目标值不断进行动态调整。随后，Baños—Caballero 等（2013）[10]又以 1997～2004 年西班牙非金融类上市公司的面板数据为样本，对营运资金净需求的动态调整问题进行了实证分析。实证结果显示，企业存在营运资金净需求目标值，而且会不断向这一目标值进行动态调整；但外部融资能力不同、议价能力不同的企业间，动态调整速度存在显著差异，外部融资能力强、议价能力强的企业营运资金净需求的动态调整速度更快。产生这一差异的主要原因在于外部融资能力和议价能力较强的企业面临的调整成本更低。

吴娜（2013）[11]以 2000～2011 年我国制造业上市公司的平衡面板数据为样本，创新性地将宏观经济形势和融资约束纳入企业营运资金净需求的动态调整研究之中。实证研究发现，我国制造业企业存在目标营运资金净需求，而且会向目标值进行动态调整；而动态调整速度受到经济形势和融资约束的显著影响。在经济形势较差时期，企业的营运资金调整速度快于经济形势上行时期；存在融资约束问题的企业在经济形势较差时期调整速度更快。在此基础上，张淑英（2015）[109]进一步对宏观经济指标进行了细分，得到与吴娜（2013）[11]一致的研究结论。此外，文章还对不同行业的营运资金净需求的动态调整速度进行了异质性分析。

陈克兢等（2015）[110]以 2004～2013 年我国非金融类上市公司为研究样本，从企业个体特征、行业特点、外部治理环境和宏观经济形势等多个方面对企业营运资金规模的影响因素和动态调整进行了系统而全面的分析。实证结果显示，我国不同地区间企业营运资金规模的动态调整速度存在显著的异质性，东部地区调整速度最快。从我国企业营运资金动态调整方向来看，很大一部分企业存在正向和逆向调整问题，导致与最优营运资金规模差距较大、资金配置效率低下。

2.3 文献评述

2.3.1 融资结构理论研究评述

第一，从融资结构的概念内涵来看，狭义和广义融资结构的主要区别在于对债务融资的理解不同，前者将长期和短期负债视为同质性的，企业融资结构的研究主要关注长期资本（股权融资和长期负债融资）之间的配比。而广义融资结构将短期负债纳入其中，其研究的重点也不再仅仅局限于长期资本配比问题，而是可以拓展到负债总额与资产总额之间的配比研究、负债总额与权益总额之间配比研究、不同期限的负债与资产总额之间的配比研究、不同期限的负债之间的配比研究、不同性质的所有者权益之间的配比研究，等等。本书对企业营运资金融资结构的研究是基于广义融资结构的概念展开的。

第二，企业资本结构理论研究的丰富成果为本书营运资金融资结构的研究提供了有益的借鉴。借鉴资本结构的权衡理论，企业营运资金融资结构的选择也应该基于对不同来源和期限的营运资金融通方式（长期资本与短期金融性负债）的风险和成本进行权衡。

第三，在传统资本结构理论研究的基础上，企业债务期限结构理论研究进一步将不同期限债务的异质性纳入企业融资结构的理论研究中，为企业营运资金融资结构的长、短期资金来源选择研究提供了理论支撑。根据债务期限结构的权衡理论，短期债务在展期成本、浮动成本、破产成本、交易成本和税盾收益方面与长期债务相区别；根据债务期限结构的代理成本假说，相比长期资金来源，短期债务在缓解企业各类利益相关者之间的代理冲突，减轻投资不足、过度投资或资产替代等问题方面具有优势；根据债务期限结构的信号传递假说，短期和长期债务向资本市场传递着不同的质量信息，最终影响着企业融资成本；根据债务期限结构的期限匹配假说，长、短期融资选择需要与企业资产期限相匹配；根据债务期限结构的外部环境影响假说，长、短期融资的选择需要考虑所处行业和供应链关系以及宏观经济形势的影响。鉴于此，企业营运资金融资结构的选择也可以从权衡假说、代理成本假说、信号传递假说、期限匹配和外部环境假说等方面进行短期金融性负债的成本、收益分析。

第四，融资结构的动态调整理论研究为企业营运资金融资结构的动态调整问题研究提供了理论支撑。借鉴资本结构的动态权衡理论，在企业所处的经营环境和其他相关影响因素影响下，企业需要在动态调整过程之中对其目标营运资金融资结构进行确定；在此基础上，企业需要对偏离目标值的实际营运资金融资结构进行调整，而且由于调整成本的存在，企业资本结构的调整能力受到一定制约，通常情况下只能进行局部调整。

2.3.2　营运资金融资结构研究评述

第一，在营运资金融资结构理论研究方面，如前所述，目前营运资金融资结构研究主要基于期限匹配理论和收益—风险权衡理论。在营运资金融资结构的期限匹配理论下，企业营运资金融资结构选择需要与营运资金投资结构特征相匹配。这一理论的优点是考虑了营运资金投、融资的协同效应，但同时也存在着很大问题。一方面，不同竞争策略、不同行业特点、不同经济形势下，企业营运资金融资结构策略选择应该有所不同，期限匹配不一定是最优选择，激进和保守的策略在很多情况下对企业反而更有利。例如，王贞洁和王竹泉（2014）[97]就指出，经济危机时期，保守的营运资金融资策略反而更有利于企业应对实体经济风险传染和提高企业成长性；另一方面，受到外部经济环境不确定性的制约，企业营运资金投资结构在不断变化着，匹配型营运资金融资结构在企业财务实践中很难实现。在营运资金融资结构的收益、风险权衡理论下，企业营运资金融资来源中的长期和短期资本在成本和风险特性方面存在很大不同。在进行营运资金融资结构选择时，企业需要根据长、短期资金来源的特性，结合行业特征和外部经营环境的变化，对流动资金净需求中短期和长期融资来源如何进行比例分配进行收益和风险的权衡，以最大化地提升企业价值。与期限匹配原则相比较，收益—风险权衡原则在企业营运资金融资结构策略选择方面更为适用，也是本书更赞同营运资金融资结构的理论基础。

在具体的营运资金融资结构内涵研究方面，多数学者将营运资金融资结构界定为流动负债占总负债之比、流动负债占总资产之比或流动负债占流动资产之比，而这些定义都存在很大的缺陷。其中，流动负债占总负债之比和流动负债占总资产之比仅仅局限于对流动负债的结构性管理研究，而没有结合营运资金投资决策，从更综合和全面的视角对营运资金融资结构选择进行分析；而用流动负债占流动资产之比衡量营运资金融资结构，将流动资产总额作为营运资金融资需求额，将营运资金融资结构理解为流动负债对流动资产的融资支持比例，则没有很好地区分业务活动与财务活动，将经营性流动负债和金融性流动负债视为同质性的，与企业营业活动和融资活动的本质相违背。相比之下，本书更赞同王竹泉（2013）[4]提出的营运资金融资结构概念，即企业营运资金融资结构选择应该界定为企业筹资活动如何为营业活动营运资金需求提供资金支持，具体体现为企业营业活动营运资金有多少由短期金融性负债提供融资支持，有多少由营运资本来满足。在这一内涵下，企业营运资金融资结构选择应在重新认识营业活动的基础上，以收益—风险权衡原则为基础，体现业务—财务一体化的时代要求。王竹泉（2013）[4]提出的营运资金融资结构概念内涵是本书的主要研究基础，其具体分析将在下一章营运资金融资结构理论分析部分进行详细阐述。

第二，从营运资金融资结构实证研究来看，大多数国内外学者主要从营运资金融资结构的影响因素及其对企业价值的影响方面展开研究。在营运资金融资结构的变量界定方面，流动负债/总负债、流动负债/总资产、流动负债/流动资产、易变现率等指标是学者们普遍采用的衡量方法，而用营运资本（或金融性流动负债）/营业活动流动资金净需求这一更全面、合理的营运资金融资结构指标进行实证研究则的相对较少。在营运资金融资结构的影响因素研究方面，以往学者的研究视角不仅仅局限于企业规模、成立年限、经营风险等微观企业自身特征，而是进一步将研究视角拓展到企业所处的行业特征以及经济形势和波动情况等宏观影响因素。多数学者仅从营运资金融资结构的某一个或某几个影响因素进行研究，而没有从微观到宏观、单个到整体的角度对营运资金融资结构的影响因素进行全面而系统的考察。在营运资金融资结构的经济后果研究方面，国内外学者对营运资金融资结构经济后果的研究主要集中于探讨营运资金融资结构与企业价值的关系。不少学者研究得出营运资金融资结构与企业价值呈单调线性关系，但得到的研究结论却不一致。有的实证结果显示保守的营运资金融资结构有利于提升企业价值，而有些却得出相反的结论，即相对激进的营运资金融资结构反而更利于促进企业价值的提升。事实上，上述研究结论的差异除了与研究样本选择和研究背景的不同有关之外，主要是因为营运资金融资来源中短期资金来源在不同比例下的成本和收益不同，进而对企业价值产生不同的影响。相比之下，营运资金融资结构与企业价值的非单调线性关系研究，即短期资金来源占营运资金需求之比与企业价值呈倒 U 型关系，更合理也更具理论和实践意义。营运资金融资结构与企业价值的倒 U 型关系研究也为营运资金融资结构目标值的存在和动态调整提供了借鉴和启示。从营运资金动态调整的实证研究来看，相比于静态视角的营运资金管理研究，关于营运资金动态调整的研究相对较少，而对营运资金融资结构的动态调整仍然是一个空白。

第3章 营运资金融资结构内涵及动态调整理论分析

3.1 成本和风险权衡视角下的营运资金融资结构内涵分析

3.1.1 营运资金的概念和内涵

对营运资金基本概念的探讨是营运资金融资结构内涵分析的基础，关于营运资金基本内涵的理解集中于以下两种观点：一种认为营运资金即是企业的流动资产总额；另一种观点是从资金需求净额角度来理解，用流动资产减去流动负债之后的净额界定营运资金为大多数学者所赞同，这一界定有助于衡量企业流动性水平和短期偿债能力（刘怀义，2010；孙兰兰和朱大鹏，2014）[2,111]。但是，上述营运资金需求净额的概念也存在着诸多不足。在这一概念下，营运资金管理的研究视野局限于流动性项目，忽略了营运资金投、融资策略以及长、短期资金来源的匹配和协调规划；从长期来看，这种短视行为既不利于营运资金管理的长远规划，也与企业的资金管理实践相违背（孙莹，2011）[112]。

在企业财务、业务一体化发展的大背景下，王竹泉（2013）[4]指出，应该在重新认识企业经济活动的基础上，对营运资金的概念和内涵进行更合理的界定。在利益相关者集体选择理论下，企业是内部利益相关者集体行动和集体利益的代表（王竹泉和杜媛，2012）[113]。在企业初始创立时签订的企业契约界定了内部利益相关者，企业创立的目标是以企业契约形式为其内部利益相关者创造价值，以交易契约形式为其外部利益相关者实现价值。企业设立之后的价值创造活动从广义上说，包括一切为企业创造价值的活动，不仅包括狭义上的产品生产与提供服务的活动（即经营活动），还包括运用资金为企业创造价值的活动（即投资活动）。经营活动和投资活动在本质上是相同的，都是企业价值创造和价值增值的依托和驱动，两者应该共同归于企业的营业活动；而营业活动的开展离不开资本的支持——筹资活动，即为企业价值创造提供资本支持和保障的活动（王竹泉和杜媛，2012，孙兰兰等，2014）[113,114]。这种拓展的企业经济活动分类观（见图3-1）在科学区分业务和财务活动的基础上，为企业营运资金概念赋予了新的内涵。

在上述重新界定的企业经济活动范畴的基础上，营运资金需求不再是全部经济活动概念下的流动资产减去流动负债的净额，也不是仅仅包含狭义经营活动下的经营活动流动资产减去经营活动流动负债的净额，而应是包括经营活动和投资活动在内的广义营业活动概念下的流动资产减营业活动流动负债的净额。基于上

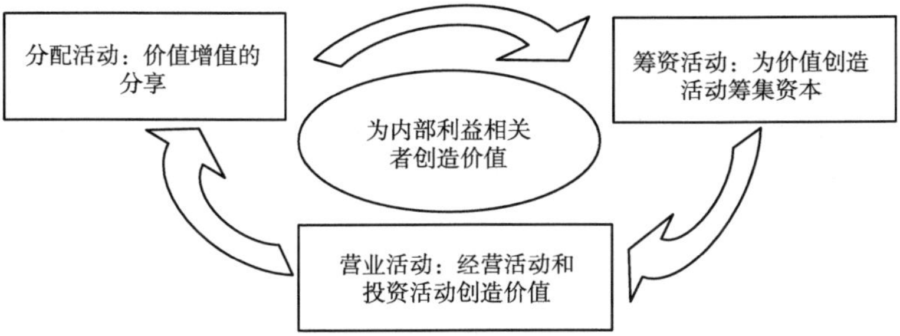

图 3-1 利益相关者集体选择视角的企业经济活动分类

述分析，王竹泉（2013）[4]从资金使用和资金融通两个角度探讨了营运资金的基本内涵，将营运资金重新界定为企业在营业活动（既包括经营活动也包括投资活动）中净投入或净融通的流动资金，即：

营运资金 = 流动资产 - 营业活动流动负债
= (经营活动流动资产 + 投资活动流动资产) - (经营活动流动负债 + 投资活动流动负债)
= (经营活动流动资产 - 经营活动流动负债) + (投资活动流动资产 - 投资活动流动负债)
= 经营活动劳动资金 + 投资活动劳动资金

上述重新界定的营运资金概念不仅可以反映企业开展营业活动所需的流动资金净需求，还可以作为企业业务活动与财务活动一体化管理水平的衡量指标。营运资金越小，表明企业营业活动流动资金净需求越少。也就是说，企业业务活动可以通过占用供应链资金等途径（形成预收款项和应付款项）为自身融通更多的资金，而较少地使用财务部门融通的债务和权益资本，从而降低企业的融资成本，提高财务—业务一体化管理水平。特别地，当营运资金小于零时，即企业营业活动流动资金净需求为负，表明企业业务活动不仅没有融资需求，还可以作为融资平台为其他长期资金需求提供融资支持（孙兰兰和朱大鹏，2014）[111]。本书采用上述王竹泉（2013）[4]重新界定的营运资金概念，来衡量营业活动流动资金净需求水平。

3.1.2 营运资金融资结构的概念与内涵

与上述营运资金概念相对应，企业营运资金筹资活动应该是为广义营业活动概念下的营运资金需求净额提供资金支持和保障。通过对营运资金的数学公式进行进一步分解，可以对营运资金融资结构概念有更清楚和直观的认识。具体来看：

营运资金 = 流动资产 - 营业活动流动负债
= 流动资产 -（流动负债 - 短期金融性负债）
=（流动资产 - 流动负债）+ 短期金融性负债
= [（总资产 - 非流动资产）-（总资产 - 长期负债 - 所有者权益）] + 短期金融性负债
= [（长期负债 + 所有者权益）- 非流动资产] + 短期金融性负债
=（长期资本 - 非流动资产）+ 短期金融性负债
= 营运资本 + 短期金融性负债

从上述公式推导过程来看，营运资金在数值上等于营运资本（流动资产 - 流动负债）与短期金融性负债之和。其中，流动资产与流动负债之差在数值上等于长期资本与非流动资产之差（长期资本 - 非流动负债），从这一角度来看，营运资本（流动资产 - 流动负债）可以理解为长期资本在满足企业长期资金需求之外投放到流动资金需求的部分，反映了长期资本对企业流动资金需求的支持和满足。基于上述分析，营运资金融资策略选择的重点应是营运资金净需求如何融通，即营业活动流动资金净需求有多少由短期金融性负债提供融资支持，有多少由营运资本来融通和满足。营运资金融资结构则应界定为：营运资本（或短期金融性负债）占营运资金之比（王竹泉，2013）[4]。一方面，上述营运资金融资结构概念体现了广义营业观下经营性流动负债和金融性流动负债的异质性，与企业业务活动和筹资活动的本质相统一；另一方面，该重新组合和界定的营运资金融资结构概念将营运资金融资选择（短期金融性负债与营运资本）与营运资金投资决策（营业活动流动资金净需求）相结合，考虑两者之间的相互作用和影响，从更综合和全面的视角对营运资金融资配置进行探讨。

本书对营运资金融资结构的研究将秉承上述概念和内涵界定，考虑不同来源和期限的营运资金融通方式给企业带来的成本和风险的异质性，从风险和成本权衡的视角对营运资金融资结构进行拓展性研究（见图 3 -2）。从营业活动资金净需求来看，企业业务活动可以通过占用供应商资金（应付账款和应付票据减去预付账款）、占用客户资金（预收账款减去应收账款和应收票据）、占用职工资金（应付职工薪酬）和占用其他资金（应交税费、其他应付款和其他流动负债等）为自身业务开展融通资金，因此，真正需要财务部门融通的营业活动资金净需求应该是流动资产减去营业活动流动负债之后的净额。在此基础上，企业财务部门需要权衡风险和成本，为营业活动流动资金净需求选择合适的资金融通方式（短期金融性负债与营运资本）。从显性融资成本来看，短期融资来源的信息不对称水平通常较低，显性融资成本也相对较低，基于成本优先的原则，企业通常会更多地选择短期借款、交易性金融负债等短期金融性负债作为营业活动流动资金净需求的主要资金融通来源。事实上，成本因素只是融资结构选择的一个要点，除此之外，企业还需要进一步考虑不同期限和来源的资金融通方式的隐性风险。一般而言，短期金融性负债等短期资金来源越多，企业短期内面临的还本付息压力通常较高，潜在的破产风险也较大，而长期负债融资和权益性融资隐含的财务风险则较小，在风险优序原则下，企业会更多地选择长期负债融资和权益性融资等长期资金作为企业营运资金的主要融资来源。综合上述分析，当选择激进的营运资金融资策略（短期金融性负债占营运资金之比较高）时，企业面临着更高的风险和更低的成本；而当选择稳健的营运资金融资策略（营运资金占营运资金之比较高）时，企业通常面临着更高的成本和更低的风险。根据融资结构的权衡理论，企业需要结合自身经营特点和外部经营环境的变化，对不同来源和期限的资金融资方式进

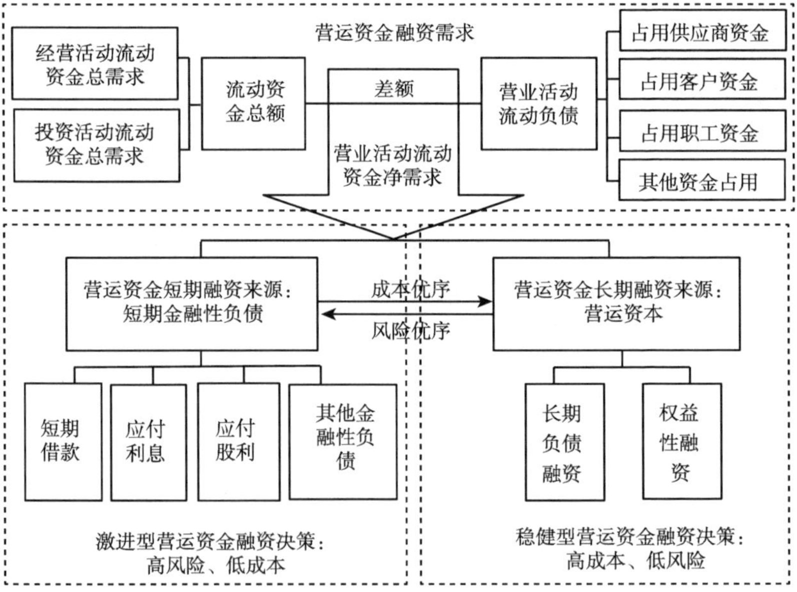

图3－2　成本与风险权衡视角下的营运资金融资结构

行风险和成本的权衡，最终确定最适合的营运资金融资结构。如图3-2所示。

3.2 动态权衡视角下的营运资金融资结构动态调整理论分析

3.2.1 目标营运资金融资结构存在的机理分析

目标营运资金融资结构是企业营运资金融资结构动态调整的研究基础和前提。Modigliani 和 Miller（1958）[23]论证了在完美的资本市场条件下，企业的融资结构选择（股权和债权融资）对企业价值或资本可获得性及成本无关，也就是说，企业不存在融资约束问题，投、融资政策是完全独立的。在此基础上，很多学者对企业融资结构选择展开了研究。随后，Stiglitz（1974）[37]进一步考虑了不同期限债务的异质性，对企业融资结构进行了研究，指出在完美的资本市场条件下，不同期限的债务融资对企业价值没有影响。在此基础上，学者们对不同期限的债务融资结构进行了深入分析。在现实的不完美资本市场条件下，融资约束是制约企业投资发展的重要因素，不同来源和期限的资金融通方式伴随着不同的成本和风险，进而对企业价值产生影响，这使得企业在进行融资结构选择时需要对不同来源和期限的资本进行比较和权衡。

根据债务期限结构理论，短期债务在降低显性成本和代理成本、提高财务灵活性等方面存在诸多优势，但同时也伴随着更高的破产风险和利率风险等（见表3-1）。具体来看，从成本角度来看，由于违约溢价和通货膨胀溢价的存在，相比长期资金来源，短期债务的名义利率通常较低，有利于降低企业的融资成本；短期债务的财务灵活性通常较高，更适应企业投资需求，同时可以避免不必要的利息支出。从代理问题角度来看，短期债务在缓解投资不足、过度投资和资产替代问题方面更具优势，从而有利于降低企业的代理成本。从信号传递角度来看，高质量企业通过更多地使用短期债务可以向市场传递积极的信号，带来信用等级的提高。从期限匹配的角度来看，短期债务与较短的资产周期匹配可以降低流动性风险，同时抵消利率不确定性效应。此外，短期债务随外部经营环境的变化而改变和调整的速度更快、灵活性更高。尽管存在上述优势，短期债务的缺陷也是显而易见的。一方面，在外部不确定的经营环境下，过多的短期负债也会加大企业流动性风险和破产风险；另一方面，在通货膨胀上升时期，借款利率上升较快，企业可能面临更高的展期成本；此外，当利率期限结构上升时，短期债务带来的税盾收益也会低于长期债务。

表 3－1　不同债务期限结构理论下的短期负债分析

理论假说	理论代表人物	理论关键字	短期负债分析
权衡假说	Brick 和 Abraham Ravid（1985）；Kane 等（1985）；Jun 和 Jen（2003）	破产成本（bankruptcy costs）；浮动成本（flotation costs）；展期成本（rollover costs）；税盾收益（tax effects）；交易成本（transaction costs）	短债优势：名义利率较低；财务灵活性较高 短债劣势：展期成本较高；税盾收益较低（利率期限结构上升时）；破产成本较高；多次发行成本较高

续表

理论假说	理论代表人物	理论关键字	短期负债分析
代理成本假说	Jensen 和 Meckling（1976）；Myers（1977）；Barnea 等（1980）；Jensen（1986）Duffie 和 Singleton（1999）	资产替代（asset substitution）；契约成本（contracting costs）；监督成本（monitoring costs）；过度投资（overinvestment）；投资不足（underinvestment）	短债优势：缓解投资不足问题；缓解资产替代问题；缓解过度投资问题
信号传递假说	Flannery（1986）；Kale 和 Noe（1990）；Diamond（1991）	信息不对称（asymmetric information） 信用质量（credit quality）；流动性信号（liquidity signaling）	短债优势：高质量企业向市场传递高质量信息；可能带来信用等级提高 短债劣势：加大流动性风险
期限匹配假说	Diamond（1991）；Emery（2001）	需求周期（demand cycle）；流动性风险（liquidity risk）	短债优势：与较短的资产周期匹配降低流动性风险；抵消利率不确定性效应 短债劣势：不确定的经营环境下，短期资金需求占比较大时，过多的短期负债也会加大企业风险

续表

理论假说	理论代表人物	理论关键字	短期负债分析
外部环境影响假说	Emery（2001）；Kanatas 和 Qi（2001）	行业特性（industry characteristics）；供应链关系（supply chain relationship）经济形势（economic situation）	短期债务的优/劣势随行业特征、供应链关系和经济形势的改变而不同

资料来源：作者根据文献手工整理。

如前所述，企业营运资金融资结构选择的问题就是营运资金净需求如何融通的问题，即营业活动流动资金净需求有多少由短期债务提供融资支持，有多少由长期资本来满足。当更多的营业活动流动资金净需求由短期金融性负债来满足时，可以降低资本成本和代理成本，促进企业价值的提升；当短期负债占营运资金之比过大时，短期债务隐含的流动性风险和较高的展期成本则可能会损害公司价值。因此，基于对短期负债和长期资本的风险和成本的权衡，企业存在营运资金融资结构目标值。企业营运资金融资策略选择的实质是对不同来源和期限的营运资金融通方式的风险和成本进行权衡的过程。

3.2.2 营运资金融资结构动态调整机理分析

如前所述，基于对不同来源和期限的资本成本和风险的权衡，企业存在目标营运资金融资结构。根据动态权衡理论，由于市场摩擦等因素的存在，企业实际营运资金融资结构通常会偏离其目标值，此时企业需要进一步权衡调整收益与调整成本，明确自身调整意愿和调整能力，对营运资金融资结构的调整速度进行选择，以使企业以最优的状态向目标值靠拢。也就是说，在动态权衡视角下，企业实际营运资金融资结构之间的差异来源于两个层面：第一，每个企业自身经营特点、所处的行业特征以及宏观经济环境等条件各不相同，因此，各个企业目标营运资金融资结构存在本质差异；第二，企业面临的市场摩擦程度不同导致实际营运资金融资结构与其目标值的偏离程度不同，而且由于调整收益和成本的存在，企业向目标营运资金融资结构靠拢的速度也存在很大差异。鉴于此，企业营运资金融资结构动态调整研究的重点包括两方面内容：一是基于营运资金融资结构的影响因素分析，确定营运资金融资结构的目标值；二是基于营运资金融资结构调整收益和调整成本的权衡，分析企业的调整意愿和调整能力，进而对营运资金融资结构动态调整速度的差异进行探讨（见图 3－3）。

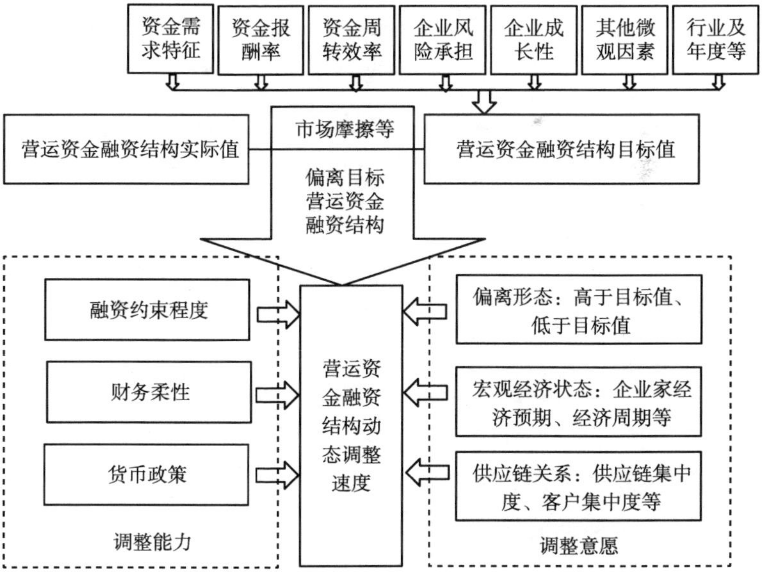

图 3－3　营运资金融资结构动态调整机理

具体来看，确定企业营运资金融资结构的目标值是进行营运资金融资结构动态调整的重要前提，而这一目标值的确定受到诸多因素的影响。这些因素中既包括资金需求特征、资金报酬率、资金周转效率、企业风险承担、企业成长性、规模、成立年限和企业性质等企业内部微观因素，还包括企业所处的行业特征、外部宏观经济形势等因素。在动态权衡视角下，企业目标营运资金融资结构的上述因素会随时间和经营环境的改变而发生变化，与之相对应，企业目标营运资金融资结构也处于动态变化之中。由于外部冲击或资本市场摩擦的存在，企业实际营运资金融资结构与其目标值会发生一定程度的偏离，进而造成企业资本成本的上升或财务风险的加大。为了减弱上述影响，企业往往会对营运资金融资结构进行动态调整，而调整速度既体现了其自身的调整意愿，又受到其面临的调整成本（调整能力）的制约。在调整意愿方面：一方面，实际营运资金融资结构与目标值的偏离形态会产生不同的经济后果，进而影响着企业对营运资金融资结构的调整意愿。当企业实际营运资金融资结构偏于激进，即营运资本占营业活动流动资金净需求之比小于目标值时，意味着企业用更多的短期金融性负债满足营运资金需求，此时，企业面临着较高的风险水平，需要加快营运资金融资结构调整，提高长期资本对营业活动流动资金净需求的支持比例，尤其是在经济形势不景气或供应链集中风险过高时，企业更需要加快调整以更好地控制风险；而当企业实际营运资金融资结构过于稳健，即营运资本占营业活动流动资金净需求之比大于目标值时，意味着企业用更多的长期资本满足营运资金融资的需求，此时，企业面临着较高的资本成本，为了降低成本，企业也需要对营运资金融资结构进行一定幅度的调整；另一方面，企业所处的供应链集中情况和外部宏观经济形势也会对营运资金融资结构偏离目标值时所隐含的风险和成本产生影响，进而影响着企业营运资金融资结构调整意愿。在调整能力方面，企业自身所面临的融资约束程度、财务柔性会影响企业营运资金融资结构的调整成本；而货币政策等宏观经济政策同样会对企业融资成本和融资能力产生影响，进而影响企业营运资金融资结构的调整成本。通常，在调整意愿一定的情况下，企业的调整成本越高，调整能力越差，最终导致调整速度越慢。

3.3　本章小结

本章对营运资金融资结构的概念内涵和动态调整机理进行了分析和阐述，为后续营运资金融资结构的影响因素研究及动态调整问题的实证研究打下了理论基础。

营运资金融资结构的概念界定以拓展营业观下的营运资金概念重构为基础。在利益相关者集体选择的企业观下，经营活动和投资活动在本质上是相同的，都是运用资金为企业创造价值的活动，两者共同归于企业的广义营业活动；而筹资活动则是为企业价值创造提供资本支持和保障的活动。在拓展的营业观下，企业营运资金应界定为企业在营业活动（既包括经营活动也包括投资活动）中净投入或净融通的流动资金，即流动资产与营业活动流动负债之差。与上述重新界定的营运资金概念相对应，企业营运资金筹资活动应该是为广义营业活动概念下的营运资金需求净额提供资金支持和保障。营运资金融资策略的选择应是解决营运资金净需求如何融通的问题，即营业活动流动资金净需求有多少由短期金融性负债提供融资支持，有多少由营运资本来融通和满足。因此，营运资金融资结构则应界定为：营运资本（或短期金融性负债）占营运资金之比。本书对营运资金融资结构的研究将秉承上述概念和内涵界定，考虑不同来源和期限的营运资金融通方式给企业带来的成本和风险的异质性，从风险和成本权衡的视角对营运资金融资结构进行拓展性研究。

营运资金融资结构动态调整研究以动态权衡理论为基础。企业营运资金融资策略选择的实质是对不同来源和期限的营运资金融通方式的风险和成本进行权衡的过程。目标营运资金融资结构是企业营运资金融资结构动态调整的研究基础和前提，基于对短期负债和长期资本的风险和成本的权衡，企业存在营运资金融资结构目标值。而这一目标值又受到资金需求特征、资金报酬率、资金周转效率、企业风险承担、企业成长性、规模、成立年限和企业性质等企业内部因素以及行业特征、宏观经济形势等外部因素的影响。根据动态权衡理论，由于市场摩擦等因素的存在，企业实际营运资金融资结构通常会偏离其目标值，此时企业需要进一步权衡调整收益与调整成本，明确自身调整意愿和调整能力，对营运资金融资结构的调整速度进行权衡和选择，使企业以最优的状态向目标值靠拢。

第4章 微观企业视角的营运资金融资结构影响因素分析

企业营运资金融资政策不仅涉及到短期和长期资金融通规模，而且直接决定了营业活动流动资金的结构配置。而不同来源和期限的营运资金融资选择会对企业资本成本和财务风险产生不同的影响，进而对企业营业活动正常开展和企业长远发展都会产生重要作用。对企业营运资金融资结构影响因素的系统研究，有助于从更深层面理解企业营运资金融资结构选择，为企业合理制定营运资金融资计划和进行长、短期资本配置提供借鉴和指导。

在营运资金概念界定上，国内外学者大多将其理解为资金需求净额（流动资产与流动负债之差），并在此基础上，将营运资金融资结构界定为企业总体上如何为短期资产提供资金支持（刘怀义，2010；Etiennot 等，2012）[2,3]。王竹泉（2013）[4]进一步指出，上述营运资金概念并未体现业务、财务一体化的时代特征。事实上，企业的营业部门不再仅仅是资金需求方，而是可以通过加强与供应链上下游企业、员工等利益相关者的合作，为自身业务活动融通资金，甚至作为融资平台为企业长期资产投资需求提供支持。因此，业务活动真正需要财务部门筹集的短期资金数额应该是流动资产减去经营性流动负债之后的净额。

在营运资金实证研究方面，国内外学者大多基于现金周转期（CCC），研究营运资金周转绩效的影响因素（Baños 等，2010；Azeem，2015；等等）[5,6]，以及营运资金周转绩效与公司业绩的关系（Ding 等，2013；鞠晓生等，2013；de Almeida 等，2014；等等）[7,8,9]；也有部分学者进一步对营运资金投资规模的调整进行了分析（Baños 等，2013；吴娜，2013；等等）[10,11]。相比于投资视角的营运资金规模和绩效研究，学者们对营运资金融资结构的研究仍然较少。具体到在营运资金融资结构的影响因素研究方面，以往学者的研究视角虽然不再局限于企业规模、成立年限、经营风险等微观企业自身特征，将研究视角拓展到企业所处的行业特征以及经济形势和波动情况等宏观影响因素，但多数学者仅从营运资金融资结构的某一个或某几个影响因素进行研究，而没有从微观到中观和宏观、从单个到整体的角度对营运资金融资结构的影响因素进行全面而系统的考察。

鉴于此，本书秉承王竹泉（2013）[4]提出经营性资金净需求的概念内涵，以长期资本、短期金融性负债与营业活动流动资金净需求的配比关系定义营运资金融资结构，其中长期资本主要包括长期负债和股权融资等，短期金融性负债则涉及短期借款、应付利息、应付股利等。在此基础上，以 2004～2015 年 A 股制造业上市公司为样本，结合营运资金融资结构的本质和内涵，从微观、中观和宏观视角对营运资金融资结构的影响因素进行更为系统和全面的研究。本章主要从企业内部视角对营运资金融资结构的微观影响因素进行分析。本章的结构安排如下：第一节为我国制造业企业营运资金融资结构的特征分析；第二节对企业内部微观因素对企业营运资金融资结构的影响进行了理论阐述和实证检验；第三节对本章进行了小结。

4.1　我国制造业企业营运资金融资结构特征分析

在对营运资金融资结构的影响因素进行研究之前，有必要对我国企业营运资金融资结构的时序特征、行业特征以及相关分类特征进行考察和分析，以使后续对营运资金融资结构影响因素的研究更具明确性和针对性。本书在前面第三章对营运资金、营运资本以及营运资金融资结构的概念内涵进行了全面界定，用营运资本占营运资金之比衡量营运资金融资结构。当营运资本占营运资金之比较大时，意味着营业活动流动资金净需求更多的由长期资本满足，营运资金融资结构偏稳健；反之，当营运资本占营运资金之比较小时，意味着企业营业活动流动资金净需求更多的由短期金融性负债来融通，营运资金融资结构更为激进。本章在进行描述性统计时使用的营运资金融资结构与上述口径一致。在数据选取上，本书选择了制造业上市公司作为研究对象。之所以选择制造业企业，主要基于以下原因：第一，制造业上市公司占全部上市公司的比重较高（超过60%），样本量较大，保证了实证数据的充足性；第二，不同行业间营运资金融资结构的差别较大，将样本限定为制造业企业可以很好的减轻行业之间过度的异质性，这也是很多国内外学者普遍认同和采用的做法（逢咏梅，2013；孙兰兰和王竹泉，2016；Campello 和 Gao，2017；等等）[115,116,69]；第三，制造业企业营运资金管理实践更为成熟，而且营运资金融资选择直接影响了营业活动流动资金需求保障的能力和结构，对制造业企业而言具有更重要的现实意义。以下，本书将从时序特征、行业特征以及分资金需求特征、分盈利能力、分周转绩效、分风险水平、分规模、分所有制等多个分类对我国制造业企业营运资金融资结构进行特征分析。

4.1.1 我国制造业企业营运资金融资结构的时序特征

表 4－1 列示了我国制造业上市公司营运资金融资结构（2004～2015 年）的分年度统计数据。从表中数据可以看到，营运资本占营运资金之比（营运资金融资结构代理变量）的平均值和中位数在这 12 年内均小于 0.5，也就是说，制造业企业营业活动流动资金净需求更多的由短期金融性负债来融通和支持，营运资金融资结构较为激进，隐含着较高的财务风险水平。进一步地，通过中国制造业上市公司营运资金融资结构年度趋势图（图 4－1）可以看出，在 2008 年之前，制造业企业营运资本占营运资金之比基本维持在较低的水平，波动性较小；而从 2008 年以后，我国制造业上市公司营运资本占营运资金之比呈总体上升趋势，特别是 2008～2011 年间，营运资本占营运资金之比持续急剧上升。结合宏观经济形势可以看出，受金融危机影响，企业在危机期间和危机后期意识到风险把控对于企业生存和持续发展的重要性，因而普遍提高了营业活动流动资金净需求中长期资本的比例，减少了短期金融性负债的使用，使得企业营运资金融资结构更趋稳健，财务风险得到一定程度的降低。

表 4－1　中国制造业上市公司营运资本占比分年度统计

年度	均值	中位数	1/4 分位数	3/4 分位数	标准差
2004	0. 125	0. 179	－0. 067	0. 403	0. 455
2005	0. 031	0. 153	－0. 147	0. 376	0. 978
2006	0. 037	0. 135	－0. 196	0. 366	0. 527
2007	0. 113	0. 187	－0. 104	0. 39	0. 466
2008	0. 089	0. 164	－0. 127	0. 415	0. 581
2009	0. 192	0. 264	－0. 013	0. 487	0. 461
2010	0. 293	0. 339	0. 073	0. 595	0. 455
2011	0. 39	0. 459	0. 168	0. 738	0. 456
2012	0. 36	0. 449	0. 151	0. 713	0. 474
2013	0. 34	0. 419	0. 127	0. 671	0. 455
2014	0. 329	0. 419	0. 132	0. 648	0. 448
2015	0. 329	0. 425	0. 174	0. 633	0. 496

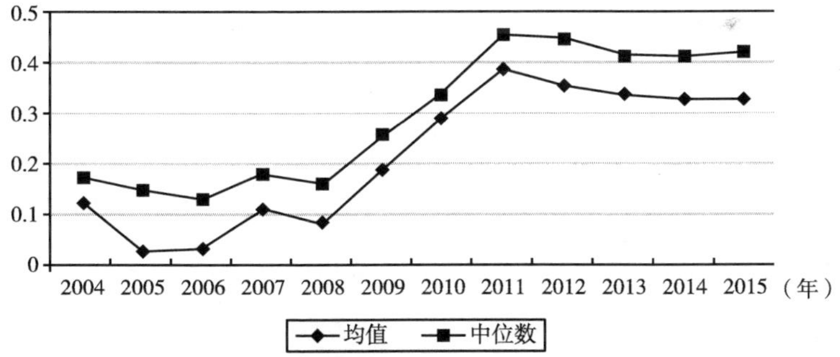

图 4－1　中国制造业上市公司营运资金融资结构年度趋势图

4. 1. 2　我国制造业企业营运资金融资结构的行业特征

各行业中都存在一些企业营运资金融资结构数值偏于极端的

情况，为了减弱相关极端值的影响，本书在对制造业企业营运资金融资结构的行业特征进行分析时，采用中位数而非均值进行描述性统计。表4-2列示了我国制造业上市公司营运资金融资结构分行业分年度的统计值。可以看出，不同制造业细分行业间企业营运资金融资结构存在较大差异，从整体来看，C5（电子行业）和C8（医药、生物制品业）两个行业营运资本占营运资金之比较高，2004~2015年12年间营运资本占比的平均中位数分别为0.43和0.42，呈现较稳健的营运资金融资结构。相比之下，C3（造纸、印刷业）、C4（石油、化学、塑胶、塑料业）和C6（金属、非金属业）等几个行业的营运资本占营运资金之比相对较小，营业活动流动资金净需求更多的由短期金融性负债来满足，12年间营运资本占比的平均中位数分别仅为0.11、0.14和0.12，呈现较为激进的营运资金融资结构，隐含了更大的财务风险。以上营运资金融资结构的行业间差异体现了行业竞争、产品差异化、产品耐用性等行业特征对营运资金融资结构选择的影响。进一步地，从中国制造业上市公司营运资金融资结构分行业年度趋势图（图4-2）可以看出，除C2（木材、家具业）之外，其他各制造业细分行业均呈现出与前述营运资金融资结构总体时序特征相类似的趋势，即在2008年之前，企业营运资本占营运资金之比较低且波动性较小；2008年以后，企业营运资本占营运资金之比呈现总体上升趋势；在2008~2011年的金融危机时期，营运资本占比更是持续急剧上升。这也反映出在金融危机这一重大外部冲击下，为了应对风险和维持企业存活，各制造业行业均采取措施调整了营运资金融资策略。

表 4－2　中国制造业上市公司营运资本占比分行业分年度统计

行业＼年度	2004	2005	2006	2007	2008	2009	2010	2011	2012	2013	2014	2015	平均
C0	0.16	0.10	0.11	0.28	0.15	0.21	0.37	0.39	0.45	0.45	0.46	0.48	0.30
C1	0.20	0.17	0.18	0.16	0.12	0.13	0.35	0.48	0.44	0.50	0.49	0.48	0.31
C2	0.49	0.37	0.23	0.25	0.29	0.43	0.28	0.06	0.29	0.29	0.36	0.35	0.31
C3	−0.05	−0.15	−0.28	−0.09	0.07	0.02	0.21	0.26	0.37	0.38	0.28	0.34	0.11
C4	0.09	−0.06	−0.13	−0.02	0.00	0.12	0.22	0.31	0.31	0.29	0.29	0.28	0.14
C5	0.28	0.29	0.25	0.35	0.42	0.43	0.44	0.62	0.57	0.51	0.50	0.48	0.43
C6	0.11	0.07	−0.07	0.01	0.01	0.02	0.09	0.25	0.22	0.19	0.22	0.28	0.12
C7	0.29	0.20	0.21	0.23	0.23	0.32	0.39	0.47	0.47	0.48	0.44	0.43	0.35
C8	0.19	0.19	0.15	0.26	0.28	0.42	0.48	0.70	0.63	0.62	0.52	0.54	0.42
C9	0.12	0.16	0.29	0.24	0.43	0.40	0.36	0.51	0.48	0.36	0.43	0.36	0.35

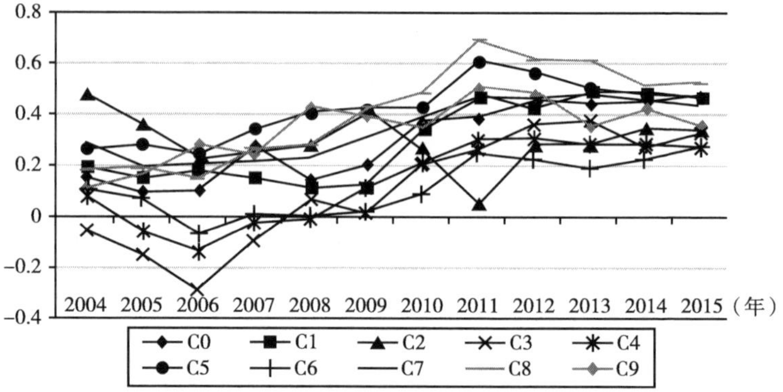

图 4-2 中国制造业上市公司营运资金融资结构分行业年度趋势图

4.1.3 我国制造业企业营运资金融资结构特征的分类统计

接下来本书将从企业资金需求特征、盈利能力、周转绩效、风险承担水平、所有权性质、规模等多个企业特征分类视角对我国制造业企业营运资金融资结构进行特征分析。

1. 不同资金需求特征下的营运资金融资结构

营运资金融资决策的最终目的是为营业活动资金需求提供资金支持，因此，企业资金需求特征应该成为企业营运资金融资结构选择的重要因素。本书提及的企业资金需求特征主要是指企业总资金需求中营运资金需求所占的比例。在分组时，将营运资金需求占比从低到高排序，然后等分为两组，低于1/2分位数的为低营运资金需求占比组，高于1/2分位数的为高营运资金需求占比组。图4-3和图4-4分别从年度和行业两个方面对不同资金需求特征下的制造业企业营运资金融资结构进行了统计。从分年度统计图中可以看出，2004~2015年间，对于总资金需求中营运资金需求占比高的企业而言，其营运资金融资结构中营运资本占比远超过总资金需求中营运资金需求占比低的企业。从分行业统计图中可以看出，各制造业细分行业中，对呈高营运资金需求特征的企业而言，营运资金融资结构中营运资本所占比例均高于呈低营运资金需求特征的企业。上述结果表明，营运资金需求占比高的企业倾向于选择更为稳健的营运资金融资结构。

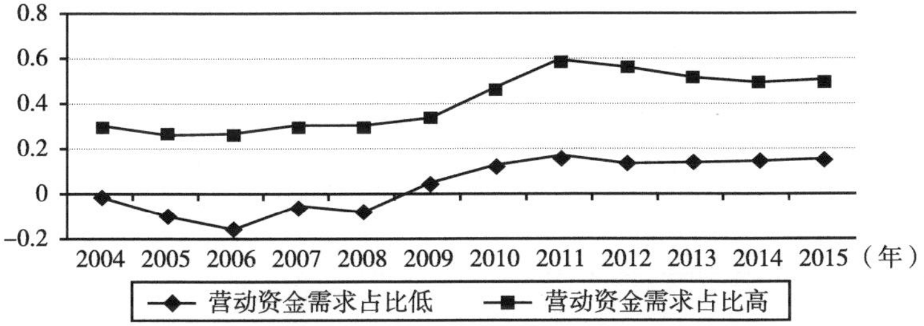

图 4-3　不同资金需求特征下的营运资金融资结构分年度统计图

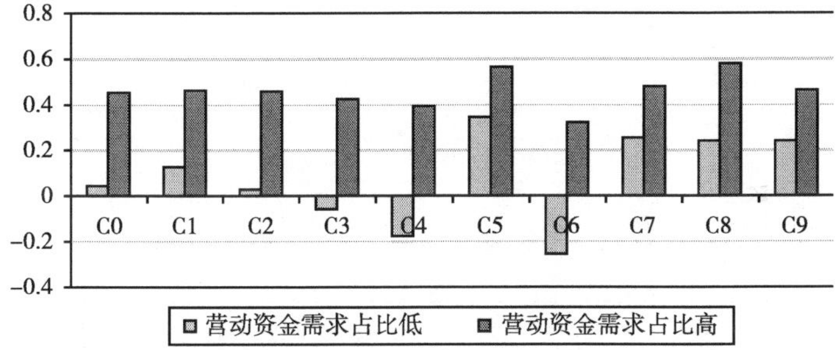

图 4-4　不同资金需求特征下的营运资金融资结构分行业统计图

2. 不同盈利能力下的营运资金融资结构

盈利能力不同的企业在融资成本的承担能力方面存在差异，进而会影响企业营运资金融资结构的选择。一般而言，盈利能力越强，企业对融资成本的承担能力越强。本书采用总资金报酬率衡量企业盈利能力，总资金报酬率越高意味着企业盈利能力越强。在分组时，将企业总资金报酬率从低到高排序，然后等分成两组，低于 1/2 分位数的为低盈利能力组，高于 1/2 分位数的为高盈利能力组。图 4－5 和图 4－6 列示了分年度和分行业不同盈利能力下制造业企业营运资金融资结构的对比分析。从年度趋势图来看，相比于盈利能力弱的企业，盈利能力强的企业在营运资金融资结构选择时更倾向于用长期资本满足营业活动流动资金净需求，即营运资本占营运资金之比较大。从行业对比图来看，除了 C9（其他制造业）以外，其他制造业细分行业中，高盈利能力企业的营业活动流动资金净需求都更多的由长期资本提供支持，即高盈利能力企业的营运资金融资结构普遍更加稳健。

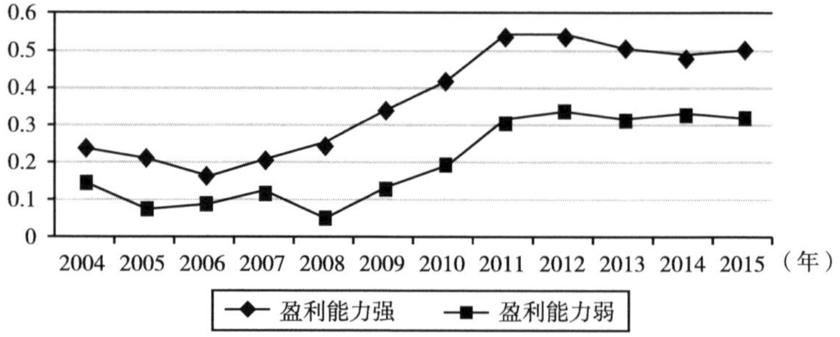

图 4－5　不同盈利能力下的营运资金融资结构分年度统计图

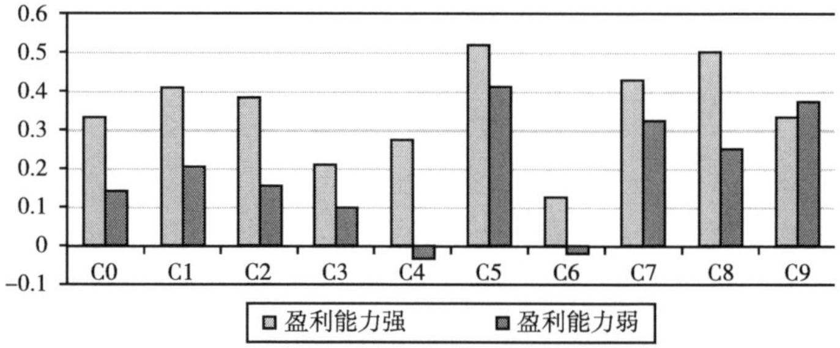

图 4－6　不同盈利能力下的营运资金融资结构分行业统计图

3. 不同资金周转绩效下的营运资金融资结构

企业资金周转绩效反映了企业资金回转速度，在不影响企业正常生产经营的前提下，企业资金周转速度越快，表明企业资金的利用效率越高。一般而言，企业在营业活动过程中的资金周转效率越高，资金回笼速度越快，用短期资金来源满足营业活动流动资金的净需求就可以保证财务安全性，因而也就较少的需要长期资本为营运资金提供融资支持。本书采用现金周转期（CCC）作为企业资金周转绩效的衡量指标，现金周转期越长，代表资金周转速度越慢。在分组时，将现金周转期从低到高排序，然后等分成两组，低于 1/2 分位数的为短现金周转期组，高于 1/2 分位数的为长现金周转期组。图 4－7 和图 4－8 列示了分年度和分行业不同现金周转期下制造业企业营运资金融资结构的对比分析。从年度趋势图来看，相比于现金周转期长的企业，现金周转期短（资金周转效率高）的企业在营运资金融资结构选择时更倾向于用短期金融性负债满足营业活动流动资金净需求，即短期金融性负债占营运资金之比较大，而营运资本占比较小。从行业对比图来看，除了 C9（其他制造业）外，其他所有制造业细分行业中，现金周转期短（资金周转效率高）企业的营业活动流动资金净需求更多地由短期金融性负债来满足，营运资金融资结构相对激进。

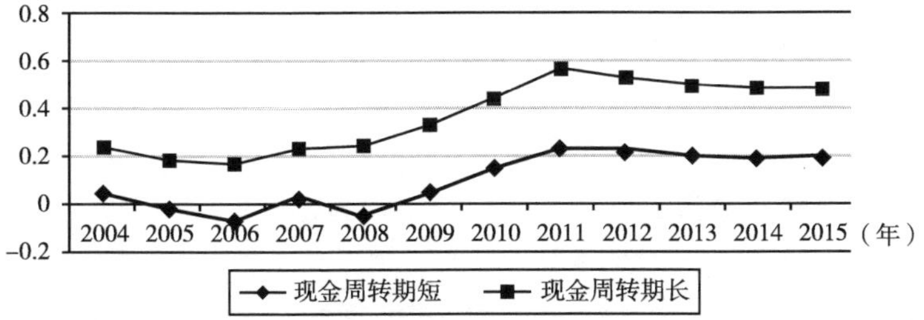

图 4－7　不同现金周转期下的营运资金融资结构分年度统计图

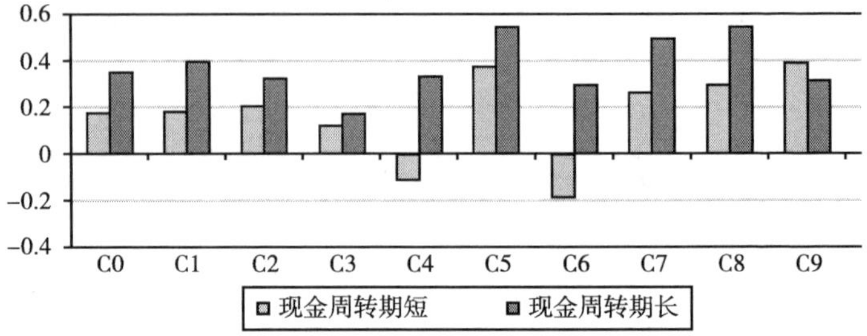

图 4-8　不同现金周转期下的营运资金融资结构分行业统计图

4. 不同风险承担水平下的营运资金融资结构

企业风险的本质源于未来收益水平的不确定性，而企业风险承担则反映了企业经营的风险和收益选择，较高的风险承担意味着企业愿意为了追求高收益而承担较高的经营风险（王菁华和茅宁，2015）[117]。企业营运资金融资结构选择在很大程度上也会受到企业经营风险和收益水平以及决策者风险承担态度的影响。本书采用企业盈利水平的波动程度对企业风险承担水平进行衡量，当盈利波动性较大时，表明企业风险承担水平较高；反之，较小的盈利波动性对应着较低的企业风险承担水平。与前述分组方法相同，将盈利波动性从小到大排序，然后等分成两组，低于1/2分位数的为低风险承担组，高于1/2分位数的为高风险承担组。图4-9从年度趋势层面对不同企业风险承担水平下的营运资金融资结构进行了对比列示。总体来看，风险承担水平较高的企业营运资金融资结构中营运资本占营运资金之比较低，意味着其更多的选择了短期金融性负债作为营业活动流动资金需求的融资来源，营运资金融资结构较为激进；而风险承担水平较低的企业的营运资本占比较高，表明其营运资金融资结构更为稳健。图4-10则进一步从行业视角对不同企业风险承担水平下的营运资金融资结构进行了对比。可以看出，在不同风险承担水平下，除了 C8（医药、生物制品业）之外，其他各制造业细分行业均呈现相同的营运资金融资结构对比结果，即高风险承担企业比低风险承担企业的营运资金融资结构选择更为激进。

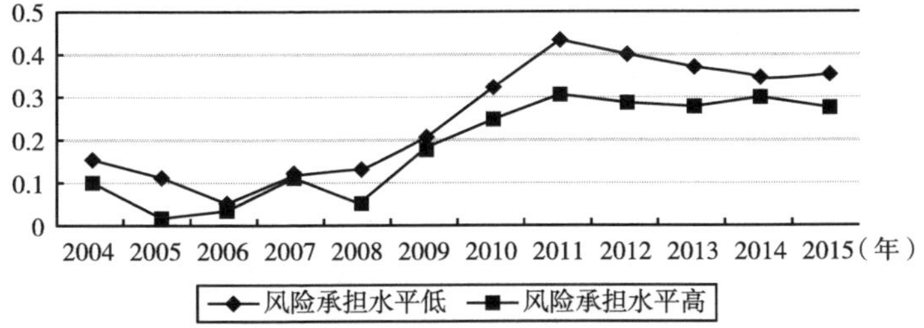

图 4－9　不同风险承担水平下的营运资金融资结构分年度统计图

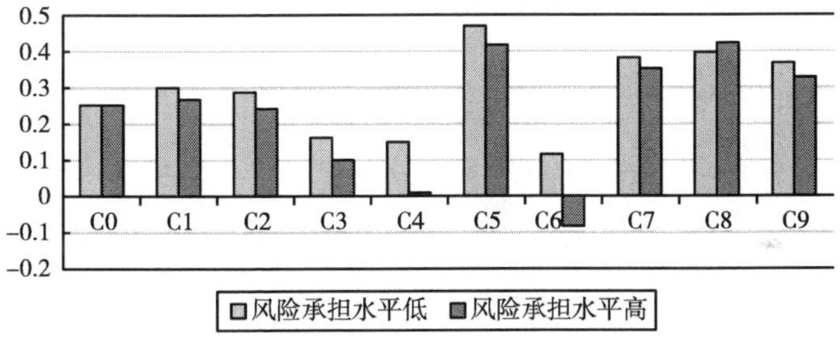

图 4－10　不同风险承担水平下的营运资金融资结构分行业统计图

5. 不同所有权性质下的营运资金融资结构

不同所有权性质的企业（国有企业和民营企业）融资渠道的可获得性和便利性存在差异，而且对风险的应对和抵抗能力也有所不同，因而很可能在营运资金融资结构选择方面存在显著异质性。图 4－11 和图 4－12 分别从分年度和分行业两个层面对不同所有权性质下的企业营运资金融资结构的对比进行了列示。从年度趋势统计图来看，近 12 年来，民营企业营运资金融资结构中营运资本的占比总体高于国有企业，也就是说，民营企业总体上营运资金融资结构的稳健性要高于国有企业。同样，从分行业对比图来看，所有制造业细分行业中，民营企业的营运资本占营运资金之比均大于国有企业，进一步表明相比国有企业，民营企业在营运资金融资结构选择上更倾向于稳健。

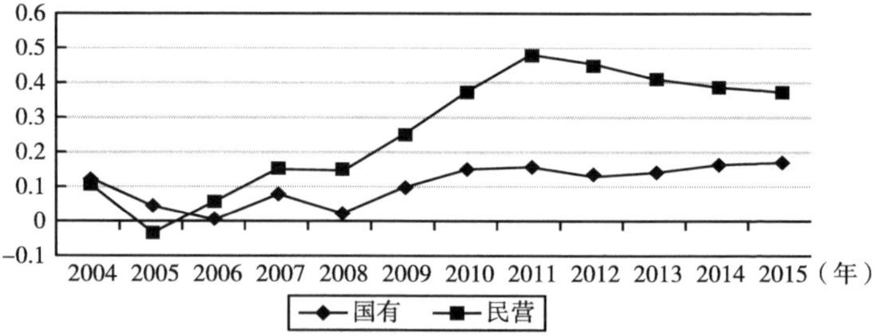

图 4－11　不同所有权性质下的营运资金融资结构分年度统计图

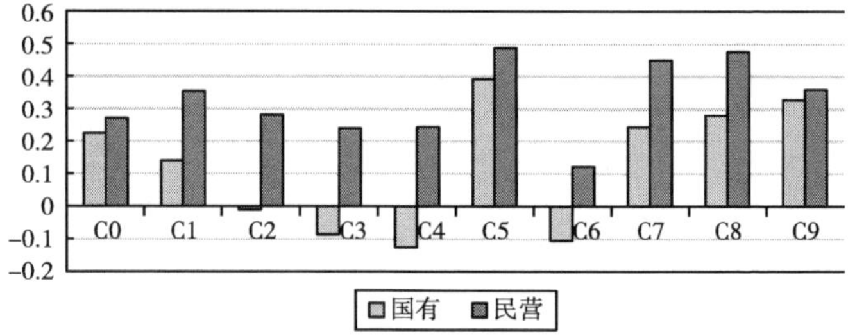

图 4－12　不同所有权性质下的营运资金融资结构分行业统计图

6. 不同规模下的营运资金融资结构

已有研究表明，企业规模的异质性会对企业融资结构选择产生一定的影响（Jalilvand 和 Harris，1984；王东静，2007；Renato，2011；等等）[118,45,46]。因此，有必要对不同规模企业的营运资金融资结构进行对比分析。图 4－13 列示了不同规模下的营运资金融资结构分年度统计图。可以看出，小规模企业的营运资本与营运资金之比大于大规模企业。图 4－14 则是不同规模下的营运资金融资结构分行业统计图。从图中可以看出，与前述分年度的对比分析结果一样，对所有制造业细分行业而言，小规模企业营运资金融资结构中的长期资本占比均高于大规模企业。也就是说，相比于大规模企业，小规模企业的营运资金融资结构更偏于稳健。

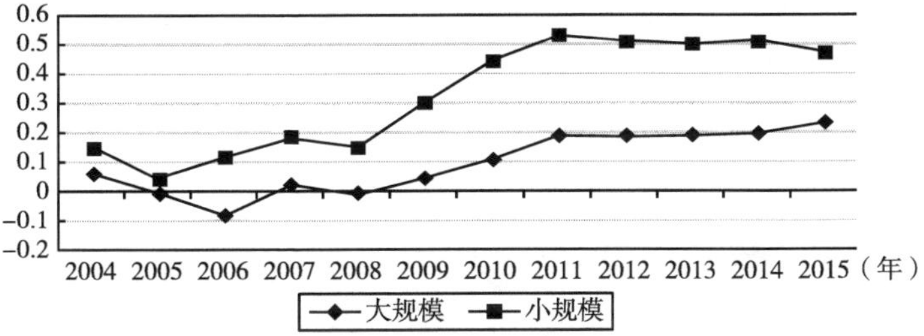

图 4－13　不同规模下的营运资金融资结构分年度统计图

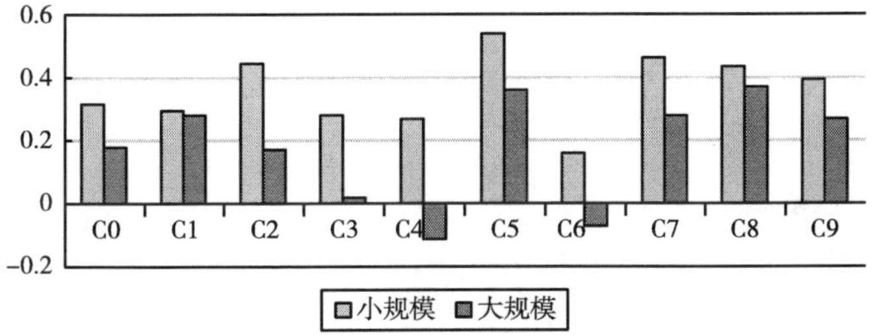

图 4－14　不同规模下的营运资金融资结构分行业统计图

4.2　微观企业特征与企业营运资金融资结构

4.2.1　营运资金融资结构的微观影响因素机理分析

如前所述，在传统资本结构理论研究的基础上，企业债务期限结构理论研究进一步将不同期限债务的异质性纳入企业融资结构的理论研究中，为企业营运资金融资结构的长、短期资金来源选择研究提供了理论支撑。企业融资结构中长、短期债务融资结构微观影响因素的相关理论研究也可以为企业营运资金融资结构的微观影响因素分析提供很好的借鉴。表4－3对企业长、短期债务融资结构的影响因素及其理论基础进行了汇总。可以看到，企业在进行长、短期资金的融资结构选择时，主要受到资产期限、企业规模、成长性、盈利性、经营风险、资产流动性等企业微观层面因素的影响；在不同的理论下，上述微观因素对企业长、短期债务融资选择的影响效应并没有达到完全一致。

表4－3　企业长、短期债务融资选择的影响因素及理论基础

影响因素	理论基础	代理变量
资产期限	期限匹配理论	固定资产比率
企业规模	代理成本理论/信号传递理论	总资产的自然对数
企业成长性	代理成本理论/权衡理论	销售收入增长率
企业盈利能力	代理成本理论/信号传递理论	资产报酬率
经营风险	代理成本理论/权衡理论	经营杠杆或息税前利润的波动性
资产流动性	信号传递理论	流动比率
财务杠杆	代理成本理论/期限匹配理论/权衡理论	资产负债率
股利政策	代理成本理论/权衡理论	股利支付率
行业	控制变量	哑变量
国家	控制变量	哑变量
年度	控制变量	哑变量

资料来源：Renato Soares Terra，Paulo. Determinants of corporate debt maturity in Latin America. *European Business Review*，23.1（2011）：45－70。

企业营运资金融资结构选择的实质是对不同期限的资金融通

方式进行风险和成本的权衡，以确定企业营运资金如何融通，即营业活动流动资金净需求有多少由短期金融性负债提供融资支持，有多少由长期资本来满足。通过借鉴上述企业长、短期债务融资结构的微观影响因素及其理论基础，基于企业营运资金融资结构的内涵和实质，并结合我国制造业企业营运资金融资结构的分类特征，本书拟从企业资金需求特征、盈利能力、资金周转效率、企业风险承担、企业成长性、规模、成立年限、企业性质等几大方面，对营运资金融资结构的微观影响因素展开研究（见图 4－15）。

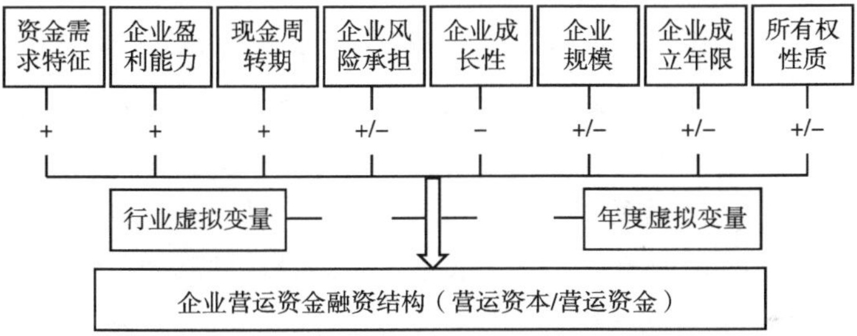

图 4－15　营运资金融资结构微观影响因素分析

1. 企业资金需求特征与营运资金融资结构

企业营运资金融资决策的终极目的是为营业活动流动资金净需求提供资金支持，营运资金融资结构选择的本质是在权衡风险和成本的基础上，对营运资金需求的长期和短期资金来源进行合理配置。因此，企业资金需求特征应该成为企业营运资金融资结构选择的最关键因素之一。这里所说的企业资金需求特征主要是指营运资金需求（营业活动短期资金需求）在企业营业活动总资金需求中所占的相对比例。当营运资金需求占营业活动总资金需求的比例较高时，表明企业营业活动流动资金需求是企业最主要的资金需求方，也是企业融资活动最主要的支持对象。相应地，企业融资活动最主要的目标应是满足营业活动流动资金净需求，维持企业营业活动的正常运行，最大可能地保证营业活动流动资金链的安全和稳定，避免资金链断裂的风险。在这种情况下，如果企业营运资金融资结构中短期金融性负债的比例较大而营运资本的比例较小（即企业主要依靠短期金融性负债等短期资金融通方式为营业活动流动资金需求提供融资支持），这就意味着企业最主要的资金需求由短期债务来支持和满足。由于过多的短期债务会加大企业短期内还本付息的压力，而且在短期债务到期后一旦相关债权人不愿继续提供资金支持，则企业很可能面临清算风险。因此，当企业资金需求呈现营运资金需求占比较高的特征时，上述相对激进的营运资金融资结构很可能导致营业活动流动资金链的断裂，在很大程度上增加企业的流动性风险和破产风险。

中国企业营运资金管理研究中心的调查显示，不同行业的企业资金需求特征具有很强的异质性，与之相对应的营运资金融资结构也存在较大差异。例如，根据《营运资金管理发展报告2016》（王竹泉等，2016）[1]提供的数据，电力、热力、燃气及水生产和供应业在2014年和2015年的营运资金融资结构中，短期金融性负债占比分别高达1905.41%和1214.16%，而营运资本占比则为负值，分别为-1805.41%和-1114.16%。与之呈现明显对比的是房地产行业，在2014年和2015年，房地产行业营运资金融资结构中，短期金融性负债占比分别仅为28.63%和25.50%，而营运资本占比则分别高达71.37%和74.50%。究其根源，最重要的是两个行业不同的业务特点导致了资金需求特征存在很大差异，进而影响到企业营运资金融资结构的选择。具体来看，对电力、热力、燃气及水生产和供应业而言，其主要产成品（电力、热力、燃气及水等）不宜大量储存，而且又是居民日常生活的必需品，一般供不应求，几乎不存在产品滞销情况；再加上其产品销售的很大一部分采用预收款方式进行，因而其营运资金的主要部分——存货和应收账款的资金占用就相对较少，而预收账款还能为其提供资金支持。因此，对该行业来说，其资金需求呈现营运资金需求相对较少，而生产设备、运输管道投资等长期资金需求较大的特征；与之相对应，该行业的营运资金融资结构呈现短期金融性负债占比较高的特点。对于房地产行业而言，其在土地使用和房产开发、建设、经营、管理、维护、服务等每个营运环节都需要大量（动辄几千万甚至上亿元）的营运资金投入，因此，该行业的资金需求呈现营运资金需求占比高的特征。与之相对应，房地产行业的营业活动流动资金净需求更多地由长期资本融通和支持，营运资金融资结构相对稳健。基于上述分析，本书提出如下假设：

H1：当资金需求呈现营运资金需求占比较高的特征时，企业倾向于选择稳健的营运资金融资结构，即营运资本占营运资金之比越大。

2. 盈利能力与营运资金融资结构

盈利能力不同的企业其收益的获取能力也不同，因而在融资成本的承担能力方面存在差异，进而会在一定程度上影响企业营运资金融资结构的选择。本书采用总资金报酬率衡量企业盈利能力，总资金报酬率越高意味着企业盈利能力越强，通常企业对融资成本的承担能力也就越强。从成本角度来看，短期负债更具成本优势，企业选择短期负债通常可以更好的降低融资成本，主要原因如下：第一，由于违约溢价和通货膨胀溢价的存在，相比长期资金来源，短期债务的名义利率通常较低；第二，短期债务的财务灵活性通常较高，可以更好的适应企业投资需求，同时避免不必要的利息支出；第三，短期债务在缓解投资不足、过度投资和资产替代问题方面更具优势，从而有利于降低企业的代理成本。但对于盈利能力较强的企业而言，其利润获取能力较强，对融资成本的承担能力也更强，因此短期负债的上述成本优势对高盈利能力企业来说并不具有突出效应。相比之下，短期负债所隐含的较高的流动性风险和破产风险却显得更加突出。基于对风险和成本的权衡，盈利能力更强的企业更有可能选择成本较高但风险较低的长期资本，而非成本较低但风险较高的短期金融性负债作为企业营运资金需求的主要融资来源；相反，盈利能力较弱的企业则对融资成本更为敏感，在风险和成本权衡过程中，很可能更多的选择成本较低而风险较高的短期金融性负债来满足企业的营业活动流动资金净需求。

此外，盈利能力不同也会影响企业长、短期资金的可获得性。一般而言，对于盈利能力强的企业而言，银行、资本市场投资者等外部资金提供者对其未来现金流的预期通常更为乐观，对其还本付息的能力预期也较高，因而更有可能获得银行提供的期限较长的借贷资金，以及从资本市场进行长期资本融通。相反，对于盈利能力较差的企业而言，债权人和投资者都对其未来预期较悲观，更多的只能依靠短期金融性负债等进行资金融通。基于上述分析，本书提出如下假设：

H2：企业资金报酬率越高，盈利能力越强，越倾向于选择稳健的营运资金融资结构，即营运资本占营运资金之比越大。

3. 资金周转效率与营运资金融资结构

企业资金周转绩效反映了企业资金回转速度，在不影响正常生产经营活动的前提下，企业资金周转速度越快，通常意味着企业对资金的利用效率越高。本书采用现金周转期（CCC）作为企业资金周转绩效的衡量指标。较短的现金周转期（CCC）通常对应着较短的存货周转期、应收账款周转期和较长的应付账款周转期。第一，较短的存货周转期意味着企业在一定时期内，原材料、在产品和产成品等各渠道存货积压情况较少，存货的周转速度较快、变现能力较强、资金占用较少；第二，较短的应收账款周转期通常反映了企业对下游客户的议价能力较强，在一定时期内，企业的产品销售款项回收速度较快，在营销渠道垫付的资金较少；第三，较长的应付账款周转期通常反映了企业对上游供应商有着较强的讨价还价能力，在一定时期内，尽可能地延长采购渠道的资金支付期限，为自己获取低成本或零成本融资来源以满足自身营业活动的流动资金需求。从上述三方面的分析可以看出，企业缩短存货周转期、应收账款周转期，延长应付账款周转期可以在很大程度上提高企业资金周转速度，增强企业营业活动为自身业务开展提供资金的能力，降低经营活动流动资金净需求。如前所述，企业资金总需求中的营运资金需求所占比例降低了，企业可以更多地选择短期金融性负债为营运资金提供融资支持。

此外，企业在营业活动过程中的现金周转期（CCC）越短，资金周转效率越高，资金回笼速度越快。在这种情况下，企业只需要用短期资金来源满足营业活动流动资金的净需求就可以保证财务安全性和控制流动性风险。再进一步结合短期金融性负债等短期资金来源在降低融资成本方面的优势，基于成本和风险的权衡，企业通常会更多的使用短期金融性负债为营运资金提供融资支持，而较少选择成本较高的长期资本。基于上述分析，本书提出如下假设：

H3：企业现金周转期（CCC）越短，资金周转效率越高，越倾向于选择相对激进的营运资金融资结构，即营运资本占营运资金之比越小。

4. 企业风险承担与营运资金融资结构

企业风险的本质源于未来收益水平或现金流的不确定性，而企业风险承担则反映了企业营业活动中对投资机会的风险和收益选择，较高的风险承担意味着企业倾向于把握高收益、高风险的投资项目，也就是说，企业愿意为了追求高收益而承担较高的经营风险（王菁华和茅宁，2015）[117]。当企业的风险承担水平较高，相应的经营风险也较高时，如果企业的营运资金融资结构选择过于激进（即更多地选用短期金融性负债等短期资金来源作为营运资金需求的主要资金融通方式），会给企业带来更大的流动性风险（或破产风险）。经营风险和流动性风险的双重压力无疑会造成企业整体风险水平的急剧上升。而此时，如果企业选择相对保守的营运资金融资结构（即营业活动流动资金净需求更多地由长期资本来满足），长期负债和股权融资本身所隐含的较小的流动性风险会在很大程度上缓解企业的现金流压力，最终对企业较高的经营风险起到一定程度的平衡效应。

但企业风险承担水平的高低不仅会对企业经营风险产生影响，进而从风险平衡视角左右着营运资金融资结构选择，而且还会对企业长、短期资金融通来源的融资成本和可获得性等产生重要影响，进而从成本控制角度对企业营运资金融资结构的选择发挥着作用。如前所述，风险承担水平的提高会加大企业未来现金流的不确定性和未来收益水平的波动性，进而加大企业偿债能力的不确定性，也会增加企业与债权人之间的信息不对称水平（申香华，2014）[119]。因此，对银行等债权人来说，在对企业进行放贷决策时会更多的从降低风险水平和代理成本的角度对债务期限、贷款利率等进行安排。由于短期负债在降低逆向选择和道德风险、降低代理成本等方面具有更大的优势（袁卫秋，2004）[35]，因此，银行等债权人通常会对风险承担水平高的企业提供期限更短的借贷资金，或进一步提高长期贷款的利率水平以更好控制风险和降低代理成本（苏坤，2016）[120]。相应地，对借贷企业而言，其长期资金的可获得性降低、融资成本也相对更高。因此，从降低融资成本角度考虑，企业会更多的选择成本较低、可获得性较强的短期金融性负债作为企业营运资金的主要融资来源。此外，企业风险承担水平在很大程度上受到企业相关管理者总体决策思维的影响，企业风险承担水平的高低事实上也是决策者风险偏好或风险承担态度的重要体现（王菁华和茅宁，2015）[117]，较高的企业风险承担水平通常代表着决策者较高的风险承担意愿和风险偏好。因此，在进行营运资金融资决策时，持更高风险承担意愿的管理者很有可能选择较为激进的营运资金融资结构。基于上述分析，本书提出如下假设：

H4a：企业风险承担水平越高，越倾向于选择相对保守的营运资金融资结构以平衡风险，即营运资本占营运资金之比较大。

H4b：企业风险承担水平越高，越倾向于选择相对激进的营运资金融资结构以控制成本，即营运资本占营运资金之比较小。

5. 成长性与营运资金融资结构

成长性是影响企业投资决策和财务政策的重要变量之一，诸多学者对成长性与企业融资结构选择之间的关系进行了研究（Gul，1999；Aivazian 等，2005；王东静，2007；杨兴全和吴昊旻，2011；等等）[121,122,45,123]。成长性较强的企业通常面临着更大的投资机会不确定性（杨兴全和吴昊旻，2011）[123]，而且较多的成长机会也会使得企业更频繁的进行投、融资策略选择（王东静，2007）[45]，根据代理成本理论，这些都会造成高成长性企业更严重的信息不对称、次优投资等问题，从而进一步增加代理成本。相比长期资本来源，短期债务可以在很大程度上对代理问题进行缓解，具体来看：第一，缩短债务期限可以缓解企业投资不足问题。Myers（1977）[28]认为，通过发行在成长期权执行前就到期的短期债务，使得债权人与企业可以与重新签订债务契约，从而激励企业积极投资，缓解投资不足。第二，缩短债务期限还可以缓解过度投资问题。Jensen（1986）[27]指出，过度投资通常存在于自由现金流较多的企业，管理者通过过度投资扩大企业规模，进而实现自身所需利益，而这一行为却损害了股东利益。通过增加短期负债融资，可以使企业更频繁的还本付息，减少自由现金流，从而限制过度投资。同时，短期负债的增加导致企业破产风险的提升，进一步约束管理者的过度投资行为。第三，短期债务可以缓解资产替代问题。在企业的有限责任制下，负债公司的股东或管理者在进行投资决策时会减少或放弃对低收益低风险的选择，而倾向于将负债融资投放到收益更高但风险也更大的项目中，由此一来，财富将从债权人手中向股东转移，而短期债务融资可以很好的缓解上述资产替代问题（Barnea 等，1980；Duffie 和 Singleton，1999；等等）[48,49]。鉴于此，为了更好的降低代理成本，高成长性企业通常会倾向于选择更多的短期金融性负债来满足营业活动流动资金的需求。

此外，成长性较高的企业通常面临着更多的长期投资机会，在企业总资金需求中长期资金需求通常会占有更大的比例，而营运资金需求占比相对较小。因此，更多的长期资本应投放到长期投资和成长机会之中，而营运资金需求则更多的由短期金融性负债来融通和满足。基于上述分析，本书提出如下假设：

H5：企业成长性越高，越倾向于选择相对激进的营运资金融资结构，即营运资本占营运资金之比较小。

6. 所有权性质与营运资金融资结构

在我国特殊的制度条件下，国有企业与民营企业在融资可获得性、风险应对等方面存在很大差异。在信贷配给理论下，我国银行对民营企业往往存在“信贷歧视”，导致民营企业外部融资渠道受阻，可获得的银行借款等正式渠道融资规模较小、融资成本较高而且贷款期限较短，面临的融资约束程度显著高于国有企业（邓可斌和曾海舰，2014）[124]。在股权融资方面，与国有企业相比，民营企业的大股东及关联方对其融资能力的支持作用较小，企业的财务机动性较差。从这一角度来看，对民营企业而言，其长期债务融资和股权融资等长期资金的可获得性较差。在营运资金融资结构上可能体现为民营企业的短期金融性负债占比较高，而营运资本占比较小。

但企业营运资金融资结构的实质是基于对成本和风险的权衡，对营运资金需求的长、短期资金来源进行合理配置。也就是说，成本因素不是营运资金融资结构选择的唯一因素，风险也是其融资决策的重要影响因素之一。正是由于民营企业的大股东及关联方对其融资能力的支撑是有限的，因而企业对财务风险的抵御能力较差。当出现金融危机等外部冲击事件时，企业很可能面临营业活动资金链断裂的风险。为了向营业活动流动资金需求提供更好地保障，维持营业活动的持续正常开展，民营企业应选择相对保守的营运资金融资策略，即更多的用长期资本对营运资金需求提供融资支持。与之相对比，国有企业在财务风险抵御方面的能力较强，基于风险和成本的权衡，可以更多的选择成本较低的短期金融性负债作为营运资金需求的主要资金融通来源。基于上述分析，本书提出如下假设：

H6a：国有企业更倾向于选择相对保守的营运资金融资结构，即营运资本占营运资金之比较大。

H6b：国有企业更倾向于选择相对激进的营运资金融资结构，即营运资本占营运资金之比较小。

7. 企业规模与营运资金融资结构

Jalilvand 和 Harris（1984）[118]、王东静（2007）[45]以及 Renato（2011）[46]等诸多国内外学者通过理论分析和实证检验发

现，规模不同的企业其企业规模的异质性会对企业融资结构选择产生一定的影响。根据代理成本理论，相较于规模较大的企业，小规模企业的信息不对称问题更为严重，债务人和债权人之间的代理问题更为突出。对于银行等债权人而言，出于控制借贷资金风险的考虑，其通常会减少对小规模企业提供长期借贷资金，而更倾向于提供短期债务，因为短期债务在降低信息不对称和减少代理成本方面更具优势。相应地，对小规模企业而言，相比短期金融性负债等短期资金来源，其对长期资金的融通能力较弱。因此，从代理成本角度来看，规模越小的企业会更多的使用短期金融性负债为营业活动流动资金净需求提供融资支持。

进一步从风险控制角度来看，对于小规模企业而言，当营业活动流动资金更多的由短期金融性负债融通时，企业在短期内面临着相对频繁的还本付息压力，而由于其在外部资本市场的股权融资和在银行等金融机构的债务融资能力都相对较弱，一旦短期债务到期而外部融资渠道受阻，则很可能面临营业活动资金链断裂的风险。也就是说，小规模企业对外部冲击和风险的应对能力相对较差，出于对流动性风险和破产风险的预防，小规模企业应尽可能选择相对保守的营运资金融资结构，更多的使用长期资本为营业活动提供资金支持。基于上述分析，本书提出如下假设：

H7a：企业规模越大，越倾向于选择相对保守的营运资金融资结构，即营运资本占营运资金之比较大。

H7b：企业规模越大，越倾向于选择相对激进的营运资金融资结构，即营运资本占营运资金之比较小。

8. 成立年限与营运资金融资结构

通常情况下，通过企业成立年限可以判断企业所处的不同生命周期（La Rocca 等，2011）[125]。Berger 和 Udell（1998）[126]指出，企业所处生命周期的不同阶段会对其外部资金可获得性、融资成本等产生不同影响。一般而言，当企业成立年限较短（处于发展初期）时，企业的声誉尚未得到稳固的建立，与投资者和债权人之间的信息不对称程度相对较高，而且可抵押的有形资产也相对较少，因此很难在短时间内获得较多的股权融资和长期债权融资等长期资金支持（王汀汀等，2015）[47]，短期金融性负债等短期资金往往可能成为企业营业活动资金需求主要的资金融通来源。相比之下，成立年限较长（处于成熟期）的企业在声誉建立、信息披露、有形资产等方面都更具优势，因而会得到外部资本市场的青睐，长期资金的可获得性更强。体现在营运资金融资结构方面，即是营业活动流动资金需求更多的由长期资本来满足。

但从财务风险控制的角度来看，与小规模企业的外部冲击和风险应对能力相似，当成立年限较短（处于发展初期）的企业面对外部冲击、产生流动性短缺问题时，很难及时从外部资本市场筹措到充足的资金以维持营业活动流动资金需求，很可能面临资金链断裂的风险。因此，成立年限较短（处于发展初期）的企业在进行营运资金融资结构选择时，应充分意识到风险因素对其生存和发展的重要意义，选择相对保守的营运资金融资结构，多使用长期资本来满足营业活动流动资金的需求，以便于更好的控制风险。基于上述分析，本书提出如下假设：

H8a：企业成立年限越长，越倾向于选择相对保守的营运资金融资结构，即营运资本占营运资金之比较大。

H8b：企业成立年限越长，越倾向于选择相对激进的营运资金融资结构，即营运资本占营运资金之比较小。

4.2.2　营运资金融资结构的微观影响因素实证检验

1. 样本选择与数据来源

本书以 2004 ~ 2015 年的 A 股制造业上市公司作为研究样本，

对企业营运资金融资结构的微观影响因素进行实证检验。在样本选择上，主要做了如下处理：（1）剔除 ST、PT 公司；（2）剔除部分财务数据存在缺漏值的公司；（3）为了降低异常值对研究结论的影响，本书对所有连续变量进行上下 1% 的 Winsorize 缩尾处理。本书所使用的上市公司财务数据来源于 CSMAR 数据库，产权性质数据取自 CCER 数据库。

2. 变量定义

（1）营运资金融资结构（LCR）：借鉴王竹泉（2013）[4]、王贞洁和王竹泉（2013）[97]的做法，本书将该指标定义为营运资本与营业活动流动资金净需求的比值。其中，“营运资本 = 流动资产 - 流动负债 =（长期负债 + 所有者权益）- 非流动资产”，表示长期资本投放到流动资产的部分；“营业活动流动资金净需求 = 流动资产 - 经营性流动负债”，表示业务部门在经营活动自发融资之后，需要财务部门提供的融资支持。LCR 指标值越大，表示营业活动流动资金净需求由长期资本进行融通的比例越大，营运资金融资结构越稳健。

（2）资金需求特征（CRC）：本书采用企业总资金需求中营运资金需求所占的比例作为企业资金需求特征的代理变量。当 CRC 指标值较大时，意味着企业营业活动流动资金净需求是企业最主要的资金需求方，也是企业融资活动最主要的支持对象和流动性风险防范对象。其中，企业总资金需求的实质是企业营业活动（包括经营和投资活动）的开展需要财务部门提供的融资支持，在数量上等于总资产与经营性负债（营业活动非金融性负债）之间的差额；而营运资金需求则反映了企业经营和投资活动的开展需要财务部门融通的短期资金（王竹泉，2013）[4]，在数量上等于流动资产与营业活动流动负债之差。在稳健性检验部分，本书借鉴王竹泉等（2014）[86]的做法，进一步将资金需求区分为经营活动资金需求和投资活动资金需求，在此基础上，采用经营活动营运资金需求占经营活动总资金需求之比作为企业资金需求特征的衡量指标。

（3）盈利能力（ROA）：本书采用总资金报酬率（ROA）对企业的盈利能力进行衡量。不同于与以往学者使用“净利润/总资产”或“息税前利润（EBIT）/总资产”作为ROA的计算指标，本书借鉴王竹泉等（2016）[1]的观点，在对企业经济活动进行合理分类的基础上，区分和界定资金和资产的概念内涵，并进一步对总资金报酬率进行重新定义，即“总资金报酬率 = EBIT/总资金 = EBIT/（总资产 - 经营性负债）”。这一定义更好地诠释了债权人和投资者向企业投入的总资金的报酬率，反映了企业资金运用的总体效果。

（4）现金周转期（CCC）：借鉴大多数国内外学者的方法，本书采用现金周转期（CCC）衡量企业资金周转绩效（Deloof，1996；Garcia 和 Martinez，2007；Baños 等，2010；曹玉珊，2013）[127,128,5,129]。现金周转期（CCC）的具体计算公式见变量定义表。

（5）风险承担水平（Risk）：在企业风险承担水平的度量方面，国内外学者主要从企业业绩的波动（包括盈利性的波动、股票回报率的波动以及盈利性的最大值与最小值之差等）、投资政策（如研发支出等）、管理者失败容忍度等几大方面对企业风险承担水平进行界定（王菁华和茅宁，2015）[117]。本书借鉴John等（2008）[130]、Acharya等（2011）[131]以及苏坤（2016）[120]等学者的做法，用企业经营活动盈利性的波动性作为企业风险承担水平的衡量指标。计算公式为：

$$\text{Risk} = \sqrt{\frac{1}{T-1}\sum_{t=1}^{T}\left(EBITDA_{i,t} - \frac{1}{T}\sum_{t=1}^{T}EBITDA_{i,t}\right)^{2}} \Bigg| T = 5$$

其中，EBITDA 是指企业息税折旧摊销前利润与期末总资金之比。如上述公式所示，企业风险承担水平由第 t－2 年至 t＋2 年（连续五年）滚动取值的标准差计算取得。在稳健性检验部分，本书首先借鉴王竹泉等（2014）[92]的做法，进一步计算 EBITDA 五年滚动标准差的累积分布概率，以此对企业风险承担水平进行衡量。与前述方法相比，该累积分布函数的运用可以在很大程度上使企业风险承担水平的代理变量呈正态分布。其次，为了剔除行业异质性的影响，本书借鉴李文贵和余明桂（2012）[132]和余明桂等（2013）[133]的做法，对 EBITDA 进行行业调整，即用企业的 EBITDA 减去所在行业的 EBITDA 年度均值，在此基础上再计算滚动标准差。

（6）其他变量：借鉴以往学者实证研究的一般界定方法，本书用销售收入的增长率衡量企业成长性（Growth）；用总资产的自然对数衡量企业规模（Size）；将（1＋企业实际成立年限）取对数，对企业成立时间进行衡量；根据实际控制人的国有或非国有性质，用虚拟变量衡量企业的产权性质（State）。此外，为了控制行业和年度对营运资金融资结构的影响，本书还分别设置了行业和年度的虚拟变量。上述相关变量的具体定义和计算方法见表 4－4：变量定义表。

表 4－4　　变量定义

变量性质	变量名称	符号	变量定义
被解释变量	营运资金融资结构	LCR	（流动资产－流动负债）/（流动资产－经营性流动负债）＝［（长期负债＋所有者权益）－非流动资产］/［流动资产－（应付账款＋应付票据＋预收账款＋应付职工薪酬＋应交税费＋其他应付款＋其他流动负债）］

续表

变量性质	变量名称	符号	变量定义
解释变量	资金需求特征	CRC	营运资金/总资金 =（流动资产 - 经营性流动负债）/（总资产 - 经营性负债）
	盈利能力	ROA	EBIT/总资金 = EBIT/（总资产 - 经营性负债）
	现金周转期	CCC	存货周转期 + 应收账款周转期 - 应付账款周转期 = 存货/营业收入 * 360 +（应收账款 + 应收票据）/营业收入 * 360 -（应付账款 + 应付票据）/营业收入 * 360
	风险承担水平	Risk	[息税折旧摊销前利润（EBITDA）/总资金]的第 t - 2 年至 t + 2 年（五年）滚动取值的标准差，即：Risk = $\sqrt{\frac{1}{T-1}\sum_{t=1}^{T}\left(EBITDA_{i,t}-\frac{1}{T}\sum_{t=1}^{T}EBITDA_{i,t}\right)^2}\Bigg\vert T=5$
控制变量	产权性质	State	虚拟变量，当企业实际控制人性质为国有时，定义为国有企业，取值为 1；反之，定义为非国有企业，取值为 0
	企业成长性	Growth	（本年销售收入 - 上年销售收入）/上年销售收入
	企业规模	Size	期末总资产的自然对数
	成立年限	Age	（1 + 成立年限）的自然对数
	年度哑变量	Year	2004 ~ 2015 年，设置 11 个年度虚拟变量
	行业哑变量	Industry	依照证监会 2001 上市公司行业分类指引，设置 10 个制造业二级虚拟变量

3. 模型设定

基于本章对营运资金融资结构微观影响因素的理论分析，借鉴王贞洁和王竹泉（2013）[97]对营运资金融资结构的实证研究，本书设定了如下模型对营运资金融资结构的微观影响因素进行实证检验：

$$\begin{aligned} LCR_{it} = \alpha &+ \beta_1 CRC_{it} + \beta_2 ROA_{it} + \beta_3 CCC_{it} + \beta_4 Risk_{it} \\ &+ \beta_5 State_{it} + \beta_6 Growth_{it} + \beta_7 Size_{it} + \beta_8 Age_{it} \\ &+ \beta_9 Year + \beta_{10} Industry + \varepsilon_{it} \end{aligned} \quad \text{（模型 4 - 1）}$$

模型4-1中，除了企业资金需求特征（CRC）、盈利能力（ROA）、现金周转期（CCC）、企业风险承担水平（Risk）、产权性质（State）、企业成长性（Growth）、企业规模（Size）、成立年限（Age）等营运资金融资结构主要微观影响因素外，还控制了行业（Industry）和年度（Year）虚拟变量。根据前述假设分析，本书预期企业资金需求特征（CRC）、盈利能力（ROA）、现金周转期（CCC）与营运资金融资结构（LCR）显著正相关；预期企业成长性（Growth）与营运资金融资结构（LCR）显著负相关；而企业风险承担水平（Risk）、产权性质（State）、企业规模（Size）和成立年限（Age）等变量与营运资金融资结构（LCR）可能显著正相关也可能显著负相关。

4. 样本分布

表4-5对本章最终所使用的样本数据的年度和行业分布进行了汇总列示。从表中可以看到，本章实证部分共涉及9273个有效观测值，2004~2015年各年度观测值分别为：550个、520个、448个、456个、508个、531个、600个、805个、1250个、1252个、1267个和1086个。各制造业细分行业的观测值分别为：C0（食品、饮料业）596个、C1（纺织、服装、皮毛业）

554 个、C2（木材、家具业）71 个、C3（造纸、印刷业）265 个、C4（石油、化学、塑胶、塑料业）1597 个、C5（电子业）986 个、C6（金属、非金属业）1249 个、C7（机械、设备、仪表业）2890 个、C8（医药、生物制品业）922 个、以及 C9（其他制造业）143 个。

表 4-5　　样本分布

Panel A：年度分布

	2004 年	2005 年	2006 年	2007 年	2008 年	2009 年
观测值	550	520	448	456	508	531
比例（%）	5.93	5.61	4.83	4.92	5.48	5.73
	2010 年	2011 年	2012 年	2013 年	2014 年	2015 年
观测值	600	805	1250	1252	1267	1086
比例（%）	6.47	8.68	13.48	13.50	13.66	11.71

Panel B：行业分布

	观测值	比例（%）
C0：制造业——食品、饮料业	596	6.43
C1：制造业——纺织、服装、皮毛业	554	5.97
C2：制造业——木材、家具业	71	0.77
C3：制造业——造纸、印刷业	265	2.86
C4：制造业——石油、化学、塑胶、塑料业	1597	17.22
C5：制造业——电子业	986	10.63
C6：制造业——金属、非金属业	1249	13.47
C7：制造业——机械、设备、仪表业	2890	31.17
C8：制造业——医药、生物制品业	922	9.94
C9：制造业——其他制造业	143	1.54
合计	9273	100

5. 实证结果与分析

（1）描述性统计。表4－6是对主要变量进行缩尾处理之后进行的描述性统计。其中，营运资金融资结构（LCR）的最小值为－1.287，表明样本期间内我国部分制造业上市公司营业活动流动资金净需求为负，这意味着：这部分企业的经营活动不仅可以通过应付账款、预收账款等经营性融资途径为自身业务开展提供资金支持，而且还可以作为融资平台为长期投资需求提供融资支持。LCR的最大值为0.939，表明这部分企业更多地使用长期资本满足经营性资金需求，营运资金融资结构较为稳健。LCR平均值为0.274，而标准差达到0.445，这表明我国制造业上市公司营运资金融资结构存在较大差异。此外，从整体上来看，各主要变量的平均值和中位数相差不大，表明经过缩尾处理之后的数据总体呈对称分布，且不存在极端值情况。

表4－6　　主要变量的描述性统计

Variable	N	Mean	sd	p25	p50	p75	Min	Max
LCR	9273	0.274	0.445	0.0460	0.338	0.598	－1.287	0.939
CRC	9273	0.562	0.169	0.439	0.569	0.689	0.184	0.901
ROA	9273	0.059	0.056	0.0300	0.054	0.085	－0.142	0.238
CCC	9273	20.41	68.63	－19.68	12.66	57.09	－170.8	230.3
Risk	9273	0.031	0.031	0.012	0.021	0.039	0.002	0.182
Growth	9273	0.182	0.350	－0.005	0.127	0.283	－0.414	2.158
Size	9273	21.69	1.085	20.91	21.55	22.27	19.70	25.08
Age	9273	2.531	0.415	2.303	2.565	2.833	0.693	3.638
State	9273	0.405	0.491	0	0	1	0	1

（2）多重共线性检验。根据一般的经验法则，当方差膨胀因子（VIF值）大于5时，表明变量之间存在严重的多重共线性

问题；当变量之间的相关系数高于0.8时，视为存在多重共线性。表4－7和表4－8分别列示了各主要变量的方差膨胀因子（VIF）和各主要变量的相关系数。从表4－7中可以看出，各主要变量的VIF值和VIF平均值均在2以下，表明模型4－1不存在严重的多重共线性问题。从表4－8可以看出，各主要解释变量之间的相关系数均明显小于0.8的多重性判断的经验值，同样表明模型4－1各解释变量之间不存在严重的多重共线性。综合上述两个层面的分析，可以判断最终的回归结果不会受到各主要解释变量之间多重共线性的影响。

表4－7　　各主要变量的方差膨胀因子（VIF值）

Variable	VIF	1/VIF
Size	1.20	0.830749
CCC	1.18	0.846822
CRC	1.14	0.877250
ROA	1.13	0.881259
State	1.10	0.907923
Age	1.08	0.924823
Growth	1.08	0.926103
Risk	1.05	0.956435
Mean VIF	1.12	

（3）回归结果分析。表4－9列示了对模型4－1进行的混合OLS估计结果，并在此基础上，进一步进行了随机效应和固定效应估计。可以看到，混合OLS估计和固定效应估计的调整的R^2均较大，分别为0.5740和0.8026，这表明模型设计较合理。从回归结果来看，第一，在混合OLS估计、随机效应估计和固定效应估计方法下，企业资金需求特征（CRC）均与营运资

表 4-8　各主要变量的相关系数表

	LCR	CRC	ROA	CCC	Risk	Size	Age	Growth	State
LCR	1								
CRC	0.600 ***	1							
ROA	0.284 ***	0.157 ***	1						
CCC	0.483 ***	0.283 ***	0.117 ***	1					
Risk	-0.157 ***	-0.140 ***	-0.107 ***	-0.055 ***	1				
Size	-0.311 ***	-0.143 ***	0.074 ***	-0.256 ***	-0.085 ***	1			
Age	-0.142 ***	-0.098 ***	-0.057 ***	-0.065 ***	0.050 ***	0.234 ***	1		
Growth	0.0150	0.060 ***	0.254 ***	0.0040	-0.0120	0.036 ***	-0.095 ***	1	
State	-0.266 ***	-0.139 ***	-0.121 ***	-0.211 ***	0.057 ***	0.216 ***	0.095 ***	-0.019 *	1

金融资结构（LCR）在 1% 的水平上显著正相关。这表明，当营运资金需求占营业活动总资金需求的比例较高时，(即 CRC 取值较大)，营业活动流动资金需求是企业最主要的资金需求方，相应地，企业融资活动最重要的目标应是满足营业活动流动资金净需求，表现为营运资金融资结构中营运资本占营运资金之比较大（即 LCR 较大)。假设 H1 得到验证。第二，企业盈利能力（ROA）在三种估计方法下，同样均与营运资金融资结构（LCR）在 1% 的水平上呈显著正相关关系。这表明，企业资金报酬率越高（即 ROA 越大)，盈利能力越强，对长期资本较高的融资成本的承受能力越强，因而越倾向于选择稳健的营运资金融资结构，即营运资本占营运资金之比越大（即 LCR 较大)。假设 H2 得到验证。第三，在三种估计方法下，企业现金周转期（CCC）也均与营运资金融资结构（LCR）在 1% 的水平上显著正相关。也就是说，企业在营业活动过程中的现金周转期越短（即 CCC 越小)，资金周转效率越高，资金回笼速度越快，这时企业只需要用短期资金来源满足营业活动流动资金的净需求就可以保证财务安全性，因而企业会选择用较多的短期金融性负债来满足营业活动流动资金的净需求（即 LCR 较小)。假设 H3 得到验证。第四，在三种估计方法下，企业风险承担水平（Risk）与营运资金融资结构（LCR）均呈现出显著负相关关系。这说明，由于高风险承担水平企业的长期资金的可获得性相对较低、融资成本相对更高，出于降低融资成本的考虑，高风险承担企业（即 Risk 较大）会更多地选择成本较低、可获得性较强的短期金融性负债作为企业营运资金的主要融资来源（即 LCR 较小)。假设 H4b 得到验证。第五，企业成长性（Growth）在上述三种估计方法下，均与营运资金融资结构（LCR）呈显著负相关关系。这表明，出于降低代理成本和将更多的长期资本应投放到长期投资和成长机会之中的考虑，高成长性企业（即 Growth 较大）通常更多地选择短期金融性负债来对营运资金需求进行融通和满足（即 LCR 较小）。假设 H5 得到检验。此外，企业规模（Size）、成立年限（Age）以及企业所有权性质（State）均与营运资金融资结构（LCR）呈显著负相关关系。这表明，对于规模较小（即 Size 较小）、成立年限较短（即 Age 较小）以及非国有企业（即 State =0）而言，其对外部冲击和风险的应对能力相对较差，因此，出于对流动性风险和破产风险的预防，小规模企业、成立年限较短的企业和非国有企业会倾向于选择相对保守的营运资金融资结构，更多地使用长期资本为营业活动提供资金支持（即 LCR 较大）。假设 H6b、假设 H7b 和假设 H8b 得到验证。

表 4-9　营运资金融资结构的微观影响因素

被解释变量：	（1）混合 OLS 估计	（2）随机效应模型	（3）固定效应模型
	LCR	LCR	LCR
CRC	1.135*** (54.316)	1.220*** (51.885)	1.252*** (45.284)
ROA	1.544*** (25.871)	1.196*** (22.056)	1.109*** (19.187)
CCC	0.002*** (30.151)	0.001*** (25.931)	0.001*** (21.279)
Risk	-0.791*** (-7.712)	-0.619*** (-5.917)	-0.418*** (-3.562)
Size	-0.080*** (-24.895)	-0.068*** (-15.299)	-0.044*** (-6.731)
Age	-0.093*** (-11.298)	-0.117*** (-9.041)	-0.108*** (-3.618)
Growth	-0.059*** (-6.439)	-0.033*** (-4.691)	-0.032*** (-4.471)

续表

被解释变量：	(1) 混合OLS估计	(2) 随机效应模型	(3) 固定效应模型
	LCR	LCR	LCR
State	-0.017** (-2.353)	-0.023** (-2.491)	-0.00100 (-0.077)
Constant	1.480*** (20.866)	1.266*** (13.092)	0.583*** (3.947)
Year	Yes	Yes	Yes
Industry	Yes	Yes	Yes
FE	No	No	Yes
R2_adj	0.5740	—	0.8026
Observations	9273	9273	9273

注：括号中为t值；*、**、***分别表示10%、5%、1%显著性水平。

(4) 稳健性检验。①内生性问题的处理。为了避免可能的内生性问题对回归结果的影响，借鉴Baños—Caballero et al.(2016)[106]、孙兰兰等(2017)[134]等学者的做法，本书进一步选择相关解释变量的滞后期作为工具变量，采用2SLS（两阶段最小二乘法）估计方法对模型4-1进行内生性处理。表4-10列示了在处理了内生性问题之后，企业微观主要微观因素对营运资金融资结构的影响结果。具体来看，第(1)列是采用普通2SLS估计方法的回归结果，可以看到，企业资金需求特征(CRC)、资金报酬率(ROA)、现金周转期(CCC)等均与营运资金融资结构(LCR)显著正相关；而企业风险承担水平(Risk)、成长性(Growth)、规模(Size)、成立年限(Age)和企业性质(State)均与营运资金融资结构(LCR)显著负相关，与前述结论保持一致。第(2)列和第(3)列则分别列示了面板随机效应和固定效应模型下的2SLS估计结果，可以看出，除

了面板固定效应 -2SLS 估计下的企业性质（State）和成立年限

表 4-10　　营运资金融资结构的微观影响因素（内生性问题的处理）

被解释变量：	（1）2SLS 估计	（2）面板随机效应 -2SLS 估计	（3）面板固定效应 -2SLS 估计
	LCR	LCR	LCR
CRC	1.157 *** (33.935)	1.157 *** (33.865)	1.404 *** (18.394)
ROA	2.157 *** (15.633)	2.157 *** (15.601)	3.388 *** (10.575)
CCC	0.002 *** (19.329)	0.002 *** (19.289)	0.001 *** (10.543)
Risk	-0.432 ** (-2.414)	-0.432 ** (-2.409)	-0.127 * (-1.845)
Growth	-0.652 *** (-5.547)	-0.652 *** (-5.536)	-0.133 *** (-9.080)
Size	-0.072 *** (-12.813)	-0.072 *** (-12.787)	-0.022 ** (-2.308)
Age	-0.105 *** (-7.646)	-0.105 *** (-7.630)	-0.0050 (-0.101)
State	-0.027 ** (-2.395)	-0.027 ** (-2.390)	0.0190 (1.234)
Constant	1.546 *** (13.955)	1.546 *** (13.927)	-0.319 (-1.253)
Year	Yes	Yes	Yes
Industry	Yes	Yes	Yes
FE	No	No	Yes
Observations	6809	6809	6606

注：括号中为 t 值；*、**、*** 分别表示 10%、5%、1% 显著性水平。

（Age）变得不显著外，其他均与前述结论保持一致。这表明，内生性问题对营运资金融资结构微观影响因素研究结论的影响不大，前述研究结论具有较强的稳健性。

②营运资金融资结构（LCR）衡量方法的稳健性检验。在对营运资金融资结构的衡量方面，由于企业营业活动中流动负债的最主要来源为对供应商的资金占用（应付账款和应付票据），因此，借鉴 Etiennot 等（2012）[3] 的做法，在计算营运资金（营业活动营运资金净需求）时，流动资产只减去应付账款和应付票据，即“营运资金 = 流动资产 - （应付账款 + 应付票据）”，在此基础上进一步得到营运资金融资结构的计量，即“营运资金融资结构（LCR2）= 营运资本/[流动资产 -（应付账款 + 应付票据）]”。在此基础上，本书对营运资金融资结构微观影响因素进行了混合 OLS、随机效应和固定效应估计，结果见表 4 - 11。可以看到，企业相关微观影响因素对营运资金融资结构的影响均与前述研究结论保持一致。

表 4 - 11　营运资金融资结构的微观影响因素（LCR 衡量方法的稳健性检验）

被解释变量：	（1）混合 OLS 估计	（2）随机效应模型	（3）固定效应模型
	LCR2	LCR2	LCR2
CRC	1.188***	1.253***	1.288***
	(52.884)	(48.685)	(41.482)
ROA	1.523***	1.180***	1.072***
	(23.747)	(19.630)	(16.516)
CCC	0.002***	0.001***	0.001***
	(28.845)	(24.604)	(19.923)
Risk	-0.664***	-0.575***	-0.383***
	(-6.024)	(-4.988)	(-2.906)

续表

被解释变量:	(1) 混合 OLS 估计	(2) 随机效应模型	(3) 固定效应模型
	LCR2	LCR2	LCR2
Size	-0.081 *** (-23.494)	-0.071 *** (-15.012)	-0.047 *** (-6.433)
Age	-0.091 *** (-10.191)	-0.114 *** (-8.384)	-0.104 *** (-3.109)
Growth	-0.060 *** (-6.061)	-0.032 *** (-4.135)	-0.030 *** (-3.745)
State	-0.015 ** (-2.006)	-0.021 ** (-2.144)	0.0030 (0.254)
Constant	1.462 *** (19.179)	1.316 *** (12.702)	0.634 *** (3.822)
Year	Yes	Yes	Yes
Industry	Yes	Yes	Yes
FE	No	No	Yes
R2_adj	0.5500	—	0.7725
Observations	9273	9273	9273

注：括号中为 t 值；*、**、*** 分别表示 10%、5%、1% 显著性水平。

③企业资金需求特征（CRC）衡量方法的稳健性检验。在企业资金需求特征的衡量方面，本书进一步将资金需求区分为经营活动资金需求和投资活动资金需求，在此基础上，采用经营活动营运资金需求占经营活动总资金需求之比作为企业资金需求特征的衡量指标，即：

$$\text{资金需求特征}(CRC2) = \frac{\text{经营活动营运资金需求}}{\text{经营活动总资金需求}}$$

其中：

经营活动营运资金需求

=营运资金需求－投资活动营运资金需求

=（流动资产－经营性流动负债）－

（交易性金融资产＋应收利息＋应收股利＋一年内到期的非流动资产－交易性金融负债）

经营活动总资金需求

=总资金需求－投资活动总需求

=（总资产－经营性负债）－（投资活动营运资金需求＋投资性长期资金需求）

=（总资产－经营性负债）－

[（交易性金融资产＋应收利息＋应收股利＋一年内到期的非流动资产－交易性金融负债）＋（长期股权投资＋长期债权投资＋可供出售金额资产＋持有至到期投资＋投资性房地产净额）]

表4－12列示了对企业资金需求特征衡量方式进行稳健性检验的回归结果。可以看到，在混合OLS估计、随机效应和固定效应估计下，企业资金需求特征（CRC2）与营运资金融资结构的正相关关系保持不变。

表4－12　　营运资金融资结构的微观影响因素
（CRC衡量方法的稳健性检验）

被解释变量：	（1）混合OLS估计	（2）随机效应模型	（3）固定效应模型
	LCR	LCR	LCR
CRC2	0.798*** (31.669)	0.587*** (25.513)	0.468*** (18.013)
ROA	1.494*** (16.952)	1.212*** (14.960)	1.006*** (10.985)

续表

被解释变量：	(1) 混合 OLS 估计	(2) 随机效应模型	(3) 固定效应模型
	LCR	LCR	LCR
CCC	0.002*** (24.197)	0.002*** (22.388)	0.002*** (15.888)
Risk	-1.189*** (-7.488)	-0.993*** (-5.469)	-0.442* (-1.783)
Size	-0.105*** (-24.086)	-0.091*** (-14.838)	-0.052*** (-4.011)
Age	-0.110*** (-9.511)	-0.124*** (-6.859)	-0.206*** (-3.154)
Growth	-0.053*** (-4.191)	-0.040*** (-4.459)	-0.046*** (-4.681)
State	-0.038*** (-3.664)	-0.050*** (-3.544)	-0.012 (-0.478)
Constant	2.510*** (24.657)	2.351*** (16.378)	1.477*** (4.264)
Year	Yes	Yes	Yes
Industry	Yes	Yes	Yes
FE	No	No	Yes
R2_adj	0.5470	—	0.8542
Observations	4852	4852	4852

注：括号中为 t 值；*、**、*** 分别表示 10%、5%、1% 显著性水平。

④企业风险承担水平（Risk）衡量方法的稳健性检验。在企业风险承担水平的衡量方面，首先，本书借鉴王竹泉等(2014)[92]的做法，进一步计算 EBITDA 五年滚动标准差的累积分布概率，以此对企业风险承担水平进行衡量，用 Risk2 表示。与前述方法相比，Risk2 累积分布函数的运用可以在很大程度上使企业风险承担水平的代理变量呈正态分布。其次，为了消除行业异质性的影响，本书借鉴李文贵和余明桂（2012）[132]以及余

明桂等（2013）[133]的做法，对 EBITDA 进行行业调整，即用企业的 EBITDA 减去所在行业的 EBITDA 年度均值，在此基础上再计算滚动标准差，得到的企业风险承担水平用 Risk3 表示。表 4－13 和表 4－14 列示了用上述两种衡量方式下的企业风险承担水平（Risk2 和 Risk3）对营运资金融资结构（LCR）影响的回归结果。可以看到，在混合 OLS 估计、随机效应和固定效应估计下，企业风险承担水平（Risk2 和 Risk3）与营运资金融资结构（LCR）的负相关关系保持不变。

表 4－13　　营运资金融资结构的微观影响因素
（Risk 衡量方法的稳健性检验 1）

被解释变量：	（1）混合 OLS 估计	（2）随机效应模型	（3）固定效应模型
	LCR	LCR	LCR
CRC	1.142***	1.226***	0.998***
	(54.255)	(51.964)	(29.555)
ROA	1.582***	1.216***	1.066***
	(26.541)	(22.444)	(18.720)
CCC	0.002***	0.001***	0.001***
	(30.049)	(25.855)	(24.030)
Risk2	－0.030***	－0.025**	－0.020*
	(－2.685)	(－2.254)	(－1.655)
Size	－0.078***	－0.066***	－0.034***
	(－24.469)	(－14.940)	(－5.477)
Age	－0.098***	－0.122***	0.028*
	(－11.803)	(－9.386)	(1.938)
Growth	－0.060***	－0.033***	－0.025***
	(－6.495)	(－4.754)	(－3.496)
State	－0.016**	－0.023**	－0.00400
	(－2.276)	(－2.540)	(－0.345)

续表

被解释变量：	（1）混合 OLS 估计	（2）随机效应模型	（3）固定效应模型
	LCR	LCR	LCR
Constant	1.441 *** (20.220)	1.231 *** (12.703)	0.247 ** (2.095)
Year	Yes	Yes	Yes
Industry	Yes	Yes	Yes
FE	No	No	Yes
R2_adj	0.5710	—	0.8046
Observations	9273	9273	9273

注：括号中为 t 值；*、**、*** 分别表示 10%、5%、1% 显著性水平。

表 4-14　营运资金融资结构的微观影响因素（Risk 衡量方法的稳健性检验 2）

被解释变量：	（1）混合 OLS 估计	（2）随机效应模型	（3）固定效应模型
	LCR	LCR	LCR
CRC	1.144 *** (54.759)	1.229 *** (52.282)	1.256 *** (45.455)
ROA	1.570 *** (26.319)	1.217 *** (22.488)	1.122 *** (19.449)
CCC	0.002 *** (30.110)	0.001 *** (25.860)	0.001 *** (21.211)
Risk3	-0.287 *** (-4.722)	-0.141 *** (-2.714)	-0.093 * (-1.705)
Size	-0.078 *** (-24.486)	-0.066 *** (-14.901)	-0.042 *** (-6.426)
Age	-0.099 *** (-12.021)	-0.124 *** (-9.578)	-0.117 *** (-3.926)

续表

被解释变量：	(1) 混合 OLS 估计	(2) 随机效应模型	(3) 固定效应模型
	LCR	LCR	LCR
Growth	-0.061*** (-6.580)	-0.034*** (-4.839)	-0.033*** (-4.591)
State	-0.016** (-2.264)	-0.023** (-2.478)	0.000 (-0.031)
Constant	1.434*** (20.284)	1.219*** (12.637)	0.547*** (3.712)
Year	Yes	Yes	Yes
Industry	Yes	Yes	Yes
FE	No	No	Yes
R2_adj	0.5720	—	0.8023
Observations	9273	9273	9273

注：括号中为 t 值；*、**、*** 分别表示 10%、5%、1% 显著性水平。

4.3　本章小结

不同来源和期限的营运资金融资选择会对企业资本成本和财务风险产生不同的影响，进而对企业营业活动正常开展和企业长远发展产生影响。对企业营运资金融资结构影响因素的系统研究，有助于从更深层面理解企业营运资金融资结构选择，为企业合理制定营运资金融资计划和进行长、短期资本配置提供借鉴和指导。本章主要对我国制造业企业营运资金融资结构的时序特征、行业特征以及不同企业分类特征进行统计和分析，并进一步从企业内部视角对营运资金融资结构的微观影响因素进行分析。

得到结论如下：

第一，企业资金需求特征（CRC）与营运资金融资结构（LCR）显著正相关。当营运资金需求占营业活动总资金需求的比例较高时，表明营业活动流动资金需求是企业最主要的资金需求方，相应地，企业融资活动最重要的目标应是满足营业活动流动资金净需求，最大可能地保证营业活动流动资金链的安全和稳定，避免资金链断裂的风险。因此，在营运资金融资结构的选择上，呈现这种资金需求特征的企业通常会更多的选择长期资本为营运资金需求提供支持，表现为营运资本占营运资金之比较大，营运资金融资结构相对稳健。

第二，企业盈利能力（ROA）与营运资金融资结构（LCR）显著正相关。企业资金报酬率越高，盈利能力越强，对融资成本的承受能力越强。短期负债的成本优势对高盈利能力企业来说并不具有突出效应；相比之下，短期负债所隐含的较高的流动性风险和破产风险却显得更加突出。因此，高盈利企业通常倾向于选择稳健的营运资金融资结构，即营运资本占营运资金之比较大。

第三，企业现金周转期（CCC）也与营运资金融资结构（LCR）显著正相关。也就是说，当企业在营业活动过程中的现金周转期较短、资金周转效率较高时，企业营业活动为自身业务开展提供资金的能力较强，企业只需要用短期资金来源满足营运资金需求就可以保证营业活动流动资金链安全性。因此，企业会选择用较多的短期金融性负债来满足营业活动流动资金的净需求，即营运资本占营运资金之比较小，营运资金融资结构较为激进。

第四，企业风险承担水平（Risk）与营运资金融资结构（LCR）显著负相关。一方面，由于高风险承担企业的长期资金的可获得性相对较低、融资成本相对更高，出于降低融资成本的考虑，高风险承担企业会更多地选择成本较低、可获得性较强的短期金融性负债作为企业营运资金的主要融资来源；另一方面，较高的企业风险承担水平通常代表着决策者较高的风险承担意愿和风险偏好。因此，在进行营运资金融资决策时，高风险承担企业的管理者会倾向于选择较为激进的营运资金融资结构，即营运资本占营运资金之比较小。

第五，企业成长性（Growth）与营运资金融资结构（LCR）显著负相关。也就是说，为了降低代理成本和将更多的长期资本投放到长期投资和成长机会之中，高成长性企业通常更多地选择短期金融性负债来对营运资金需求进行融通和满足，营运资本占营运资金之比相对较小，营运资金融资结构较为激进。

第六，企业规模（Size）、成立年限（Age）以及企业所有权性质（State）与营运资金融资结构（LCR）均呈显著负相关关系。也就是说，对于规模较小、成立年限较短以及非国有企业而言，其资本市场融资能力较差，银行长期借款的可获得性较低，对外部冲击和风险的应对能力相对较差。因此，出于对流动性和破产风险的预防和控制，小规模企业、成立年限较短的企业和非国有企业会倾向于选择相对保守的营运资金融资结构，更多使用长期资本为营业活动提供资金支持，即营运资本占营运资金之比较大。

营运资金融资结构影响因素的研究应该是从微观到中观和宏观、从单个到整体的全面而系统的考察。本章仅仅对企业微观层面的因素进行了理论分析和实证检验，在接下来的第五章，本书将在营运资金融资结构微观影响因素分析的基础上，进一步对中观（行业和供应链视角）和宏观（宏观经济形势和宏观经济政策等）层面的营运资金融资结构的影响因素展开研究。

第5章 中观、宏观视角的营运资金融资结构影响因素分析

第五章从企业资金需求特征、资金报酬率、资金周转效率、企业风险承担、企业成长性、规模、成立年限、企业性质等几大方面，对营运资金融资结构的微观影响因素进行了研究。事实上，企业营运资金融资结构选择作为企业营运资金管理和融资结构策略的一部分，也会受到企业所处行业特征、供应链关系以及宏观经济形势等中观和宏观层面因素的影响。本章将对中观（行业和供应链视角）和宏观（宏观经济形势和宏观经济政策等）层面的营运资金融资结构影响因素展开研究。

20世纪80年代以来，随着战略债务理论（"Theory of Strategic Debt"）的提出和发展，越来越多的学者开始关注行业竞争、产品差异化等行业特征对企业融资结构选择的影响。例如，Erol（2004）[135]以土耳其公司为样本，实

证检验了产品市场需求特征、行业成本波动性等行业特征与企业长、短期资金来源选择的互动关系，指出相对长期债务等长期资本来源，短期负债的战略意义较小，更多是作为流动性约束时的融资来源。王东静（2007）[45]从行业竞争、产品差异化、产品市场波动、行业成本波动等更全面的角度对行业特征与企业长、短期负债选择的关系进行了论证。在营运资金融资结构的实证研究方面，也有不少学者指出，不同行业的营运资金其投、融资管理存在很大差异，企业在决定其营运资金融资结构时应该充分考虑其所属的行业特征（Salawu 等，2007；Etiennot 等，2012；等等）[14,3]。

已有研究表明，供应链关系（包括供应商和客户关系）是企业利益相关者管理的重要内容，也会直接影响企业的融资结构选择（Patatoukas，2011；Barrot，2015）[136,137]。例如，Titman 和 Wessel（1988）[138]以及 Allen 和 Phillips（2000）[139]均指出，当客户关系较紧密（客户集中度较高）时，企业倾向于取得客户专有性资产。这部分企业通常保持着较低的财务杠杆率，因为一旦关系客户面临破产清算，企业会被迫承担高额的客户专有性资产的处置成本（Banerjee 等，2008；Frésard 和 Valta，2015）[140,141]。Campello 和 Gao（2017）[69]指出，供应链客户关系集中度、客户财务状况等因素会对企业银行借款规模、利率、条款等产生重要影响。此外，尽管不少学者从供应链关系视角对企业营运资金管理进行了研究（Lugli，2006；Wadhwa 等，2006；张先敏，2013；逄咏梅，2013；等等）[142,143,144,115]，但到目前为止，还没有文献对供应链关系与企业营运资金融资结构的关系展开研究。

企业的经营发展离不开外部宏观经济环境和经济政策支持。宏观经济形势和政策通过影响企业与投资者之间的交易成本、代理成本和风险水平等，对企业营运资金融资结构决策产生重要影响。例如，Sathyamoorthi 等（2008）[95]指出，在经济波动比较大的环境下，企业倾向于选择保守的营运资金融资结构；而当经济形势比较稳定时，企业营运资金融资结构相对激进。Etiennot 等（2012）[3]通过多国营运资金融资结构的对比分析，指出国家治理环境、宏观经济形势等都对营运资金融资结构产生重要影响。王贞洁和王竹泉（2013）[97]研究了经济危机背景下的实体企业信用风险传染效应对外向型企业营运资金融资结构的影响，实证结果显示，在经济危机时期，风险把控成为营运资金融资结构选择的主导因素，外向型企业普遍延长了营运资金融资期限，使营运资金融资结构更为稳健。

已有文献对企业营运资金融资结构的中观和宏观影响因素的研究分析虽然相对较少，但仍为本书的研究提供了借鉴。在此基础上，本章拟从更全面的视角，对中观层面和宏观层面相关因素与营运资金融资结构的关系展开系统研究。具体来看，在中观层面的行业因素研究方面，本书选取了行业垄断程度、产品差异化、产品耐用性等指标进行分析；在中观层面的供应链关系研究方面，本书选取了供应链集中度（包括客户集中度和供应商集中度）指标展开研究；在宏观影响因素方面，本书选取了经济周期、货币政策等指标进行分析（见图 5－1）。

本章的内容安排如下：第一节研究行业和供应链层面相关因素对企业营运资金融资结构的影响；第二节从宏观层面对企业营运资金融资结构的影响因素进行检验；第三节是本章小结。

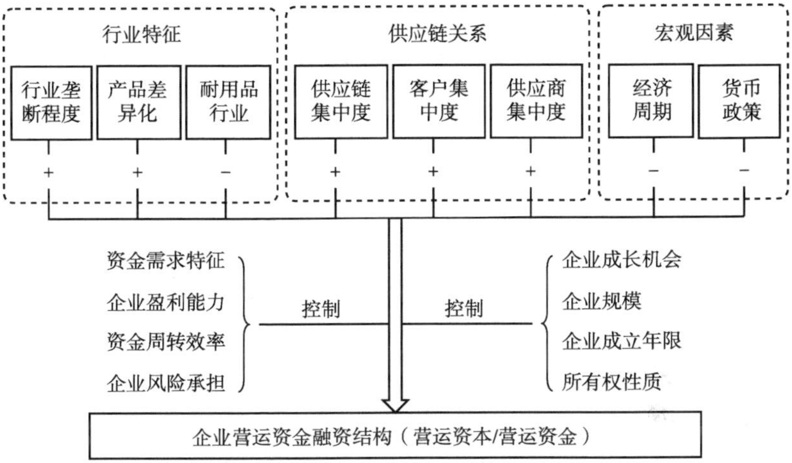

图 5－1 营运资金融资结构中观和宏观影响因素分析

5.1 行业特征、供应链集中度与企业营运资金融资结构

5.1.1 营运资金融资结构的行业和供应链影响因素机理分析

1. 行业垄断程度与营运资金融资结构

国内外学者在行业或市场竞争对企业投、融资政策的影响方面进行了大量研究，取得了丰富的研究成果（吴昊旻和王华，2009）[145]。特别是 20 世纪 80 年代以来，随着战略债务理论（“Theory of Strategic Debt”）的提出和发展，越来越多的国内外学者开始将注意力集中到行业竞争等行业特征对企业长、短期债务融资结构选择的影响。Kanatas 和 Qi（2001）[68]研究指出，在古诺双寡头竞争下，企业竞争对手会选择增加产量，以向短期信

贷市场传递低成本信号。而竞争对手的这种信号传递，将直接导致外部短期信贷市场对企业下一期以至未来盈利的预期降低，从而很可能在企业短期债务到期时，拒绝向企业继续提供融资支持，使得企业营业活动流动资金链断裂，面临流动性和破产风险。也就是说，在寡头竞争条件下，使用短期金融性负债很可能会使企业遭受竞争对手掠夺行为的损害而面临较高的流动性风险，因而垄断行业企业通常更倾向于选择长期债务（王东静，2007）[45]。从我国整体金融环境来看，不同于国外资本市场的发达和便捷，我国企业的主要融资来源仍是银行借贷（陆正飞和杨德明，2011）[146]。一旦银行受到垄断行业企业的竞争对手的信号误导，很可能加重使用短债的企业所受到的掠夺行为，进一步促使垄断行业企业选择长期债务以控制流动性风险。在企业营运资金融资结构上的表现为，垄断行业的企业营业活动流动资金净需求更多的由长期资金来源满足，即营运资本占营运资金之比较大。

此外，企业所处的行业竞争程度还会在很大程度上影响银行对企业的借贷行为（信贷额度、期限、限制条款、贷款利率等等）。Valta（2012）[147]研究发现，由于行业竞争程度的提升会增加企业的现金流风险，因此，高竞争性行业的企业银行借贷可获得性较低、贷款利率较高。Hertzel 和 Officer（2012）[148]指出，在高竞争性行业，当企业的竞争对手存在或发生破产风险时，企业也会受到影响，面临较高的银行贷款利率。一般来说，对于垄断行业的企业而言，银行对其未来盈利性和现金流动预期较为乐观，因而更乐于向其提供额度较大、期限较长、利率较低的贷款。因此，在营运资金融资结构决策方面，垄断行业企业通常会选择用长期资本来满足营运资金需求。而对于所处行业竞争程度较高的企业来说，在银行借款的可获得性和期限、借款成本等方面都不具有优势。因此，在营运资金融资决策方面，高竞争行业的企业通常会选择短期金融性负债作为营运资金需求的主要资金融通来源。基于上述分析，本书提出如下假设：

H1：行业垄断程度越高，企业越倾向于选择稳健的营运资金融资结构，即营运资本占营运资金之比较高。

2. 产品差异化与营运资金融资结构

相对于标准化产品厂商，差异化产品的生产企业在专有性投资、销售渠道、资产周转等方面具有不同的特性，而这些特性对企业盈利性、风险水平和资产周转绩效都会产生一定程度的影响，进而也会影响企业营运资金融资结构决策。在日益激烈的产品竞争市场上，差异化产品由于其自身的特色和独特性往往会吸引更多的客户，在产品竞争中更具优势；此外，在其他条件一定的情况下，相比标准化产品，差异化产品往往更具价格优势。因此，差异化产品生产企业的盈利性水平往往高于普通生产厂商（王东静，2007）[45]。根据前述分析，基于对风险和成本的权衡，盈利能力更强的企业对融资成本的承担能力也更强，因而更有可能选择成本较高但风险较低的长期资本，而非成本较低但风险较高的短期金融性负债作为企业营运资金需求的主要融资来源。

从风险角度来看，差异化的产品专用性较强，生产厂商的关系专有性投资较多，供应商和客户相对固定和集中，一旦差异化产品生产厂商发生破产清算行为，其风险传染性会更强，会给客户、供应商等利益相关者带来较大损失（张顺葆，2015）[149]；而一旦差异化产品生产厂商的主要客户发生违约行为或出现流动性短缺等问题，也会将企业自身置于高破产风险之下，极有可能面临产品销售渠道受阻、专有性投资转移成本较高等危机（Titman 和 Wessels，1988；Kale 和 Shahrur，2007；Banerjee 等，2008；等等）[138,150,140]。因此，为了更好的平衡风险，差异化产品生产企业应选择稳健性的营运资金融资结构，用更多的长期资本满足营运资金需求。

此外，从资产周转绩效角度来看，差异化产品和标准化产品同样存在较大不同。一方面，差异化产品的定制化程度和独特性更强，像标准化产品那样根据市场需求变化进行即时生产的难度较大，因此为了保证产品生产和供应的稳定性，差异化产品行业的生产厂商通常会相应增加原材料以及在产品或模块化产品的库存。而这样的做法在提高生产稳定性的同时，也会导致存货周转绩效的下降；另一方面，产品从生产到最终使用过程中，生产商和客户对产品质量的认知存在信息不对称问题。相比于标准化产品，差异化产品的质量差异较大，质量信息在生产商与客户之间的不对称程度更高。为了向客户传递高质量的信号或提供质量保障，差异化产品行业的生产企业通常会选择放宽应收账款期限（向客户提供更多的商业信用），进而导致应收账款周转绩效的降低（Smith，1987；孙大超等，2014）[151,152]。从上述分析可以看出，在其他条件一定的情况下，差异化产品生产企业的资产周转绩效相对较低，企业营业活动为自身业务开展提供资金的能力较弱，因此需要更多的长期资本为营业活动流动资金需求提供融资支持。基于上述分析，本书提出如下假设：

H2：产品差异化程度越高，企业越倾向于选择稳健的营运资金融资结构，即营运资本占营运资金之比较高。

3. 耐用品行业与营运资金融资结构

产品的耐用性也是企业所属行业的重要特征之一，耐用品行业与非耐用品行业在长期资本投入方面存在很大差异，进而影响着企业营运资金融资结构选择。Chenery 等（1986）[153]指出，相比于非耐用品生产厂商，耐用品行业的生产企业大多为资本密集型产业，固定资产等长期资本投资强度较大。体现在企业资金需求特征方面，就是总资金需求中长期资金需求占比较大而营运资金等短期资金需求占比较小。根据前述分析，当营运资金需求占总资金需求的比例较低，而长期资金需求占比较高时，表明企业营业活动流动资金需求并不是企业最主要的资金需求方，生产设备、研发投入等长期投资才是企业融资活动最主要的支持对象。相应地，企业融资活动最重要的目标应是满足长期资金需求，最大可能地保证长期资本投入的安全和稳定。因此，企业在进行营运资金融资结构决策时，应更多的将长期资本投放到长期资产投资之中，而将短期金融性负债等短期资金作为企业营业活动流动资金净需求的主要资金融通来源。基于上述分析，本书提出如下假设：

H3：相比于非耐用品行业，耐用品行业的企业更倾向于选择激进的营运资金融资结构，即营运资本占营运资金之比较低。

4. 供应链集中度与营运资金融资结构

在"互联网 +"时代倡导的网络平台交易模式下，企业与供应商、客户等重要利益相关者之间交易往来更加密切，利益共享、风险共担的平台合作模式日益普及（鲍群和赵秀云，2016）[154]。随着企业间的竞争日益演化为供应链之间的较量，供应链关系（包括供应商和客户关系）越来越成为企业利益相关者管理的重要内容，而且直接影响到企业的经营业绩、风险水平以及融资结构选择（Titman 和 Wessels，1988；Kale 和 Shahrur，2007；Banerjee 等，2008；Patatoukas，2011；Barrot，2015；李任斯和刘红霞，2016；等等）[138,150,140,136,137,155]。在企业供应链关系的实证研究中，供应链集中度（包括供应商集中度和客户集中度）是国内外学者最主要的研究视角（Van Horen，2004；Banerjee 等，2008；王竹泉和孙兰兰，2016；鲍群和赵秀云，2016；Campello 和 Gao，2017；等等）[156,140,157,154,69]。对于供应链关系相对集中（供应商和客户集中度较高）的企业而言，上、下游交易伙伴间的利益关系与企业自身风险水平和盈利性的互动关联更为密切，进而可以在一定程度上对企业营运资金融资结构选择产生影响。

从风险角度来看，一方面，供应链企业间关系越集中，经营活动中商业信用的使用也更频繁，由此形成的紧密融资关系加强了彼此间的财务风险传导性，下游应收账款拖欠将直接影响到上游企业资金风险（Van Horen，2004）[156]；另一方面，企业与供应商和客户的交易越集中，供应链经营风险传导效应也越严重，一旦大客户因为经营性资金净需求得不到满足而导致经营难以为继，就会给供应商企业的产品销售带来重创（Hertzel 等，2008）[158]。尤其在金融危机等外部冲击较强或整体经济条件较差的宏观形势下，金融系统的风险会通过供应链传染效应扩展到实体经济层面（Garcia 和 Montoriol，2013；王贞洁和王竹泉，2014）[159,97]，这种情况下，企业更需要关注中观层面的供应链集中度以及与其直接相关的供应链风险传导问题。此外，从供应链企业的功能责任和影响力角度来看，处于供应链关键节点的企业通常与其上、下游企业和相邻产业都有着广泛而密切的合作，经济和社会影响力往往较大，一旦其营业活动资金融通出现问题，其风险传染性更强、波及面更广，对供应链整体发展的危害性也更大。因此，对于供应链关系集中度高的企业而言，应更注重供应链资金风险传导问题。相应地，在营运资金融资结构选择方面，出于对风险的控制和平衡，供应链集中度高的企业应选择稳健性的营运资金融资结构，更多使用风险较低的长期资本作为营业活动流动资金净需求的主要资金来源，而对隐含较高流动性风险的短期金融性负债规模进行控制。

此外，企业所处的供应链集中度也会对企业的盈利水平产生一定程度的影响，进而影响到企业营运资金结构中长、短期资金来源的选择。随着产品市场竞争的日益激烈，供应链关系的建立和维护越来越成为企业战略管理实践的重要内容之一，而在学术界也有越来越多的国内外学者开始关注供应链关系对企业盈利性的作用和影响，并对其进行了深入研究。从企业与供应商的关系角度来看，供应商集中度较高时，密切的供应商关系有利于企业更好地与供应商进行信息交换和共享，实现战略采购、供应商管理库存以及供应商参与产品设计（共同治理）等，实现降低企业总采购成本、提高采购绩效、提升产品前期研发绩效等目标（张先敏，2013；王勇和刘志远，2016）[144,160]，进而有利于企业盈利能力的提升。从企业与客户关系的角度来看，客户集中度较高时，企业更有可能与客户建立紧密联系，从而可以更好地进行产品销售或市场需求信息的交换和共享，更好地把握市场需求或开拓市场蓝海，促进企业产品销售业绩的增长和市场份额的提升，实现战略供货等，最终提高企业的销售收益（张先敏，2013）[144]；此外，企业客户集中度的提高也有利于企业降低销售费用等相关成本，实现规模经济（Patatoukas，2011）[136]。综合上述分析可以看到，企业的供应链集中度的提高有利于促进企业与供应商和客户之间的密切关系，最终提高企业的盈利水平。根据前述分析，盈利能力较强的企业对融资成本的承担能力也较强，因而在进行营运资金融资结构选择时，更多的将注意力放在风险因素的考虑上，而非成本方面。也就是说，企业会选择成本较高但风险较低的长期资本，而非成本较低但风险较高的短期金融性负债，作为营业活动流动资金净需求的主要融资来源。基于上述分析，本书提出如下假设：

H4：供应链集中度越高，企业越倾向于选择稳健的营运资金融资结构，即营运资本占营运资金之比较高。

5.1.2 营运资金融资结构的行业与供应链影响因素实证检验

1. 样本选择与数据来源

本书以2004~2015年的A股制造业上市公司作为研究样本。在样本选择上，做了如下处理：（1）剔除ST、PT公司；（2）剔除部分财务数据存在缺漏值的公司；（3）剔除供应商、客户关系未披露的公司；（4）为了降低异常值对研究结论的影响，本书对所有连续变量进行上下1%的Winsorize缩尾处理。本书所使用的上市公司财务数据来源于CSMAR数据库；产权性质数据取自CCER数据库；供应商、客户关系集中度指标从各上市公司年报中逐份手工搜集，并进行了复核。

2. 变量定义

（1）行业垄断程度（HHI）：借鉴王东静（2007）[45]、陈信元等（2014）[161]、孙兰兰和王竹泉（2016）[116]等学者的做法，本书采用赫芬达尔指数（HHI）作为行业垄断程度的衡量指标。该指标越大，代表行业垄断程度越高，竞争性越小。HHI的具体计算公式如下：

$$HHI = \sum_{i=1}^{N}\left(\frac{X_i}{X}\right)^2 ; X = \sum_{i=1}^{N}(X_i)$$

其中，Xi 表示行业内企业 i 的年销售收入（主营业务收入）；X 表示行业内所有企业年销售收入（主营业务收入）之和；N 代表行业总体企业个数。在稳健性检验部分，第一，本书将上式中的销售收入换为总资产，用每家企业总资产占行业总资产比重的平方和作为HHI的衡量指标，计算行业垄断程度（HHI2）；第二，参考余明桂和潘红波（2010）[162]、王竹泉和孙兰兰（2016）[157]等人的做法，本书选用行业内竞争者个数的自然对数作为行业垄断程度的衡量指标（HHI3），当行业内竞争者个数的自然对数小于中位数时，表示行业竞争性较小，行业垄断程度越高，HHI3 取值为 1；反之，行业垄断程度较低，HHI3 取值为 0。

（2）产品差异化（Diff）：广告费用投入（或广告密度）在很大程度上可以代表企业的产品差异化程度（王东静，2007）[45]。当企业广告密度较大，广告费用投放水平较高时，可以更好的通过广告效应提高消费者对其产品独特性的主观感知。由于广告费用很难取得，很多学者采用销售费用作为替代变量（王东静，2007；张顺葆，2015）[45,149]。本书借鉴王东静（2007）[45]的做法，用行业总体销售费用之和与行业总体销售收入之和之比对产品差异化进行衡量。在稳健性检验部分，本书进一步采用行业内各企业销售费用与销售收入之比的均值（Diff2）、企业销售费用与销售收入之比（Diff3）对产品差异化进行了衡量。

（3）耐用品行业（Durable）：与 Titman 和 Wessels（1988）[138]、Banerjee 等（2008）[140]将美国制造业企业 SIC 代码在 3400 ~ 3990 之间的细分行业列为耐用品行业的做法相对应，本书将我国将制造业细分行业中的 C4（石油、化学、塑胶、塑料业）、C5（电子业）、C6（金属、非金属业）、C7（机械、设备、仪表业）定义为耐用品行业（张顺葆，2015）[149]；其他制造业细分行业定义为非耐用品（易耗品）行业。

（4）供应链关系（SCR）：借鉴 Banerjee 等（2008）[140]、Van Horen（2004）[156]、鲍群和赵秀云（2016）[154]以及 Campello 和 Gao（2017）[69]等国内外学者的普遍做法，本书引入企业与其前五大供应商、前五大客户的交易占比之和

(SCR)、客户集中度(Customer)以及供应商集中度(Supplier)三个指标对供应链关系进行衡量。该指标数值越大，表明企业的供应链关系集中度越高。在稳健性检验部分，借鉴王勇(2016)[163]的做法，从交易强度和交易持续时间两个方面对供应链关系客户进行界定。具体来看，所谓“交易强度”是指企业存在销售占比超过10%的客户；而“交易持续时间”则指企业与相关客户的关系交易至少超过2年，如果上述两个条件均可满足，则将企业定义为存在关系客户(DRcus)，取值为1；否则，取值为0。此外，还进一步引入连续变量(关系客户占企业销售收入比例的年均值)作为关系客户替代变量(Rcus)。

(5)其他：根据前述企业营运资金融资结构的影响因素分析，本书在模型中加入了如下变量：资金需求特征(CRC)、总资金报酬率(ROA)、现金周转期(CCC)、风险承担水平(Risk)、企业成长性(Growth)、企业规模(Size)、企业成立年限(Age)、企业性质(State)以及年度哑变量(Year)。具体变量定义见表5-1。

表5-1　变量定义

变量性质	变量名称	符号	变量定义
被解释变量	营运资金融资结构	LCR	(流动资产-流动负债)/(流动资产-经营性流动负债)=[(长期负债+所有者权益)-非流动资产]/[流动资产-(应付账款+应付票据+预收账款+应付职工薪酬+应交税费+其他应付款+其他流动负债)]

续表

变量性质	变量名称	符号	变量定义
解释变量	行业垄断程度	HHI	赫芬达尔指数:行业内每家企业主营业务收入(或总资产)占行业总体主营业务收入(或总资产)之比的平方和
	产品差异化	Diff	行业总体销售费用之和/行业总体销售收入之和
	耐用品行业	Durable	制造业细分行业中的 C4(石油、化学、塑胶、塑料业)、C5(电子业)、C6(金属、非金属业)、C7(机械、设备、仪表业)为耐用品行业;其他制造业细分行业为非耐用品行业
	供应链集中度	SCR	供应链集中度 = 客户集中度 + 供应商集中度(其中,客户集中度 Customer = 前五大客户销售占比;供应商集中度 Supplier = 前五大供应商采购占比)
控制变量	资金需求特征	CRC	营运资金/总资金 =(流动资产 - 经营性流动负债)/(总资产 - 经营性负债)
	盈利能力	ROA	EBIT/总资金 = EBIT/(总资产 - 经营性负债)
	现金周转期	CCC	存货周转期 + 应收账款周转期 - 应付账款周转期 = 存货/营业收入 * 360 +(应收账款 + 应收票据)/营业收入 * 360 -(应付账款 + 应付票据)/营业收入 * 360

续表

变量性质	变量名称	符号	变量定义
控制变量	风险承担水平	Risk	[息税折旧摊销前利润(EBITDA)/总资金]的第 t-2 年至 t+2 年(五年)滚动取值的标准差
	产权性质	State	虚拟变量,当企业实际控制人性质为国有时,定义为国有企业,取值为1;反之,定义为非国有企业,取值为0。
	企业成长性	Growth	(本年销售收入-上年销售收入)/上年销售收入
	企业规模	Size	期末总资产的自然对数
	成立年限	Age	(1+成立年限)的自然对数
	年度哑变量	Year	2004年-2015年,设置11个年度虚拟变量
	行业哑变量	Industry	依照证监会2001上市公司行业分类指引,设置10个制造业二级虚拟变量

3. 模型设定

本书设计了模型5-1和模型5-2对营运资金融资结构的行业影响因素和供应链影响因素分别进行检验。其中,模型5-1的被解释变量为企业营运资金融资结构(LCR),解释变量为行业垄断程度(HHI)、行业产品差异化(Diff)、耐用品行业(Durable)等行业特征因素,此外,控制了企业资金需求特征(CRC)、盈利能力(ROA)、现金周转期(CCC)、企业风险承担水平(Risk)、产权性质(State)、企业成长性(Growth)、企业规模(Size)、成立年限(Age)等营运资金融资结构的企业微观影响因素,以及年度虚拟变量

(Year)；模型5－2的被解释变量同样为营运资金融资结构(LCR)，解释变量为供应链集中度(SCR)，在后续检验中还会将供应链集中度替换为客户集中度(Customer)和供应商集中度(Supplier)以保证稳健性。此外，也控制了上述企业微观影响因素以及年度虚拟变量(Year)和行业虚拟变量(Industry)。

$$LCR_{it} = \alpha + \beta_1 HHI_{it} + \beta_2 Diff_{it} + \beta_3 Durable_{it} + \beta_4 CRC_{it} + \beta_5 ROA_{it} + \beta_6 CCC_{it} + \beta_7 Risk_{it} + \beta_8 State_{it} + \beta_9 Growth_{it} + \beta_{10} Size_{it} + \beta_{11} Age_{it} + \beta_{12} Year + \varepsilon_{it} \quad (模型5-1)$$

$$LCR_{it} = \alpha + \beta_1 SCR_{it} + \beta_2 CRC_{it} + \beta_3 ROA_{it} + \beta_4 CCC_{it} + \beta_5 Risk_{it} + \beta_6 State_{it} + \beta_7 Growth_{it} + \beta_8 Size_{it} + \beta_9 Age_{it} + \beta_{10} Year + \beta_{11} Industry + \varepsilon_{it} \quad (模型5-2)$$

4. 实证结果与分析

(1) 描述性统计。表5－2列示了对主要连续变量进行Winsorize缩尾处理之后的描述性统计结果。可以看到，行业垄断程度（HHI）、行业产品差异化程度（Diff）、供应链集中度（SCR）、客户集中度（Customer）和供应商集中度（Supplier）等主要解释变量的取值都在合理范围内，不存在极端值情况；且最大值和最小值之间存在较大差异，表明不同企业所处的行业特征和供应链特征存在显著异质性。此外，从整体上来看，各控制变量的平均值和中位数相差不大，表明经过缩尾处理之后的控制变量数据总体呈对称分布，且不存在极端值情况。

表5－2　　主要连续变量的描述性统计

variable	N	mean	sd	p25	p50	p75	min	max
HHI	9273	0.046	0.044	0.024	0.032	0.048	0.015	1
Diff	9273	0.063	0.04	0.032	0.06	0.073	0.014	0.191

续表

variable	N	mean	sd	p25	p50	p75	min	max
SCR	9245	0. 633	0. 307	0. 405	0. 580	0. 812	0. 135	1. 553
Customer	9273	0. 287	0. 190	0. 145	0. 234	0. 383	0. 034	0. 879
Supplier	9245	0. 345	0. 199	0. 196	0. 301	0. 451	0. 058	0. 950
LCR	9273	0. 274	0. 445	0. 046	0. 338	0. 598	-1. 287	0. 939
CRC	9273	0. 562	0. 169	0. 439	0. 569	0. 689	0. 184	0. 901
ROA	9273	0. 059	0. 056	0. 03	0. 054	0. 085	-0. 142	0. 238
CCC	9273	20. 41	68. 63	-19. 68	12. 66	57. 09	-170. 8	230. 3
Risk	9273	0. 031	0. 031	0. 012	0. 021	0. 039	0. 002	0. 182
Size	9273	21. 692	1. 085	20. 914	21. 554	22. 269	19. 695	25. 082
Age	9273	2. 531	0. 415	2. 303	2. 565	2. 833	0. 693	3. 638
Growth	9273	0. 182	0. 35	-0. 005	0. 127	0. 283	-0. 414	2. 158

图 5-2、图 5-3 和图 5-4 分别对不同行业垄断程度、不同行业产品差异化程度以及耐用品和非耐用品行业等方面对营运资金融资结构的分年度统计图进行了列示。从年度趋势统计图来看，近 12 年来，行业垄断程度高、产品差异化程度高以及非耐用品行业的营运资金融资结构中营运资本的占比总体高于垄断程度低、产品差异化程度低以及耐用品行业，即高垄断行业、产品

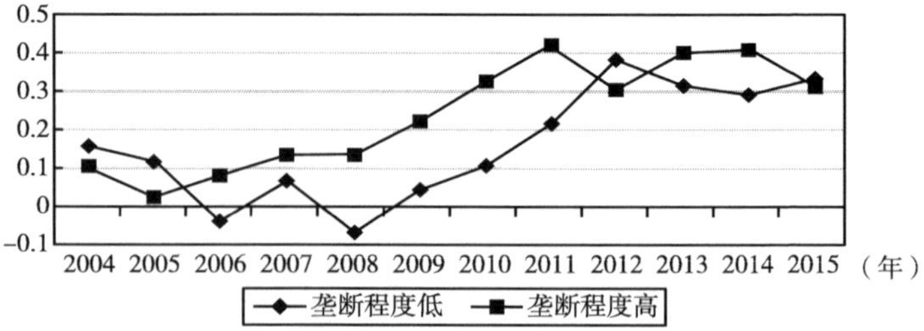

图 5-2　不同行业垄断程度下的营运资金融资结构分年度统计图

差异化行业和非耐用品行业的营运资金融资结构相对稳健，营运资本占营运资金之比较大。

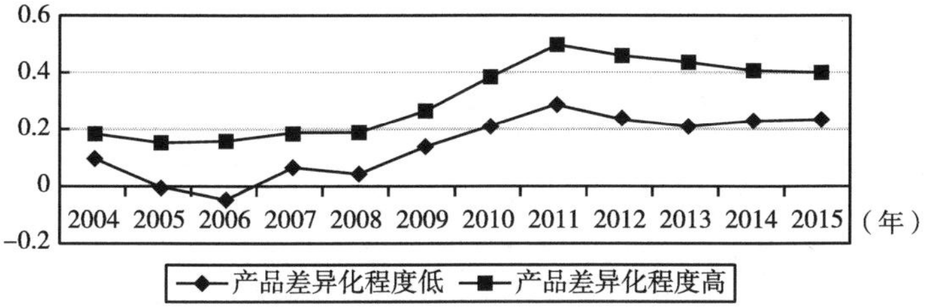

图 5－3　不同行业产品差异化程度下的营运资金融资结构分年度统计图

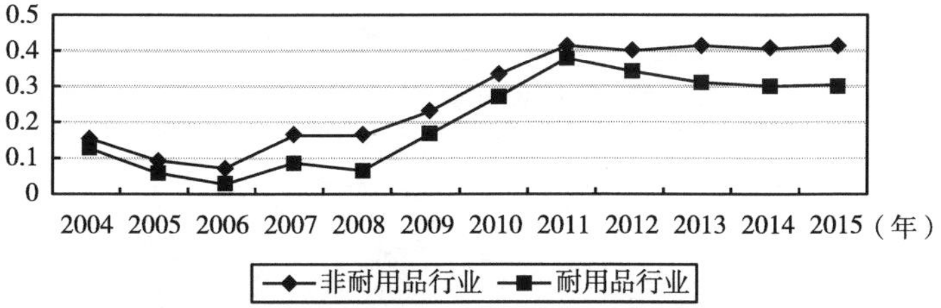

图 5－4　不同行业产品耐用性下的营运资金融资结构分年度统计图

图 5－5 和图 5－6 分别从分年度和分行业两个层面对不同供应链集中度下的企业营运资金融资结构的对比进行了列示。从年度趋势统计图来看，近 12 年来，供应链集中度较高的企业营运

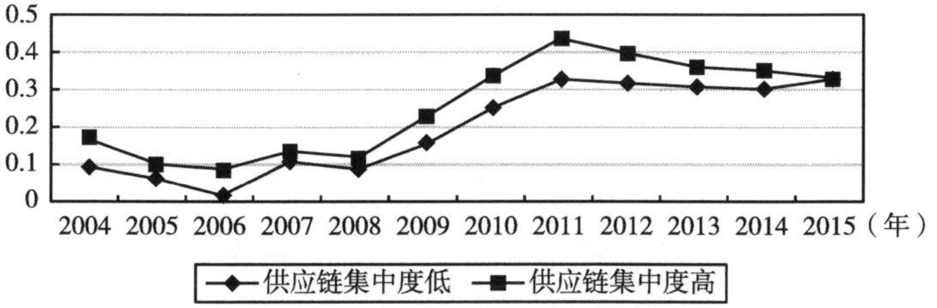

图 5－5　不同供应链集中度下的营运资金融资结构分年度统计图

资金融资结构中营运资本的占比总体大于供应链集中度较低的企业。同样，从分行业对比图来看，除了C1（纺织、服装、皮毛业）和C2（木材、家具业）外，其他所有制造业细分行业中，供应链集中度较高的企业营运资本占营运资金之比均大于供应链集中度较低的企业。从分年度和分行业的对比分析来看，相比于供应链集中度较低的企业，供应链集中度较高的企业在营运资金融资结构选择上更倾向于稳健。进一步地，图5-7和图5-8、图5-9和图5-10分别对不同客户集中度和不同供应商集中度下的营运资金融资结构的年度趋势图和行业对比图进行了列示。总体上来看，不管是分年度还是分行业统计，对高客户集中度和高供应商集中度的企业而言，其营运资本占营运资金之比总体上均大于低客户集中度和低供应商集中度企业。

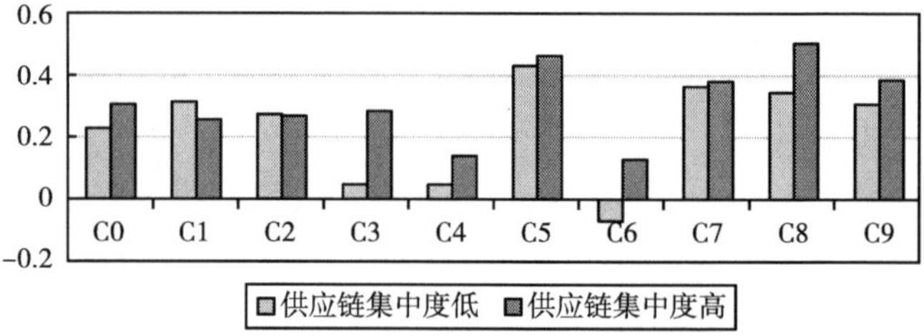

图5-6　不同供应链集中度下的营运资金融资结构分行业统计图

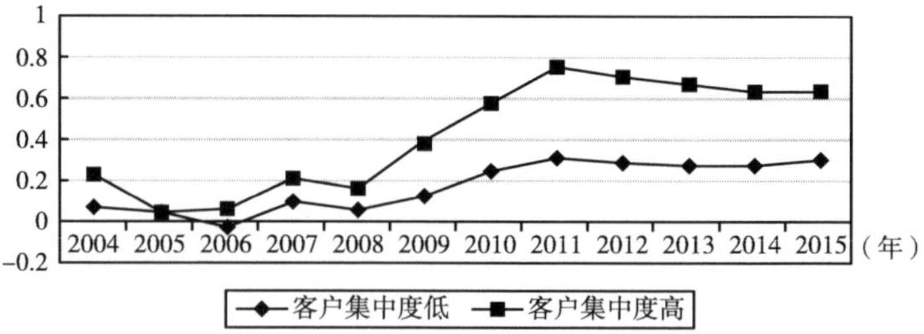

图5-7　不同客户集中度下的营运资金融资结构分年度统计图

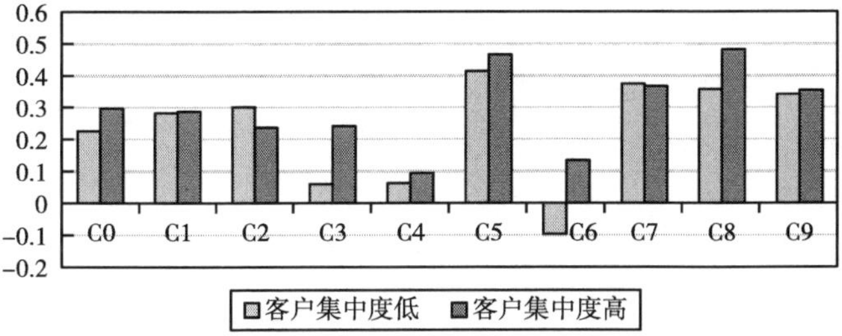

图 5－8　不同客户集中度下的营运资金融资结构分行业统计图

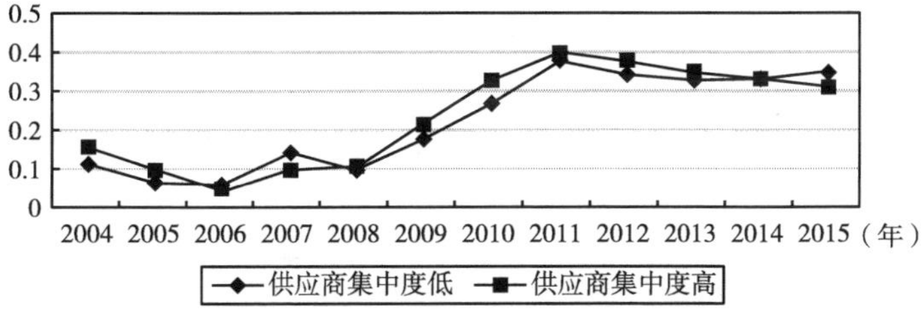

图 5－9　不同供应商集中度下的营运资金融资结构分年度统计图

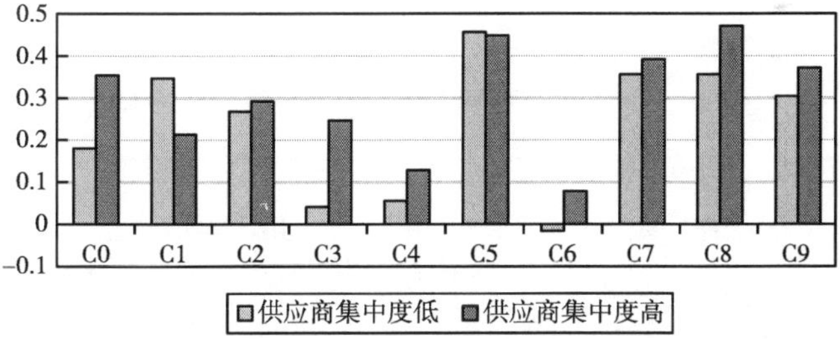

图 5－10　不同供应商集中度下的营运资金融资结构分行业统计图

（2）多重共线性检验。表 5－3 和表 5－4 分别列示了各主要变量的方差膨胀因子（VIF）相关系数。从表 5－3 中可以看出，各主要变量的 VIF 值以及 VIF 平均值均在 2 以下，表明不存在严重的多重共线性问题。从表 5－4 可以看出，各主要解释变量之间的相关系数均明显小于 0.8 的多重共线性判断的经验值，同样表明各变量之间不存在严重的多重共线性。综合上述两个层面的分析，可以判断最终的回归结果不会受到各主要变量之间多重共线性的影响。

表 5 –3　　各主要变量的方差膨胀因子（VIF 值）

Variable	VIF	1/VIF
Size	1.27	0.786766
CCC	1.21	0.828054
ROA	1.16	0.862808
CRC	1.14	0.873871
SCR	1.11	0.899049
Age	1.10	0.905517
State	1.10	0.906371
Growth	1.09	0.919452
Diff	1.09	0.921530
Risk	1.06	0.947718
HHI	1.03	0.974708
Mean VIF	1.12	

（3）回归结果分析。第一，行业特征与营运资金融资结构。表 5 –5 列示了对模型 5 –1 进行混合 OLS 估计的回归结果。表中第（1）列、第（2）列和第（3）列依次对行业垄断程度（HHI）、产品差异化（Diff）和耐用品行业（Durable）与营运资金融资结构（LCR）之间的关系进行了列示。可以看到，行业垄断程度（HHI）、行业产品差异化（Diff）均与营运资金融资结构（LCR）在 1% 的水平上显著正相关；而耐用品行业（Durable）则在 1% 的水平上显著为负。这表明，行业垄断程度越高、

表 5－4　各主要变量的相关系数表

	LCR	HHI	Diff	SCR	CRC	ROA	CCC	Risk	Size	Age	Growth	State
LCR	1											
HHI	－0.010	1										
Diff	0.221***	－0.030***	1									
SCR	0.098***	－0.007	－0.128***	1								
CRC	0.600***	－0.024**	0.108***	0.038***	1							
ROA	0.284***	0.012	0.140***	－0.058***	0.157***	1						
CCC	0.483***	－0.074***	0.149***	0.111***	0.283***	0.117***	1					
Risk	－0.157***	－0.026**	0	0.103***	－0.140***	－0.107***	－0.055***	1				
Size	－0.311***	－0.044***	－0.084***	－0.244***	－0.143***	0.074***	－0.256***	－0.085***	1			
Age	－0.142***	－0.121***	0.058***	－0.042***	－0.098***	－0.057***	－0.065***	0.050***	0.234***	1		
Growth	0.015	0.012	－0.007	0.053***	0.060***	0.254***	0.004	－0.012	0.036***	－0.095***	1	
State	－0.266***	－0.023**	－0.071***	－0.067***	－0.139***	－0.121***	－0.211***	0.057***	0.216**	0.095***	－0.02*	1

行业产品差异化程度越高，企业营运资金融资结构中营运资本占比越大，营运资金融资结构越稳健，假设 H1 和假设 H2 得到验证。此外，相比于非耐用品行业，耐用品行业的营运资本占营运资金之比较小，营运资金融资结构较为激进，假设 H3 得到验证。

表 5－5　　　行业特征与营运资金融资结构

	(1)	(2)	(3)
被解释变量：LCR	行业垄断程度	产品差异化	耐用品行业
HHI	0.351*** (4.796)		
Diff		0.938*** (11.900)	
Durable			−0.070*** (−9.963)
CRC	1.154*** (58.933)	1.138*** (58.382)	1.179*** (59.810)
ROA	0.002*** (31.260)	0.001*** (30.250)	0.002*** (31.586)
CCC	1.612*** (27.487)	1.507*** (25.600)	1.538*** (25.971)
Risk	−0.666*** (−6.475)	−0.735*** (−7.200)	−0.025** (−2.237)
Size	−0.086*** (−27.166)	−0.083*** (−26.306)	−0.081*** (−25.664)
Age	−0.087*** (−10.396)	−0.095*** (−11.485)	−0.099*** (−11.873)
Growth	−0.060*** (−6.490)	−0.058*** (−6.263)	−0.055*** (−5.909)

续表

	(1)	(2)	(3)
被解释变量：LCR	行业垄断程度	产品差异化	耐用品行业
State	-0.016** (-2.326)	-0.019*** (-2.660)	-0.015** (-2.079)
Constant	1.514*** (21.609)	1.446*** (20.690)	1.479*** (21.173)
Year	Yes	Yes	Yes
R2_adj	0.564	0.569	0.566
F	600.7	614.2	604.6
Observations	9273	9273	9273

注：括号中为 t 值；*、**、*** 分别表示 10%、5%、1% 显著性水平。

第二，供应链集中度与营运资金融资结构。表 5-6 列示了对模型 5-2 进行混合 OLS 估计的回归结果。表中第（1）列、第（2）列和第（3）列依次对供应链集中度（SCR）、客户集中度（Customer）和供应商集中度（Supplier）与营运资金融资结构（LCR）之间的关系进行了列示。可以看到，供应链集中度（SCR）、客户集中度（Customer）和供应商集中度（Supplier）三者均与营运资金融资结构（LCR）显著正相关。这表明，供应链集中度越高，与供应商、客户的关系越紧密，企业越倾向于选择风险较低的长期资本作为营业活动流动资金净需求的主要资金融通来源，即企业营运资金融资结构越稳健，假设 H4 得到验证。

表 5-6　　　供应链集中度与营运资金融资结构

	(1)	(2)	(3)
被解释变量：LCR	供应链集中度	客户集中度	供应商集中度
SCR	0.048*** (4.537)		

续表

	(1)	(2)	(3)
被解释变量：LCR	供应链集中度	客户集中度	供应商集中度
Customer		0.072 *** (4.320)	
Supplier			0.041 ** (2.562)
CRC	1.134 *** (54.250)	1.133 *** (54.220)	1.136 *** (54.270)
ROA	0.001 *** (29.848)	0.002 *** (30.283)	0.001 *** (29.895)
CCC	1.545 *** (25.828)	1.566 *** (26.412)	1.540 *** (25.743)
Risk	-0.839 *** (-8.132)	-0.824 *** (-8.008)	-0.813 *** (-7.884)
Size	-0.076 *** (-23.082)	-0.079 *** (-24.962)	-0.078 *** (-23.865)
Age	-0.093 *** (-11.277)	-0.097 *** (-11.912)	-0.093 *** (-11.234)
Growth	-0.061 *** (-6.663)	-0.061 *** (-6.625)	-0.059 *** (-6.461)
State	-0.017 ** (-2.427)		-0.017 ** (-2.415)
Constant	1.380 *** (18.634)	1.446 *** (20.280)	1.430 *** (19.528)
Year	Yes	Yes	Yes
Industry	Yes	Yes	Yes
R2_adj	0.574	0.574	0.573
F	430.7	447.5	429.6
Observations	9245	9273	9245

注：括号中为 t 值；*、**、*** 分别表示 10%、5%、1% 显著性水平。

（4）稳健性检验。第一，行业特征与营运资金融资结构的稳健性检验。在行业垄断程度的衡量方法方面，第一，本书将前述赫芬达尔指数（HHI）计算指标中的销售收入换为总资产，用每家企业总资产占行业总资产比重的平方和作为赫芬达尔指数的计算方法，衡量行业垄断程度（HHI2）；第二，参考余明桂和潘红波（2010）[162]、王竹泉和孙兰兰（2016）[157]等人的做法，本书选用行业内竞争者个数的自然对数作为行业垄断程度的衡量指标（HHI3），当行业内竞争者个数的自然对数小于中位数时，表示行业竞争性较小，行业垄断程度较高，HHI3 取值为 1；反之，行业垄断程度较低，HHI3 取值为 0。表 5－7 的第（1）列和第（2）列列示了行业垄断程度的稳健性检验结果。可以看到，HHI2 和 HHI3 均与 LCR 在 1% 的水平上显著正相关，假设 H1 得到进一步验证。

在行业产品差异化程度的衡量方法方面，本书进一步采用行业内各企业销售费用与销售收入之比的均值（Diff2）、企业销售费用与销售收入之比（Diff3）对产品差异化进行衡量。表 5－7 的第（3）列和第（4）列列示了行业产品差异化的稳健性检验结果。可以看到，Diff2 和 Diff3 均与 LCR 在 1% 的水平上显著正相关，假设 H2 得到进一步验证。

表 5－7　行业特征与营运资金融资结构（稳健性检验）

	(1)	(2)	(3)	(4)
被解释变量：LCR	行业垄断程度 1	行业垄断程度 2	产品差异化 1	产品差异化 2
HHI2	0.269*** (4.126)			
HHI3		0.043*** (6.745)		

续表

	(1)	(2)	(3)	(4)
被解释变量：LCR	行业垄断程度 1	行业垄断程度 2	产品差异化 1	产品差异化 2
Diff2			0.747 *** (10.227)	
Diff3				0.290 *** (6.944)
CRC	1.150 *** (58.722)	1.175 *** (59.227)	1.150 *** (58.979)	1.142 *** (58.340)
ROA	0.002 *** (31.134)	0.002 *** (31.211)	0.001 *** (30.395)	0.001 *** (30.085)
CCC	1.612 *** (27.476)	1.579 *** (26.895)	1.499 *** (25.254)	1.552 *** (26.240)
Risk	-0.673 *** (-6.543)	-0.726 *** (-7.076)	-0.729 *** (-7.134)	-0.756 *** (-7.363)
Size	-0.086 *** (-27.116)	-0.086 *** (-27.159)	-0.084 *** (-26.498)	-0.085 *** (-26.702)
Age	-0.086 *** (-10.382)	-0.089 *** (-10.776)	-0.096 *** (-11.537)	-0.091 *** (-10.922)
Growth	-0.060 *** (-6.512)	-0.059 *** (-6.419)	-0.057 *** (-6.195)	-0.058 *** (-6.255)
State	-0.017 ** (-2.444)	-0.017 ** (-2.481)	-0.019 *** (-2.673)	-0.016 ** (-2.325)
Constant	1.513 *** (21.563)	1.502 *** (21.454)	1.465 *** (20.935)	1.502 *** (21.453)
Year	Yes	Yes	Yes	Yes
R2_adj	0.564	0.565	0.568	0.566
F	600.0	603.2	610.0	605.1
Observations	9273	9273	9273	9268

注：括号中为 t 值；*、**、*** 分别表示 10%、5%、1% 显著性水平。

第二，供应链集中度与营运资金融资结构的稳健性检验。在前述供应链集中度与营运资金融资结构的关系研究中，本书分别采用供应链集中度、客户集中度和供应商集中度进行了实证检验，上述三个指标主要从交易量或交易强度方面对集中度进行了界定。进一步地，借鉴王勇（2016）[163]的做法，本书从交易强度和交易持续时间两个方面对供应链关系客户进行界定。具体来看，所谓“交易强度”是指企业存在销售占比超过 10% 的客户；而“交易持续时间”则指企业与相关客户的关系交易至少超过 2 年，如果上述两个条件均可满足，则将企业定义为存在关系客户（DRcus），取值为 1；否则，取值为 0。此外，还进一步引入连续变量（关系客户占企业销售收入比例的年均值）作为关系客户替代变量（Rcus）。表 5－8 列示了关系客户与营运资金融资结构关系的回归结果。从表中可以看出，DRcus 和 Rcus 均与 LCR 在 1% 的水平上显著正相关。这表明当企业存在销售占比超过 10% 且交易持续时间超过两年的关系客户时，企业通常会选择较为稳健的营运资金融资结构，即营运资本占营运资金之比较大。假设 H4 得到进一步验证。

表 5－8　关系客户与营运资金融资结构（稳健性检验）

被解释变量：LCR	(1) 关系客户集中度	(2) 关系客户虚拟变量
Rcus	0.001*** (3.072)	
DRcus		0.046*** (3.215)
CRC	1.123*** (25.320)	1.123*** (25.327)
ROA	0.001*** (13.735)	0.001*** (13.728)

续表

被解释变量：LCR	(1) 关系客户集中度	(2) 关系客户虚拟变量
CCC	1.539*** (11.053)	1.531*** (10.994)
Risk	-1.434*** (-6.236)	-1.439*** (-6.257)
Size	-0.101*** (-14.424)	-0.100*** (-14.250)
Age	-0.096*** (-5.769)	-0.096*** (-5.764)
Growth	-0.103*** (-5.186)	-0.103*** (-5.176)
State	-0.073*** (-4.860)	-0.074*** (-4.948)
Constant	2.041*** (9.993)	2.022*** (9.891)
Year	Yes	Yes
Industry	Yes	Yes
R2_adj	0.629	0.630
F	118.7	118.8
Observations	2011	2011

注：括号中为t值；*、**、***分别表示10%、5%、1%显著性水平。

5. 进一步讨论

随着产品市场竞争的日益激烈，客户关系的建立和维护越来越成为企业战略管理实践的重要内容之一，而且直接影响到企业业绩、风险水平以及融资结构选择（Banerjee等，2008；李任斯和刘红霞，2016）[140,155]。在企业客户关系的实证研究中，客户集中度是国内外学者最主要的研究视角，已有研究表明客户集中度会对企业商业信用政策、资本结构决策、银行贷款、技术创新等投、融资行为产生重要影响（Campello 和 Gao，2017）[69]。对于客户集中度较高的企业而言，客户间的利益关系与自身风险水平和盈利性的互动关联更为密切，进而可以在一定程度上对营运资金融资结构产生影响。但是，目前学术界关于客户关系如何影响营运资金融资结构的研究却较为鲜见。

鉴于此，本书将在前述研究基础上，基于风险—成本权衡理论，引入资金周转绩效作为中介变量，对客户集中度如何影响营运资金融资结构展开研究，并对产品差异化程度在上述影响路径中的调节作用进行探讨。进一步地，本书将对客户财务状况和规模进行细分研究，并从动态视角检验客户集中度对营运资金融资结构调整速度的影响。这一拓展研究可能的贡献在于：（1）通过手工搜集客户明细数据和进行供应商—客户匹配，对客户关系的衡量更为细致和全面；（2）通过资金周转中介效应和产品差异化调节效应的检验，有助于更深入的理解客户关系对营运资金融资的作用机制；（3）基于动态权衡理论，将客户关系与营运资金融资结构的研究拓展到动态权衡层面，为企业营运资金风险调控提供了经验证据。拓展研究的分析框架见图5－11。

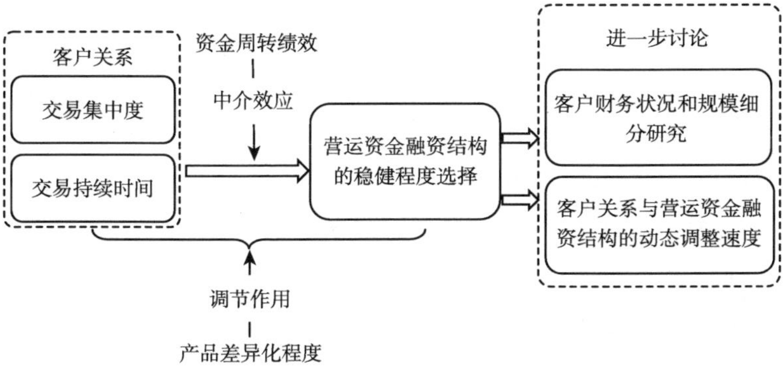

图5－11　进一步讨论框架图

（1）理论基础与假设的提出。第一，客户关系与营运资金融资结构。企业营运资金融资决策的终极目的是在权衡风险和成本的基础上，为营业活动流动资金净需求提供资金支持。从风险角度来看，一方面，企业与客户的关系越紧密和集中，交易中应收和应付款项的使用也更为简易和频繁，基于财务关系形成的密切联系会加重彼此间资金流风险的溢出和传导性；另一方面，一旦供应链上主要客户的生存经营难以为继，就会给上游供应商的市场销售带来重创，基于交易关系形成的供应链经营风险传导性也不容小觑。尤其在金融危机等外部冲击较强或整体经济条件较差的宏观形势下，金融系统的风险还会通过供应链传染效应扩展到实体经济层面（Garcia 和 Montoriol，2013）[159]，这种情况下，企业更需要关注中观层面的客户集中度以及与其直接相关的供应链风险传导问题。从影响力角度来看，处于供应链关键节点的企业连通着上、下游合作伙伴，经济影响力往往较大，一旦其流动性出现问题波及面更广。因此，对客户关系密切的企业来说，应强化营运资金风险控制意识。相应地，在营运资金融资结构选择方面，出于对风险的控制和平衡，客户集中度高的企业应选择稳健性的营运资金融资结构，更多地使用风险较低的长期资本作为主要资金来源。进一步来看，客户集中度的提高也有利于促使企业与客户建立紧密联系，从而更好地把握市场需求、开拓市场蓝海或者降低销售费用等相关成本，实现规模经济（王勇和刘志远，2016）[160]。因此，在进行营运资金融资结构选择时，企业更多地将注意力放在风险因素的考虑上，而非成本方面。也就是说，在进行流动资金融资来源决策时，高客户集中度企业会选择成本较高但风险较低的长期资本，而非成本较低但风险较高的短期金融性负债。基于上述分析，本书提出如下假设：

H5-1：客户集中度越高，企业越倾向于选择稳健的营运资金融资结构。

第二，资金周转绩效的中介效应。随着市场经济的发展，我国商品市场的竞争越来越激烈，呈现明显的“买方市场”特点。企业为了维持与强势客户的关系，或者出于提高竞争力、促进销售、平滑淡旺季销售规模等目的，往往愿意为客户提供商业信用。此外，具有较强市场势力和较高议价能力的客户，出于降低融资成本的考虑，也会拖延货款交付或要求供应商提供其他更有利的信用条件（Hertzel 等，2008）[158]。客户集中度越高通常意味着客户在供应链上的地位越重要，企业对核心客户的依赖程度也越强。在这种情况下，为了维持与核心客户的关系，企业通常会应客户要求，放宽相应的信用政策，增加对客户商业信用的授予，延长应收账款周转期，从而降低企业资金周转绩效。

如前所述，企业资金周转绩效反映了企业资金回笼速度。在不影响正常生产经营活动的前提下，资金周转速度越快，通常意味着企业对资金的利用效率越高。此时，企业只需要用短期资金来源满足营业活动流动资金的净需求就可以保证财务安全性。进一步考虑短期金融性负债等短期资金来源在降低融资成本方面的优势，企业通常会更多地选择相对激进的营运资金融资结构。反之，当企业资金周转绩效较低时，产品销售资金回笼速度较慢，会影响到营业活动对自身业务开展提供资金的能力，进而增加流动资金的净需求。此时，流动资金需求成为企业最主要的资金需求方，也是企业融资活动最主要的支持对象。相应地，企业融资活动最重要的目标应是满足营业活动流动资金净需求，维持企业营业活动的正常运行，最大可能的保证营业活动流动资金链的安全和稳定。由于过多的短期债务会加大企业短期内还本付息的压力，在短期债务到期后，一旦相关债权人不愿继续提供资金支持，则企业很可能面临清算风险（Campello 和 Gao，2017）[69]。因此，当资金周转绩效较低时，激进的营运资金融资结构会在很大程度上增加企业的流动性风险，稳健的营运资金融资结构则成为企业维持长远发展的必要选择。基于上述分析，本书提出如下假设：

H5－2：客户集中度越高，企业资金周转绩效越低。

H5－3：资金周转绩效在客户集中度和营运资金融资结构之间发挥了中介效应。

第三，产品差异化的调节作用。基于企业风险—成本的权衡，客户集中度会通过特定路径——资金周转绩效对营运资金融资结构选择产生影响。而差异化产品生产企业由于在专有性投资、销售渠道、资产周转等方面具有不同的特性，进而会对客户关系与营运资金融资结构决策起到调节作用。从风险—成本角度来看，一方面，差异化的产品专用性较强，生产厂商的关系专有性投资较多，客户相对固定和集中，企业对大客户的依赖程度也就更强。而且，一旦差异化产品生产厂商的主要客户发生违约行为或出现流动性短缺等问题，也会将企业自身置于高破产风险之下，极有可能面临产品销售渠道受阻、专有性投资转移成本较高等危机（Banerjee 等，2008；Campello 和 Gao，2017）[140,69]；另一方面，在日益激烈的产品竞争市场上，差异化产品由于其自身的特色和独特性往往会吸引更集中的客户群，在产品竞争中更具规模和价格优势，进而会提升其盈利水平，而盈利能力强的企业对融资成本也通常更具承担能力。由此，当产品差异化程度较高时，基于风险—成本的权衡，高客户集中度企业会更多的选择长期资本满足流动性资金需求。从资金周转绩效角度来看：一方面，差异化产品的定制化程度和独特性更强，像标准化产品那样根据市场需求变化进行即时生产的难度较大，因此为了保证产品生产和供应的稳定性，差异化产品行业的生产厂商通常会相应增加原材料以及在产品或模块化产品的库存。而这样的做法在提高生产稳定性的同时，也会导致存货周转绩效的下降；另一方面，产品从生产到最终使用过程中，生产商和客户对产品质量的认知存在信息不对称问题。相比于标准化产品，差异化产品的质量差异较大，质量信息在生产商与客户之间的不对称程度更高。为了向客户传递高质量的信号或提供质量保障，差异化产品生产企业通常会选择向客户提供更多的商业信用，进而导致资金周转绩效的降低。基于上述分析，本书提出如下假设：

H5 - 4：产品差异化因调节企业风险 - 成本权衡和延长现金周转期的双重作用，进而可以增强客户关系通过资金周转中介对营运资金融资结构产生的影响。

（2）模型设定。为了检验客户关系是否通过资金周转绩效的中介效应影响营运资金融资决策，本书基于中介效应检验程序，构建了如下递归模型：

$$LCR_{it} = \alpha_0 + \alpha_1 Customer_{it} + \alpha_2 CRC_{it} + \alpha_3 EBIT_{it} + \alpha_4 Risk_{it} + \alpha_5 Size_{it} + \alpha_6 Age_{it} + \alpha_7 Growth_{it} + \alpha_8 State_{it} + \alpha_9 Year + \alpha_{10} Industry + \varepsilon_{it} \quad \text{（模型 5 - 3）}$$

$$CCC_{it} = \beta_0 + \beta_1 Customer_{it} + \beta_2 CRC_{it} + \beta_3 EBIT_{it} + \beta_4 Risk_{it} + \beta_5 Size_{it} + \beta_6 Age_{it} + \beta_7 Growth_{it} + \beta_8 State_{it} + \beta_9 Year + \beta_{10} Industry + \varepsilon_{it} \quad \text{（模型 5 - 4）}$$

$$LCR_{it} = \lambda_0 + \lambda_1 Customer_{it} + \lambda_2 CCC_{it} + \lambda_3 CRC_{it} + \lambda_4 EBIT_{it} + \lambda_5 Risk_{it} + \lambda_6 Size_{it} + \lambda_7 Age_{it} + \lambda_8 Growth_{it} + \lambda_9 State_{it} + \lambda_{10} Year + \lambda_{11} Industry + \varepsilon_{it} \quad \text{（模型 5 - 5）}$$

第一，对模型 5 - 3 进行估计，如果客户集中度（Customer）的系数 α_1 显著为正，意味着客户集中度越高，企业越倾向于选择相对稳健的营运资金融资结构（LCR 越大），则继续进行下一步；否则，停止检验。第二，对模型 5－4 进行估计，如果 Customer 的系数 β_1 显著为正，意味着客户集中度越高，企业的现金周转期（CCC）越长，资金周转绩效越低。第三，对模型 5－5 进行估计，如果 λ_1 和 λ_2 均显著为正，且 λ_1 比 α_1 有所减小，意味着资金周转绩效起到部分中介效应；如果 λ_1 不显著而 λ_2 显著为正，则说明资金周转绩效起到完全中介效应。

（3）实证结果与分析。第一，客户关系影响营运资金融资结构的中介效应检验。表 5－9 列示了客户关系通过资金周转绩效影响营运资金融资结构的中介效应检验结果。其中，列（1）—列（3）是以客户集中度（Customer）为中介变量的递归结果。列（1）的回归结果显示，Customer 的系数为 0.083，在 1% 的水平显著正相关，说明客户集中度越高，LCR 值越大，营运资金融资结构越稳健，假设 H5－1 得到验证。列（2）中，Customer 与现金周转期（CCC）显著正相关，表明客户集中度越高，企业的现金周转期越长，资金周转绩效越低，假设 H5－2 得到验证。列（3）中，将营运资金融资结构模型中加入 CCC 后，Customer 和 CCC 的系数都显著为正，且 Customer 的系数由不加中介变量的 0.083 降低到 0.073，由此可见，现金周转期在客户集中度和营运资金融资结构之间发挥了部分中介效应，假设 H5－3 得到检验。为了更精细地刻画客户关系，本书进一步通过手工搜集年报披露的前五大客户明细数据，用交易强度和持续时间两个维度衡量客户关系紧密程度。具体来看，引入客户关系虚拟变量（Dcus），当企业存在销售占比超过 10% 的客户，并且与相关客户的关系交易至少超过 2 年，则 Dcus 取值为 1；否则，取值为 0。列（4）—列（6）列示了以交易强度和持续时间两个维度界定的客户关系紧密程度（Dcus）为中介变量的递归结果，同样验证了假设 H5 -1、H5 -2 和 H5 -3。

表 5 -9　客户关系影响营运资金融资结构的中介效应

被解释变量：	(1) 步骤一 LCR	(2) 步骤二 CCC	(3) 步骤三 LCR	(4) 步骤一 LCR	(5) 步骤二 CCC	(6) 步骤三 LCR
Customer	0.083 *** (4.705)	6.658 * (1.906)	0.073 *** (4.333)			
Dcus				0.032 ** (2.110)	10.469 *** (3.065)	0.028 * (1.890)
CCC			0.002 *** (30.089)			0.001 *** (12.686)
CRC	1.231 *** (56.900)	65.166 *** (15.142)	1.133 *** (54.211)	1.296 *** (25.407)	33.825 ** (2.562)	1.196 *** (24.053)
EBIT	1.751 *** (28.205)	134.126 *** (10.854)	1.550 *** (25.990)	1.167 *** (8.719)	68.019 ** (2.393)	1.018 *** (7.881)
Risk	-0.812 *** (-7.535)	9.911 (0.462)	-0.827 *** (-8.040)	-0.931 *** (-3.662)	95.86 (1.572)	-0.875 *** (-3.578)
Size	-0.100 *** (-30.172)	-15.140 *** (-22.976)	-0.077 *** (-23.754)	-0.103 *** (-10.550)	-13.219 *** (-3.147)	-0.085 *** (-8.964)
Age	-0.106 *** (-12.246)	-8.010 *** (-4.652)	-0.094 *** (-11.362)	-0.130 *** (-5.409)	61.706 *** (3.469)	-0.116 *** (-5.008)
Growth	-0.069 *** (-7.163)	-4.882 ** (-2.549)	-0.062 *** (-6.705)	-0.054 *** (-3.440)	-5.080 (-1.635)	-0.045 *** (-2.967)
State	-0.030 *** (-4.032)	-8.595 *** (-5.889)	-0.017 ** (-2.377)	-0.069 *** (-3.558)	1.348 (0.234)	-0.059 *** (-3.153)

续表

被解释变量:	(1) 步骤一 LCR	(2) 步骤二 CCC	(3) 步骤三 LCR	(4) 步骤一 LCR	(5) 步骤二 CCC	(6) 步骤三 LCR
Constant	1.854 *** (24.939)	292.689 *** (19.779)	1.415 *** (19.531)	2.011 *** (8.503)	166.553 * (1.676)	1.665 *** (7.264)
年度	控制	控制	控制	控制	控制	控制
行业	控制	控制	控制	控制	控制	控制
R^2_a	0.533	0.224	0.574	0.260	0.084	0.309
观测值	9273	9273	9273	2011	2011	2011

注：括号中为 t 值；*、**、*** 为 10%、5%、1% 的显著性。

第二，产品差异化程度调节下的客户关系与营运资金融资结构。本书以产品差异化程度的各行业均值为标准将样本分为产品差异化程度高低两个子样本，检验产品差异化调节下客户关系通过资金周转中介效应对营运资金融资结构的影响，回归结果如表 5－10 所示。表 5－10 中列（1）和列（2）中客户集中度（Customer）均与营运资金融资结构（LCR）显著正相关，但列（1）高产品差异化程度子样本组中的回归系数大于列（2）低产品差异化程度子样本组，且显著性水平更高。这表明，在高产品差异化程度组中，客户集中度对营运资金融资结构的影响程度更强。列（5）中高产品差异化子样本中，Customer 与现金周转期（CCC）均与 LCR 显著正相关；而在列（6）的低产品差异化子样本中，Customer 不显著，只有 CCC 与 LCR 显著正相关。这表明，在高产品差异化程度组中，资金周转绩效起到了部分中介效应，而在低产品差异化程度组中，资金周转绩效则起到了完全中介效应。表 5－10 的检验结果说明，产品差异化因调节了企业风险—成本权衡和延长现金周转期的双重作用，进而增强了客户关系通过资金周转中介效应对营运资金融资结构产生的影响。假设

H5 -4 得到验证。

表 5 -10　产品差异化程度调节下的客户关系与营运资金融资结构

被解释变量：	步骤一：LCR		步骤二：CCC		步骤三：LCR	
	(1) 高产品差异化	(2) 低产品差异化	(3) 高产品差异化	(4) 低产品差异化	(5) 高产品差异化	(6) 低产品差异化
Customer	0.098 *** (2.882)	0.048 * (1.864)	24.286 *** (3.270)	12.885 *** (2.787)	0.067 ** (2.039)	0.029 (1.156)
CCC					0.001 *** (14.596)	0.002 *** (21.558)
CRC	1.206 *** (32.778)	1.378 *** (44.054)	59.618 *** (7.408)	58.898 *** (10.647)	1.136 *** (31.551)	1.287 *** (42.425)
EBIT	0.847 *** (10.486)	1.543 *** (20.620)	61.851 *** (3.573)	91.299 *** (7.073)	0.785 *** (9.969)	1.398 *** (19.293)
Risk	-0.712 *** (-4.449)	-0.635 *** (-4.536)	126.775 *** (3.648)	-10.14 (-0.414)	-0.846 *** (-5.440)	-0.627 *** (-4.651)
Size	-0.072 *** (-10.277)	-0.078 *** (-12.801)	-12.406 *** (-7.749)	-9.843 *** (-8.768)	-0.059 *** (-8.677)	-0.062 *** (-10.614)
Age	-0.118 *** (-6.149)	-0.139 *** (-7.711)	-3.759 (-0.835)	-0.0170 (-0.005)	-0.112 *** (-6.130)	-0.134 *** (-7.844)
Growth	-0.058 *** (-4.980)	-0.047 *** (-5.206)	-17.050 *** (-6.878)	-6.332 *** (-4.095)	-0.040 *** (-3.493)	-0.038 *** (-4.360)
State	-0.075 *** (-5.122)	0.000 (-0.041)	-16.278 *** (-4.945)	-3.809 * (-1.791)	-0.059 *** (-4.108)	0.00500 (0.475)
Constant	1.483 *** (9.597)	1.349 *** (10.085)	224.531 *** (6.399)	173.846 *** (7.047)	1.246 *** (8.341)	1.063 *** (8.270)
年度	控制	控制	控制	控制	控制	控制

续表

被解释变量:	步骤一：LCR		步骤二：CCC		步骤三：LCR	
	（1）高产品差异化	（2）低产品差异化	（3）高产品差异化	（4）低产品差异化	（5）高产品差异化	（6）低产品差异化
行业	控制	控制	控制	控制	控制	控制
R2_ a	0.292	0.340	0.075	0.048	0.319	0.381
观测值	3428	5845	3428	5845	3428	5845

注：括号中为 t 值；*、**、*** 为 10%、5%、1% 的显著性。

第三，基于客户财务状况与规模的分析。为了更深入理解客户集中度如何通过资金周转绩效的中介效应对营运资金融资结构产生影响，本书进一步对客户财务状况和规模进行细分考察。通过手工搜集制造业企业年报披露的前五大客户明细，并将其与上市公司名称进行一一匹配，找到均为上市公司的企业—客户样本 1038 个，从而取得上市公司大客户的财务状况明细数据。在此基础上，本书借鉴 Campello 和 Gao（2017）[69] 的做法，综合考虑大客户对企业的影响力（销售占比）和客户自身财务状况（财务杠杆和规模），设计了如下模型：

$$Cus\_lev_{i,t} = \sum_{j=1}^{n_i} Sales_{ij,t} \times Leverage_{j,t} \quad (模型 5-6)$$

$$Cus\_size_{i,t} = \sum_{j=1}^{n_i} Sales_{ij,t} \times Size_{j,t} \quad (模型 5-7)$$

模型 5-6 中 $Cus\_lev_{i,t}$ 为第 t 年企业 i 披露的大客户的总体财务杠杆程度，其中，$Sales_{ij,t}$ 表示企业 i 的大客户 j 在第 t 年的销售占比；$Leverage_{j,t}$ 表示大客户 j 在第 t 年的资产负债率。$Cus\_lev_{i,t}$ 越大，意味着企业大客户的总体负债水平越高，财务状况越差。与之相对应，模型 5 中 $Cus\_size_{i,t}$ 衡量了企业大客户的规模水平，该指标越大，意味着企业大客户的总体规模较大，议价能力较强。如前所述，基于替代性融资理论，为了降低融资成本和获得融资便利性，财务状况较差和规模较大的客户通常会更有动机和意愿寻求宽松的信用条件，延长付款期限。在买方市场条件下，为了维持产品市场关系和供应链稳定性，企业在面对财务状况较差或规模较大的核心客户的商业信用要求时，通常也会尽可能地进行满足。根据前述分析，本书预期当客户财务状况较差或者规模较大时，企业资金周转绩效会进一步降低，进而导致营运资金融资结构决策更为稳健。

表 5 - 11 中列（1）—列（3）的解释变量为客户财务状况 Cus_lev，列（1）的回归结果表明，核心客户的财务状况越差，营运资金融资结构越稳健；列（2）显示，客户财务状况越差，企业资金周转绩效越差；列（3）中 Cus_lev 和 CCC 的系数均显著为正，且 Cus_lev 的系数由不加中介变量的 0.447 降为 0.332，表明资金周转绩效在客户财务状况和营运资金融资结构之间发挥了部分中介效应。同样，列（4）—列（6）的回归结果显示，客户规模通过资金周转绩效的中介效应，对企业营运资金融资的稳健程度产生影响。

表 5 - 11　　客户财务状况和规模影响营运资金融资结构的中介效应

被解释变量：	(1) LCR	(2) CCC	(3) LCR	(4) LCR	(5) CCC	(6) LCR
Cus_lev	0.447 ** (2.463)	80.808 ** (2.531)	0.332 * (1.877)			
Cus_size				0.009 *** (2.772)	2.068 *** (3.155)	0.007 ** (2.064)

续表

被解释变量:	(1) LCR	(2) CCC	(3) LCR	(4) LCR	(5) CCC	(6) LCR
CCC			0.001 *** (5.673)			0.001 *** (8.241)
CRC	1.150 *** (10.146)	29.33 (1.471)	1.109 *** (10.065)	1.316 *** (18.896)	86.202 *** (6.173)	1.196 *** (17.345)
EBIT	1.027 *** (4.786)	41.30 (1.094)	0.968 *** (4.650)	1.429 *** (8.109)	59.495 * (1.794)	1.338 *** (7.828)
Risk	0.928 (1.636)	-14.38 (-0.144)	0.948 * (1.724)	0.169 (0.458)	-56.41 (-0.773)	0.260 (0.726)
Size	-0.0210 (-0.662)	-5.932 (-1.056)	-0.0130 (-0.410)	-0.097 *** (-7.926)	-18.235 *** (-6.998)	-0.073 *** (-5.965)
Age	0.0840 (0.620)	112.196 *** (4.708)	-0.0750 (-0.561)	-0.079 ** (-2.530)	-2.227 (-0.325)	-0.073 ** (-2.415)
Growth	-0.0310 (-1.236)	-13.995 *** (-3.127)	-0.0120 (-0.465)	-0.060 *** (-2.808)	-9.866 ** (-2.476)	-0.049 ** (-2.330)
State	-0.0660 (-1.449)	-0.106 (-0.013)	-0.0660 (-1.492)	-0.082 *** (-3.225)	-9.299 * (-1.795)	-0.070 *** (-2.834)
Constant	-0.0910 (-0.129)	-65.26 (-0.528)	0.00200 (0.003)	1.198 *** (2.789)	304.898 *** (3.376)	0.787 * (1.880)
年度	控制	控制	控制	控制	控制	控制
行业	控制	控制	控制	控制	控制	控制
R^2_a	0.356	0.170	0.396	0.317	0.099	0.361
观测值	1038	1038	1038	1038	1038	1038

注：括号中为 t 值；*、**、*** 为 10%、5%、1% 的显著性。

第四，动态视角下的客户关系与营运资金融资结构。客户关系对营运资金融资结构的影响不仅体现在营运资金融资结构的稳健程度决策，也会体现在动态调整层面。已有研究表明，企业会对营运资金融资结构进行动态调整。为了进一步检验客户关系对 LCR 调整速度的影响，本书构建了如下模型：

$$LCR_{it} = \rho + \gamma_1 LCR_{i,t-1} + \gamma_2 Cus \times LCR_{i,t-1} + \gamma_3 Cus + \delta_1 CRC_{it} + \delta_2 EBIT_{it} + \delta_3 Risk_{it} + \delta_4 Size_{it} + \delta_5 Age_{it} + \delta_6 Growth_{it} + \delta_7 State_{it} + \delta_8 Year + \delta_9 Industry + \sigma_{it} + \omega_{it}$$

（模型 5－8）

表 5－12 列示了动态视角下的客户关系与 LCR 动态调整问题的回归结果。由于模型 5－8 中加入了 LCR 的滞后期，会导致内生性。对此，本书采用系统 GMM 进行回归。各列 Hansen 检验的 P 值均大于 0.1 临界值，说明模型设定相对合理，无过度识别问题。从列（1）的结果来看，LCR_{t-1} 的系数显著为正，而 $Cus * LCR_{t-1}$ 的系数显著为负，符合前述预期；此外，列（2）和列（3）的子样本组的回归结果也显示，高客户集中度组的 LCR 调整速度为 0.627（1－0.373），快于低客户集中度组的 0.613。从列（4）—列（7）的结果来看，在高客户集中度组，长现金周转期子样本组 LCR 调整速度为 0.726，快于短现金周转期组的 0.558；而在低客户集中度组，长现金周转期子样本组 LCR 调整速度为 0.522，慢于短现金周转期组的 0.806，符合前述预期。

表 5-12 动态视角下的客户关系、资金周转绩效与营运资金融资结构

被解释变量：LCR_t	(1) 全样本	(2) 高客户集中度	(3) 低客户集中度	高客户集中度		低客户集中度	
				(4) 现金周转期短	(5) 现金周转期长	(6) 现金周转期短	(7) 现金周转期长
LCR_{t-1}	0.413*** (8.871)	0.373*** (4.402)	0.387*** (5.243)	0.442*** (3.650)	0.274*** (3.587)	0.194** (2.245)	0.478*** (3.816)
Cus * LCR_{t-1}	-0.082** (-2.031)						
Cus	0.046** (2.421)						
CRC	0.799*** (4.949)	0.747*** (3.122)	1.090*** (3.401)	1.248*** (3.154)	0.718*** (2.753)	1.112*** (2.791)	0.802** (2.503)
EBIT	1.549*** (5.094)	1.264** (2.562)	1.314** (2.113)	0.707 (1.265)	1.186** (2.075)	1.756** (2.436)	1.360** (2.294)
Risk	-0.216 (-0.504)	0.412 (0.611)	-0.549 (-0.684)	0.106 (0.109)	-0.790 (-0.903)	0.462 (0.587)	1.410 (1.268)
Size	-0.041** (-2.082)	-0.078** (-2.105)	-0.0170 (-0.427)	-0.0240 (-0.390)	-0.074* (-1.691)	-0.122** (-2.188)	-0.0540 (-1.518)
Age	-0.0510 (-1.292)	0.0260 (0.379)	0.0250 (0.260)	0.0440 (0.229)	0.0350 (0.410)	-0.294 (-1.485)	-0.0400 (-0.404)
Growth	-0.075*** (-3.608)	-0.0110 (-0.373)	-0.107*** (-3.062)	-0.072* (-1.698)	0.00300 (0.087)	-0.125*** (-2.596)	-0.0250 (-0.617)
State	0.127 (1.193)	0.171 (0.865)	0.0160 (0.065)	-0.0960 (-0.366)	0.124 (0.879)	0.463* (1.846)	-0.0540 (-0.250)
Constant	0.478 (0.996)	0.943 (1.377)	-0.379 (-0.323)	-0.411 (-0.306)	1.285 (1.186)	2.740 (1.628)	0.318 (0.214)

续表

被解释变量：LCR_t	(1) 全样本	(2) 高客户集中度	(3) 低客户集中度	高客户集中度		低客户集中度	
				(4) 现金周转期短	(5) 现金周转期长	(6) 现金周转期短	(7) 现金周转期长
年度	控制	控制	控制	控制	控制	控制	控制
行业	控制	控制	控制	控制	控制	控制	控制
Hansen (p)	0.865	0.619	0.329	0.840	0.791	0.192	0.982
观测值	7482	2923	4559	1461	1462	2469	2090

注：括号中为 t 值；*、**、*** 为 10%、5%、1% 的显著性。

综上，进一步讨论结果显示：第一，客户集中度越高，企业越倾向于选择稳健的营运资金融资结构，资金周转绩效在其中发挥了中介效应。第二，产品差异化因调节企业风险—成本权衡和延长现金周转期的双重作用，可以增强客户关系对营运资金融资结构的影响。第三，较差的客户财务状况或较大的客户规模会引起企业资金周转绩效进一步降低，进而导致营运资金决策更为稳健。第四，从动态权衡角度来看，高客户集中度会加快企业对营运资金融资结构的调整以更好地平衡风险。基于上述分析，本书认为企业对核心客户的依赖程度有所差别，应基于风险—成本权衡的原则，采取不同的商业信用政策，进而合理进行营运资金融资决策。具体来看，客户关系越集中或者客户的财务状况越差时，企业面临的供应链风险传染和扩散问题越严重，相应地，在合理控制融资成本的同时，企业应向客户提供相对宽松的信用条件，并选择稳健性的营运资金融资结构以对风险进行控制和平衡。

5.2 宏观经济形势、政策与企业营运资金融资结构

5.2.1 营运资金融资结构的宏观影响因素机理分析

1. 经济周期与营运资金融资结构

经济周期（“Business Cycle”）是指经济在运行过程中交替出现的繁荣和衰退的更迭现象，呈现的是一种循环往复的状态。在经济繁荣与衰退的不同周期下，社会总需求、国民总产出、工业生产指数、就业（失业）率、通货膨胀、消费增长、投资热度、企业融资结构等都会呈现不同的变化趋势。在两阶段的经济周期划分方法下，经济上行期通常意味着经济的复苏或繁荣；而经济下行期则意味着经济的衰落或萧条（吴娜，2013）[11]。

经济周期对企业营运资金融资结构的影响可以分为直接影响和通过资金需求、资金周转绩效、企业成长机会、企业风险承担水平等因素发挥中介效应而产生的间接影响。经济周期对营运资金融资结构的直接影响体现在：不同经济周期下，企业的成本、风险倾向存在较大差异，体现在营运资金融资结构选择方面就是，对不同期限和来源的营运资金融通方式进行不同比例的配置。具体来看，在经济上行时期，社会总需求和消费者购买力相对旺盛，企业面临着相对有利的产品销售条件，企业家、投资者和债权人等对企业发展的前景普遍看好，企业外部融资渠道通畅。此时，企业主要经营目标是是投资效率和公司利润、业绩的提升，而非风险的控制。与之相对应，在风险和成本两大要素的权衡中，与利润相关的成本因素成为企业融资决策的最主要因

素，反映在企业营运资金融资结构选择方面就是，营业活动流动资金净需求更多地由成本较低的短期金融性负债进行融通，营运资金融资结构偏于激进。相反，在经济下行时期，社会总需求和客户购买力普遍下降，企业面临相对不利的市场条件，企业家对经济预期的信心程度低，投资者对企业发展判断悲观，外部资本市场融资环境恶化，企业间风险传染效应不断加大。此时，企业最主要的经营目标不再是一味地增加投资和追逐利润，而是应该将注意力转移到对自身流动性或破产风险的预防和对企业间风险传染的控制上（王贞洁和王竹泉，2013）[97]。与之相对应，在对风险和成本的权衡之中，风险成为企业融资决策最重要的影响因素，反映在企业营运资金融资结构的选择上，表现为营业活动流动资金净需求更多地由风险较低的长期资本来满足，营运资金融资结构偏于稳健。

除了对营运资金融资风险和成本的直接影响外，经济周期还会通过企业资金需求、资金周转绩效、成长机会、企业风险承担水平等因素发挥的中介效应对营运资金融资结构产生间接影响。具体来看：

第一，在企业资金需求方面，在经济上行期，社会总需求旺盛，外部融资渠道通畅，企业总体固定资产投资需求加大，一方面，长期资产投资与营运资金对企业现金流存在着竞争效应，因此，这一时期，营运资金等短期资金需求在企业总资金需求中所占的比例会相应降低；另一方面，由于营运资金规模的调整成本相对较低，在固定资产等长期投资需求上升时，企业也会选择降低营运资金需求来平滑长期投资（鞠晓生等，2013；Baños 等，2014）[8,164]，这就会进一步造成企业总资金需求中营运资金需求占比的降低。根据前述分析，当营运资金需求占总资金需求的比例较低时，生产设备、研发投入等长期投资才是企业融资活动最主要的支持对象。相应地，企业融资活动最重要的目标应是最大程度地满足长期资金需求以及保证其安全和稳定。因此，企业在营运资金融资结构决策时，应更多的将长期资本投放到长期资产投资之中，而将短期金融性负债等短期资金作为企业营业活动流动资金净需求的主要资金融通来源。

第二，在资金周转绩效方面，在经济上行期，消费者购买意愿普遍较强、购买力也相对旺盛，产品市场景气，企业产品销售渠道通畅，存货变现能力较强、周转期较短，应收账款等货款回收速度加快、周转期变短，现金周转期（CCC）缩短，整体营运资金周转绩效提升。相反，在经济下行期，消费者购买力和购买意愿普遍降低，企业库存积压和应收账款坏账风险加大，存货、应收账款周转期相应延长，整体营运资金周转绩效降低（王贞洁和王竹泉，2014）[91]。基于前述分析，当资金周转效率越高时，企业只需要用成本较低的短期金融性负债满足营业活动流动资金的净需求就可以保证其财务安全性。因此，从资金周转效率的角度看，经济上行期，企业更倾向于选择激进的营运资金融资结构。

第三，在企业成长性方面，在经济上行期，社会经济发展繁荣，社会总需求旺盛，整体市场条件较为有利，企业面临着更多的投资和成长机会。根据前述分析，一方面，为了更好地降低代理成本，高成长性企业通常会倾向于选择更多的短期金融性负债来满足营业活动流动资金的需求；另一方面，在较多的成长和投资机会面前，企业会选择将更多的长期资本投放到长期投资和成长机会之中，而营运资金需求则更多的由短期金融性负债来融通和满足。

第四，在企业风险承担水平方面，在经济上行期，社会总需求和消费者购买力相对旺盛，企业面临更多有利的投资机会；企业家、投资者和债权人等对企业发展的前景也普遍看好，外部融资渠道通畅，融资可获得性增强。此时，企业更有意愿和能力投资预期收益率较高的项目，体现为更高的风险承担水平（王菁华和茅宁，2015）[117]。根据前述分析，一方面，风险承担水平较高的企业通常面临较低的长期资金可获得性和较高的融资成本，从降低成本的角度考虑，企业会更多地选择成本较低的短期金融性负债作为企业营运资金的主要融资来源；另一方面，较高的企业风险承担水平在很大程度上反映了决策者较高的风险承担意愿和风险偏好，因此，在进行营运资金融资决策时，也会选择更为激进的融资结构。

综上所述，不管是从经济周期对营运资金融资结构产生的直接影响，还是其通过企业资金需求、资金周转绩效、成长机会、企业风险承担水平等中介效应产生的间接影响，得出的理论假设都是一致的，即在经济上行期，企业较少地使用长期资本对营业活动流动资金净需求提供资金融通，营运资金融资结构相对激进（见图 5 - 12）。

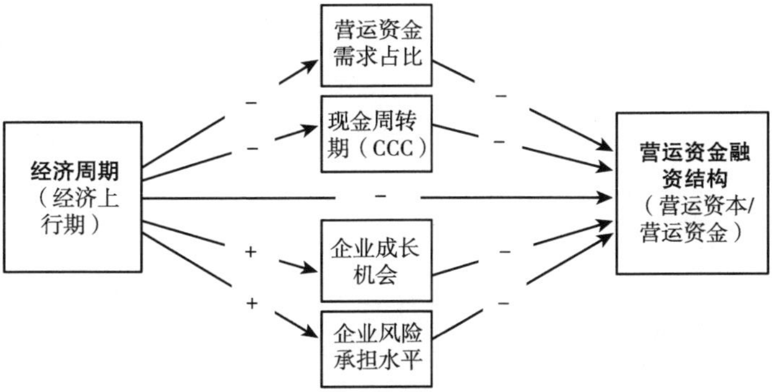

图 5 - 12　经济周期对企业营运资金融资结构的直接和间接影响机制

基于上述分析，本书提出如下假设：

H1：在经济上行期，企业更倾向于选择激进的营运资金融资结构，即营运资本占营运资金之比较低。

2. 货币政策与营运资金融资结构

货币政策（通常包括利率政策、存款准备金率政策、汇率政策、央行贷款、公开市场业务等工具）可以通过信贷和货币两大渠道对企业外部融资可获得性（或企业融资能力）产生影响（张西征，2010；饶品贵和姜国华，2011）[165,166]。其中，前者（信贷渠道）的影响主要体现为企业外部资金的融通规模和融通成本上，而后者（货币渠道）则以折现率和资产价格两方面的调整影响企业投资机会。接下来，本节主要从信贷渠道分析货币政策对企业融资能力的影响，在此基础上，进一步分析不同货币政策下企业营运资金融资结构的选择。

当货币政策趋紧时，在银行贷款效应和资产负债表效应的影响下，企业外部资金融通规模缩小，资金融通成本上升（张西征，2010；王竹泉等，2015）[165,167]。具体来看，当经济有过热发展趋势时，央行会缩紧银根，实施紧缩的货币政策时，一方面，在银行信贷效应下，银行放贷规模相应会减少，贷款利率会相应提高，进而导致企业直接的信贷融资成本上升，融资能力下降；另一方面，在资产负债表效应下，银行信贷利率上升导致企业资产（尤其是可抵押资产）价值的贬值，使得企业资产负债表状况恶化，逆向选择和道德风险问题进一步加重，根据信息不对称和代理成本理论，此时企业会面临银行提出的更高的借贷成本，外部融资能力会受到进一步弱化（张西征，2010）[165]。一般情况下，短期金融性负债和长期债务的利率或成本是联动的（王克岭等，2015）[74]。在货币政策紧缩时，企业外部资金尤其是长期借贷资金的可获得性降低、融资成本较高，成本问题成为企业重点关注的要素。此时，在企业短期金融性负债和长期债务融资成本普遍上升的情况下，由于短期金融性负债利率通常低于长期贷款，出于控制成本和未来降息时财务灵活性的考虑，企业通常会更多地选择短期金融性负债。体现在营运资金融资结构方面就是，在货币政策紧缩时期，企业营业活动流动资金净需求更多地由短期金融性负债进行融通和满足。与之相对比，在货币政策宽松时期，短期金融性负债和长期借贷资金利率通常都比较低，成本因素不再成为企业首要考虑的因素。此时，考虑到短期金融性负债隐含的较高的流动性和破产风险，企业通常会倾向于更多地选择长期借贷资金而非短期金融性负债。体现在营运资金融资结构方面就是，在货币政策宽松期，企业营业活动流动资金净需求更多地会由长期资本来融通，营运资金融资结构较稳健。基于上述分析，本书提出如下假设：

H2：在货币政策紧缩时期，企业更倾向于选择激进的营运资金融资结构，即营运资本占营运资金之比较低。

5.2.2　营运资金融资结构的宏观影响因素实证检验

1. 样本选择与数据来源

本书以2004～2015年的A股制造业上市公司作为研究样本。在样本选择上，做了如下处理：（1）剔除ST、PT公司；（2）剔除部分财务数据存在缺漏值的公司；（3）为了降低异常值对研究结论的影响，本书对所有连续变量进行上下1%的Winsorize缩尾处理。本书所使用的上市公司财务数据来源于CSMAR数据库；产权性质数据取自CCER数据库；衡量经济周期的GDP增长率指标取自国家统计局数据；货币政策相关指标取自中国人民银行关于货币政策的相关报告。

2. 变量定义

（1）经济周期（“Business Cycle”，BC）：在两阶段的经济周期划分方法下，经济上行期通常意味着经济的复苏或繁荣；而经济下行期则意味着经济的衰落或萧条（吴娜，2013）[11]。本书对经济上行期和下行期的界定主要参考吴娜（2013）[11]的做法，按照“谷—谷”法进行划分。具体来看，研究样本的2003～2007年，我国GDP增长率从10%上升至14.20%，经济发展繁荣，本书将这一阶段划分为经济上行期（BC=1）；而2008年之后，受国际金融危机等外部冲击的影响，GDP增长率开始从2007年的高点呈跌落趋势，2008年跌至9.60%，尽管在2010年出现了小幅回升，但总体上经济形势依然走低，特别是2012年以来，GDP增长率均在7%左右，经济形势相对严峻，本书将这一阶段定义为经济下行期（BC=0）。在稳健性检验部分，本书进一步将GDP增长率超过10%的年度（2003年、2004年、2005年、2006年、2007年和2010年）定义为经济上行期（BC2=1）；其他年份定义为经济下行期（BC2=0）。2003～2015年各年度GDP增长率和经济周期划分见表5－13。

表5－13　　国内生产总值增长率及经济周期划分

经济上行期	2003	2004	2005	2006	2007			
	10%	10.10%	11.30%	12.70%	14.20%			
经济下行期	2008	2009	2010	2011	2012	2013	2014	2015
	9.60%	9.20%	10.60%	9.50%	7.70%	7.70%	7.40%	6.90%

资料来源：国家统计局。

（2）货币政策（“Monetary Policy”，MP）：本书借鉴陆正飞等（2011）[146]以及孙兰兰和王竹泉（2016）[116]的做法，采用“M2增长率－GDP增长率－CPI增长率”这个指标来衡量货币政策。经过计算，本书选取了数值较小的2004年、2005年、2006年、2007年、2008年和2011年作为货币政策紧缩的年份，MP取值为1，其他年份MP取值为0。在稳健性检验部分，第一，本书借鉴饶品贵和姜国华（2013）的做法，结合宏观经济形势和我国特有的货币政策定义虚拟变量MP2，将2004年、2005年、2006年、2007年和2010年定义为货币政策紧缩年份，取值为1，其他年度取值为0，定义为货币政策宽松年；第二，本书借鉴吴娜（2013）[11]的做法，采用中国人民银行三至五年期（含五年）贷款利率（IR）衡量货币政策，IR越大，表明货币政策相对紧缩，企业外部融资成本较高。

（3）其他：根据前述企业营运资金融资结构的影响因素分析，本书在模型中加入了如下变量：资金需求特征（CRC）、总资金报酬率（ROA）、现金周转期（CCC）、风险承担水平（Risk）、企业成长性（Growth）、企业规模（Size）、企业成立年限（Age）、企业性质（State）以及行业哑变量（Year）。具体变量定义见表5－14。

表5－14　　变量定义

变量性质	变量名称	符号	变量定义
被解释变量	营运资金融资结构	LCR	(流动资产－流动负债)/(流动资产－经营性流动负债)＝[(长期负债＋所有者权益)－非流动资产]/[流动资产－(应付账款＋应付票据＋预收账款＋应付职工薪酬＋应交税费＋其他应付款＋其他流动负债)]

续表

变量性质	变量名称	符号	变量定义
解释变量	经济周期	BC	哑变量，将 GDP 增长速度较快的 2003 年、2004 年 2005 年、2006 年、2007 年定义为经济上行期，BC 取值为 1；将 GDP 增长速度较慢的 2008 年、2009 年、2010 年、2011 年、2012 年、2013 年、2014 年、2015 年定义为经济下行期，BC 取值为 0。
	货币政策	MP	哑变量，MP 的取值用"M2 增长率—GDP 增长率—CPI 增长率"的大小（陆正飞等，2011）来衡量，我们选取数字较小的 2004 年、2005 年、2006 年、2007 年、2008 年和 2011 年作为货币政策紧缩年，MP = 1（紧缩的货币政策）；其他年份 MP = 0
控制变量	资金需求特征	CRC	营运资金/总资金 = （流动资产 - 经营性流动负债）/（总资产 - 经营性负债）
	盈利能力	ROA	EBIT/总资金 = EBIT/（总资产 - 经营性负债）
	现金周转期	CCC	存货周转期 + 应收账款周转期 - 应付账款周转期 = 存货/营业收入 * 360 + （应收账款 + 应收票据）/营业收入 * 360 - （应付账款 + 应付票据）/营业收入 * 360
	风险承担水平	Risk	[息税折旧摊销前利润（EBITDA）/总资金]的第 t - 2 年至 t + 2 年（五年）滚动取值的标准差

续表

变量性质	变量名称	符号	变量定义
控制变量	产权性质	State	虚拟变量，当企业实际控制人性质为国有时，定义为国有企业，取值为1；反之，定义为非国有企业，取值为0。
	企业成长性	Growth	（本年销售收入 - 上年销售收入）/上年销售收入
	企业规模	Size	期末总资产的自然对数
	成立年限	Age	（1 + 成立年限）的自然对数
	行业哑变量	Industry	设置10个制造业二级虚拟变量

3. 模型设定

本书设计了模型5-9和模型5-10分别对经济周期（BC）、货币政策（MP）与营运资金融资结构（LCR）的关系进行检验。其中，模型5-3的被解释变量为企业营运资金融资结构（LCR），解释变量为经济周期（BC），此外，控制了企业资金需求特征（CRC）、盈利能力（ROA）、现金周转期（CCC）、企业风险承担水平（Risk）、产权性质（State）、企业成长性（Growth）、企业规模（Size）、成立年限（Age）等营运资金融资结构的微观影响因素，以及行业虚拟变量（Industry）；模型5-4的被解释变量同样为营运资金融资结构（LCR），解释变量为货币政策（MP）。此外，也控制了上述企业微观影响因素以及行业虚拟变量（Industry）。

$$LCR_{it} = \alpha + \beta_1 BC_{it} + \beta_2 CRC_{it} + \beta_3 ROA_{it} + \beta_4 CCC_{it} + \beta_5 Risk_{it} + \beta_6 State_{it} + \beta_7 Growth_{it} + \beta_8 Size_{it} + \beta_9 Age_{it} + \beta_{10} Industry + \varepsilon_{it} \quad \text{（模型 5-9）}$$

$$LCR_{it} = \alpha + \beta_1 MP_{it} + \beta_2 CRC_{it} + \beta_3 ROA_{it} + \beta_4 CCC_{it} + \beta_5 Risk_{it}$$

$$+ \beta_6 State_{it} + \beta_7 Growth_{it} + \beta_8 Size_{it} + \beta_9 Age_{it}$$
$$+ \beta_{10} Industry + \varepsilon_{it} \qquad \text{（模型 5 - 10）}$$

4. 实证结果与分析

（1）描述性统计。图 5 - 13 和图 5 - 14 分别对不同经济周期和不同货币政策下的营运资金融资结构的分行业对比进行了描述性统计。从分行业对比来看，对所有制造业细分行业来说，在经济上行期和货币政策紧缩时期，企业营运资金融资结构中的营运资本占比普遍较低于经济下行期和货币政策宽松期的营运资本占比，即在经济上行期和货币政策紧缩时期，企业营运资本占营运资金之比较小，营运资金融资结构相对激进。

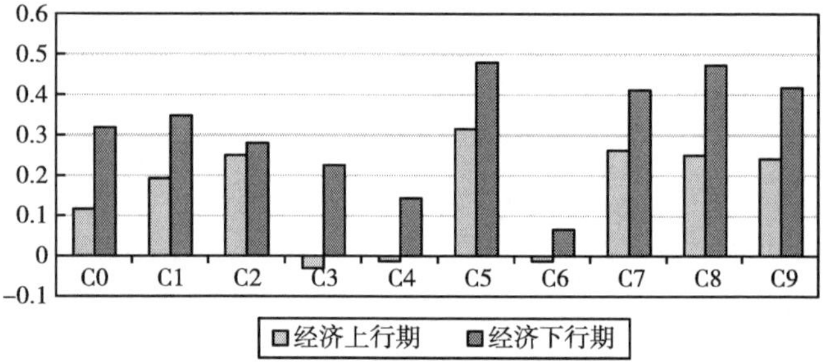

图 5 - 13　不同经济周期下的营运资金融资结构分行业统计图

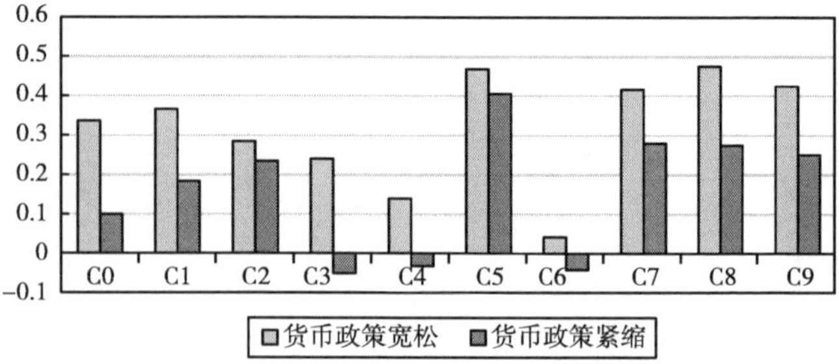

图 5 - 14　不同货币政策下的营运资金融资结构分行业统计图

（2）回归结果分析。第一，经济周期与营运资金融资结构如前所述，经济周期对企业营运资金融资结构的影响可以分为直接影响和通过企业资金需求特征（CRC）、现金周转期（CCC）、企业风险承担水平（Risk）和企业成长性（Growth）等多个微观因素的中介效应而产生的间接影响。本书借鉴 Zhao et al.（2010）[168]提出的中介效应检验程序（见图 5－15），采用 Bootstrap 方法进行多个并列中介变量的检验。在这种方法下，第一，可以得到控制了相关中介效应后，经济周期对营运资金融资结构发挥的直接效应；第二，可以分析得到上述多个变量共同对营运资金融资结构发挥的总中介效应；第三，可以得到在剔除其他并列变量的中介效应之后，单个变量的发挥的中介效应；第四，可以对多个并列中介效应变量发挥的中介效应进行对比。

表 5－15 列示了 Bootstrap 中介效应检验方法下经济周期对营运资金融资结构的直接与间接效应。本书对 Bootstrap 样本量设定为 5000，对置信区间的置信度选择为 95%。从数据结果可以看到：第一，在控制中介路径效应后，经济周期（BC）对企业营运资金融资结构（LCR）的直接影响在 1% 的水平上显著为负，且直接效应大小为 －0. 1121。这表明，在经济上行期（BC 取值为 1），企业营运资金融资结构中营运资本占营运资金之比较小（LCR 较小），营运资金融资结构较为激进；反之，在经济下行期（BC 取值为 0），企业营运资金融资结构较为稳健，LCR 较大，即经济周期（BC）对营运资金融资结构（LCR）产生显著为负的直接影响。第二，企业资金需求特征（CRC）、现金周转期（CCC）、企业风险承担水平（Risk）和企业成长性（Growth）四个并列中介变量共同对营运资金融资结构（LCR）发挥的总中介效应是显著的（－0. 0919，－0. 0693），效应大小

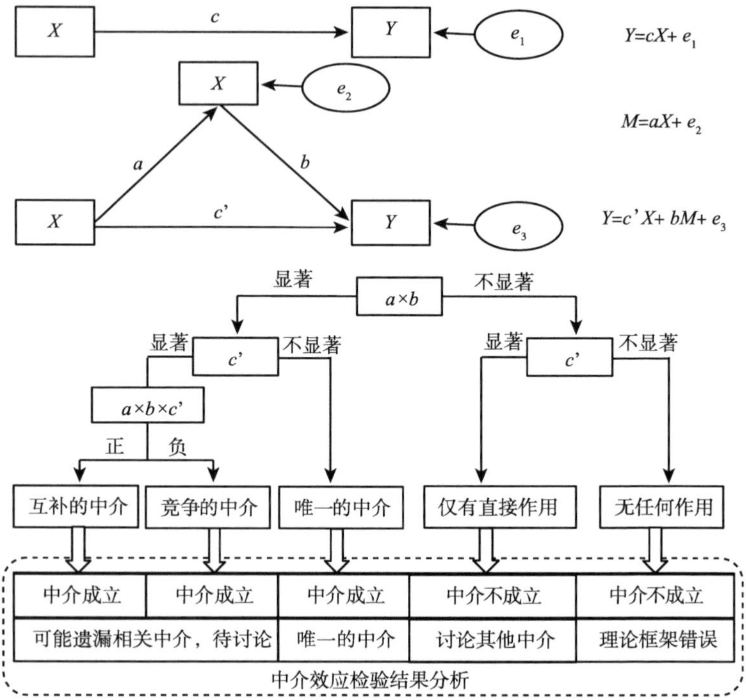

图 5-15 中介效应原理及检验程序图

资料来源：Zhao, X., Lynch, J. G., Chen, Q. 2010. Reconsidering Baron and Kenny: Myths and Truths about Mediation Analysis [J]. Journal of Consumer Research, 37: 197-206。

为 -0.0807。这表明经济周期（BC）通过 CRC、CCC、Risk 和 Growth 四个中介路径对营运资金融资结构（LCR）产生同样显著为负的间接影响。通过以上两方面的分析可以看到，假设 H1 得到验证。第三，CRC（-0.0444，-0.0265）、CCC（-0.0360，-0.0257）、Risk（-0.0100，-0.0049）和 Growth（-0.0099，-0.0048）四个并列中介变量分别发挥的中介效应均是显著的，其中介效应大小依次为 -0.0356，-0.0308，-0.0071 和

-0.0073。第四，通过对上述四个中介路径效应的对比可以看出，在 CRC 的中介效应与 CCC 的中介效应对比中，LLCI = -0.0147，而 ULCI = 0.0052，该区间包含 0，因此两者不存在显著差异；在 CRC 与 Risk、Growth 的中介效应对比中，LLCI 与 ULCI 区间不包含 0，且均为负数，这表明 CRC 的中介效应小于 Risk、Growth 的中介效应；类似地，从 CCC 与 Risk、Growth 的中介效应对比中，LLCI 与 ULCI 区间也不包含 0，且均为负数，表明 CCC 的中介效应小于 Risk、Growth 的中介效应；而 Risk 和 Growth 的中介效应对比中，LLCI = -0.0038，ULCI = 0.0037，该区间包含 0，因此两者同样不存在显著差异。

表 5-15　经济周期对营运资金融资结构的直接与间接效应

（1）直接效应 Direct effect of BC on LCR				
Effect	SE	t	p	
-0.1121	0.0077	-14.5309	0.000	
（2）通过中介路径产生的间接效应 Indirect effect of BC on LCR				
	Effect	SE	LLCI	ULCI
TOTAL	-0.0807	0.0057	-0.0919	-0.0693
CRC	-0.0356	0.0045	-0.0444	-0.0265
CCC	-0.0308	0.0026	-0.0360	-0.0257
Risk	-0.0071	0.0013	-0.0100	-0.0049
Growth	-0.0073	0.0013	-0.0099	-0.0048
（3）中介效应比较 Contrasts				
CRC vs. CCC	-0.0048	0.0051	-0.0147	0.0052
CRC vs. Risk	-0.0285	0.0047	-0.0375	-0.0191
CRC vs. Growth	-0.0283	0.0047	-0.0374	-0.0188

续表

(3) 中介效应比较 Contrasts				
CCC vs. Risk	-0.0237	0.003	-0.0294	-0.0178
CCC vs. Growth	-0.0235	0.003	-0.0295	-0.0178
Risk vs. Growth	0.0002	0.0019	-0.0038	0.0037

注 1：Bootstrap 样本量设定为 5000；

注 2：对置信区间的置信度选择为 95%；

注 3：取样方法选择偏差校正的非参数百分位法（Bias Corrected）。

第二，货币政策与营运资金融资结构。货币政策对营运资金融资结构的影响效应如表 5-16 所示，第（1）列、第（2）列和第（3）列分别列示了不同货币政策衡量方式下的回归结果。其中，第（1）列采用“M2 增长率—GDP 增长率—CPI 增长率”这个指标来衡量货币政策。经过计算，选取了数值较小的 2004 年、2005 年、2006 年、2007 年、2008 年和 2011 年作为货币政策紧缩的年份，MP 取值为 1，其他年份 MP 取值为 0。从回归结果来看，MP 在 1% 的水平上显著为负。这表明，在货币政策紧缩时期（MP=1），企业更倾向于选择激进的营运资金融资结构，即营运资本占营运资金之比较低（LCR 较小）。假设 H2 得到验证。第（2）列则结合宏观经济形势和我国特有的货币政策定义虚拟变量 MP2，将 2004 年、2005 年、2006 年、2007 年和 2010 年定义为货币政策紧缩年份，MP2 取值为 1，其他年度 MP2 取值为 0。从回归结果来看，MP2 同样在 1% 的水平上显著为负，假设 H2 得到验证。第（3）列则采用中国人民银行三至五年期（含五年）贷款利率（IR）衡量货币政策，IR 越大，表明货币政策相对紧缩。与前述回归结果一致，IR 同样与 LCR 显著负相关，假设 H2 得到进一步验证。

表 5-16　　　　货币政策与营运资金融资结构

被解释变量：LCR	(1) 货币政策 1	(2) 货币政策 2	(3) 货币政策 3
MP	-0.108*** (-15.041)		
MP2		-0.112*** (-14.531)	
IR			-0.017*** (-3.094)
CRC	1.158*** (55.456)	1.151*** (55.037)	1.173*** (55.492)
ROA	0.002*** (32.297)	0.002*** (32.446)	0.002*** (33.607)
CCC	1.492*** (24.918)	1.494*** (24.940)	1.482*** (24.450)
Risk	-0.953*** (-9.257)	-0.967*** (-9.388)	-1.083*** (-10.425)
Size	-0.072*** (-22.610)	-0.072*** (-22.488)	-0.065*** (-20.243)
Age	-0.067*** (-8.273)	-0.062*** (-7.711)	-0.032*** (-4.092)
Growth	-0.060*** (-6.603)	-0.055*** (-5.949)	-0.076*** (-8.293)
State	-0.041*** (-6.046)	-0.041*** (-6.007)	-0.071*** (-10.669)
Constant	1.388*** (19.374)	1.367*** (19.114)	1.215*** (15.420)
Industry	Yes	Yes	Yes
R2_adj	0.564	0.563	0.553
F	666.1	664.3	639.2
Observations	9273	9273	9273

注：括号中为 t 值；*、**、*** 分别表示 10%、5%、1% 显著性水平。

（3）稳健性检验。在对经济周期的衡量方面，本书进一步将 GDP 增长率超过 10% 的年度（2003 年、2004 年、2005 年、2006 年、2007 年和 2010 年）定义为经济上行期（BC2 = 1）；其他年份定义为经济下行期（BC2 = 0）。表 5 - 17 列示了 Bootstrap 中介效应检验方法下经济周期（BC2）对营运资金融资结构（LCR）的直接与间接效应。与前述结果一致，从直接效应来看，在经济上行期（BC2 取值为 1），企业营运资金融资结构中营运资本占营运资金之比较小（LCR 较小），营运资金融资结构较为激进，即经济周期（BC2）对营运资金融资结构（LCR）产生显著为负的直接影响。从间接效应来看，经济周期（BC2）通过 CRC、CCC、Risk 和 Growth 四个中介路径对营运资金融资结构（LCR）均产生显著为负的间接影响。假设 H1 得到进一步验证。

表 5 - 17　经济周期对营运资金融资结构的直接与间接效应（稳健性检验）

（1）直接效应 Direct effect of BC2 on LCR				
Effect	SE	t	p	
-0.1310	0.0085	-15.3983	0.0000	
（2）通过中介路径产生的间接效应 Indirect effect of BC2 on LCR				
	Effect	SE	LLCI	ULCI
TOTAL	-0.1010	0.0062	-0.1137	-0.0891
CRC	-0.0564	0.0049	-0.0662	-0.0471
CCC	-0.0308	0.0029	-0.0365	-0.0251
Risk	-0.0075	0.0014	-0.0106	-0.0051
Growth	-0.0063	0.0011	-0.0087	-0.0043

续表

(3) 中介效应比较 Contrasts				
CRC vs. CCC	-0.0255	0.0055	-0.0368	-0.0149
CRC vs. Risk	-0.0488	0.0051	-0.0586	-0.0391
CRC vs. Growth	-0.0500	0.0050	-0.0602	-0.0406
CCC vs. Risk	-0.0233	0.0033	-0.0296	-0.0170
CCC vs. Growth	-0.0245	0.0031	-0.0307	-0.0185
Risk vs. Growth	-0.0012	0.0019	-0.0051	0.0022

注 1：Bootstrap 样本量设定为 5000；

注 2：对置信区间的置信度选择为 95%；

注 3：取样方法选择偏差校正的非参数百分位法（Bias Corrected）。

5.3　本章小结

随着战略债务理论（"Theory of Strategic Debt"）的提出和发展，越来越多的学者开始关注行业竞争、产品差异化等行业特征对企业融资结构选择的影响；而随着企业间的竞争日益演化为供应链之间的较量，供应链关系（包括供应商和客户关系）也越来越成为企业利益相关者管理的重要内容，且直接影响到企业的经营业绩、风险水平以及融资结构选择；此外，企业的经营发展离不开外部宏观经济环境和经济政策支持，宏观经济形势和政策也会通过影响企业与投资者之间的交易成本、代理成本和风险水平等，对企业营运资金融资结构决策产生重要影响。但从已有文献来看，目前国内外学者对企业营运资金融资结构的中观和宏观影响因素的研究分析相对较少，而且不够系统。鉴于此，本章从更全面的视角，对中观层面和宏观层面相关因素与营运资金融资结构的关系展开了更为系统的理论分析和实证检验。具体来看，在中观层面的行业因素研究方面，本书选取了行业垄断程度、产品差异化、产品耐用性等指标进行分析；在中观层面的供应链关系研究方面，本书选取了供应链集中度（包括客户集中度和供应商集中度）指标展开研究；在宏观影响因素方面，本书选取了经济周期、货币政策等指标进行分析。本章的研究结论如下：

第一，行业垄断程度（HHI）与企业营运资金融资结构（LCR）显著正相关。一方面，在寡头竞争条件下，使用短期金融性负债很可能会使企业遭受竞争对手掠夺行为的损害而面临较高的流动性风险，因而垄断行业企业通常更倾向于选择长期资金来源；另一方面，银行对垄断行业企业的未来盈利性和现金流动预期较为乐观，因而更乐于向其提供额度较大、期限较长、利率较低的贷款。因此，在营运资金融资结构决策方面，垄断行业企业通常会选择长期资本对营运资金需求进行满足，即营运资本占营运资金之比较大，营运资金融资结构较为稳健。

第二，行业产品差异化程度（Diff）与企业营运资金融资结构（LCR）显著正相关。一方面，差异化产品生产企业的盈利性水平往往高于普通生产厂商，对融资成本的承担能力较强，因而更有可能选择成本较高但风险较低的长期资本作为企业营运资金需求的主要融资来源；另一方面，差异化的产品专用性较强，专有性投资较多，供应商和客户相对固定和集中，企业间的风险传染性更强，因此，为了更好地平衡风险，差异化产品企业应选择稳健性的营运资金融资结构；此外，为了向客户传递高质量的信号或提供质量保障，差异化产品行业的生产企业通常会选择放宽应收账款期限，进而导致较低的资金周转绩效，企业营业活动为自身业务开展提供资金的能力也因此较弱，因此需要更多的长期资本为营业活动流动资金需求提供融资支持，即营运资本占营运资金之比较大，营运资金融资结构较为稳健。

第三，耐用品行业（Durable）与企业营运资金融资结构（LCR）显著负相关。耐用品行业的生产企业大多为资本密集型产业，固定资产等长期资本投资强度较大，因此，生产设备、研发投入等长期投资是企业融资活动最主要的支持对象。相应地，企业融资活动最重要的目标应是满足长期资金需求，最大可能地保证长期资本投入的安全和稳定。因此，企业在营运资金融资结构决策时，应更多的将长期资本投放到长期资产投资之中，而将短期金融性负债等短期资金作为企业营运资金需求的主要来源，即营运资本占营运资金之比较小，营运资金融资结构偏于激进。

第四，供应链集中度（SCR）与企业营运资金融资结构（LCR）显著正相关。一方面，从风险角度来看，供应链关系越集中，企业面临的供应链风险传染和扩散问题越严重。相应地，在营运资金融资结构选择方面，出于对风险的控制和平衡，供应链集中度高的企业应选择稳健性的营运资金融资结构；另一方面，从成本角度来看，供应链集中度的提高有利于促进企业与供应商和客户之间的密切关系，提高企业的盈利水平，进而提升企业对融资成本的承担能力。因此在进行营运资金融资结构选择时，供应链集中度较高的企业会倾向于选择成本较高但风险较低的长期资本作为企业营运资金需求的主要来源，即营运资本占营运资金之比较大，营运资金融资结构较为稳健。

第五，经济周期（BC）与企业营运资金融资结构（LCR）显著负相关。经济周期对企业营运资金融资结构的影响可以分为直接影响和通过企业相关微观因素发挥的中介效应而产生间接影响。从直接影响来看，在经济上行时期，企业面临着相对有利的市场条件，企业主要经营目标是是投资效率和公司利润和业绩的提升。与之相对应，在风险和成本两大要素的权衡中，成本因素成为企业融资决策的最主要因素，因此，企业会倾向于选择成本较低的短期金融性负债作为营运资金需求的主要来源；从间接效应来看，在经济上行期，企业总资金需求中长期资金需求占比提高而营运资金需求占比降低、现金周转期缩短、成长机会增加、风险承担水平普遍上升，进而会导致企业在营运资金融资决策时，更多地选择短期金融性负债来满足营运资金融资需求，即营运资本占营运资金之比较小，营运资金融资结构较为激进。

第六，货币政策（MP）与企业营运资金融资结构（LCR）显著负相关。在货币政策紧缩时，企业外部资金的可获得性降低、融资成本提高，成本问题成为企业重点关注的要素。由于短期金融性负债利率通常低于长期借贷利率，因此，出于控制成本和保持未来降息时财务灵活性的考虑，企业通常会更多地选择短期金融性负债作为营运资金融资需求的主要来源，即营运资本占营运资金之比较小，营运资金融资结构较为激进。

本章和前述第四章主要从静态研究视角，对营运资金融资结构的企业微观层面、中观层面（行业和供应链）和宏观经济层面的相关影响因素进行了系统的理论分析和实证检验。在接下来的第六章，本书会在营运资金融资结构静态视角研究的基础上，进一步对营运资金融资结构的动态调整问题进行系统论证。

第 6 章

企业营运资金融资结构动态调整分析

在权衡理论下，当营业活动流动资金净需求更多的由短期金融性负债来满足时，虽然可以降低资本成本和代理成本，但同时短期债务隐含的流动性风险和较高的展期成本也可能会损害企业价值，因此，企业应该基于对短期负债和长期资本的风险和成本的权衡，确定企业营运资金融资结构的目标值。根据动态权衡理论，由于市场摩擦等因素的存在，企业实际营运资金融资结构通常会偏离其目标值，此时企业需要进一步权衡调整收益与调整成本，明确自身调整意愿和调整能力，对营运资金融资结构的调整速度进行选择，以使企业以最优的状态向目标值靠拢。在企业实际经营过程中，企业所处的供应链集中情况和外部宏观经济形势会对营运资金融资结构偏离目标值时所隐含的风险和成本产生影响，进而影响着企业营运资金融资结构调整意愿；而这种调整意愿会随着偏离形态的变化而有所不同。在调整能力方面，企业自身的融资约束程度、财务柔性以及所面临的货币政策等宏观经济形势的不同会影响到企业的营运资金融资结构调整成本，最终影响到营运资金融资结构的调整速度。

纵观已有文献，国内外学者对企业营运资金管理的研究主要是从静态视角考察相关投资和融资策略的影响因素和经济后果（Etiennot 等，2012；王贞洁和王竹泉，2013）[3,97]，关于营运资金动态调整的研究相对较少，而其中并没有文献进一步探讨营运资金融资结构的动态调整问题。本书在第五章和第六章分别从静态视角对企业微观和行业、供应链以及宏观经济形势等层面的营运资金融资结构影响因素进行了理论和实证分析。本章将在上述营运资金融资结构影响因素分析的基础上，基于局部调整模型，对企业目标营运资金融资结构的存在性和营运资金融资结构的动态调整速度及经济后果问题进行实证检验。本章主要回答三个问题（见图 6－1）：

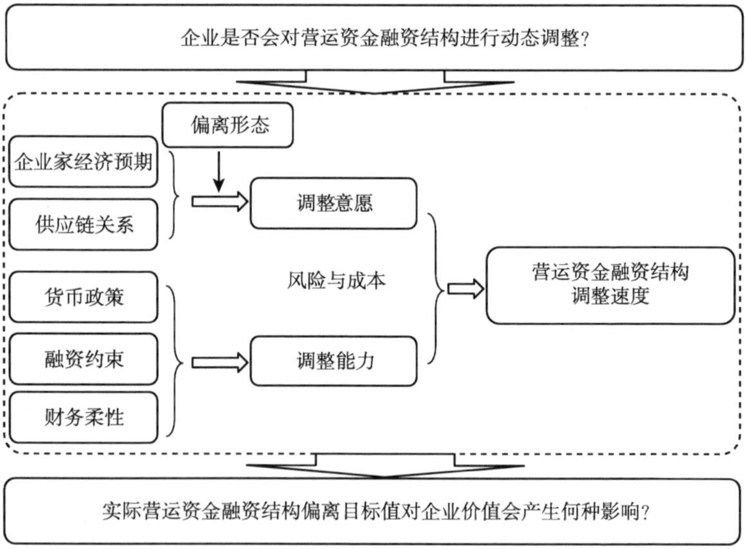

图 6－1　营运资金融资结构动态调整主要研究内容

第一，企业是否会对营运资金融资结构进行动态调整？第二，企业营运资金融资结构动态调整的速度又会受哪些因素影响？第三，实际营运资金融资结构偏离目标值的经济后果是什么？本章的结构安排如下：第一节对目标营运资金融资结构的存在及动态调整机理、不同调整意愿和调整能力对营运资金融资结构调整速度的影响机理进行理论分析；第二节对实证研究进行了变量定义和模型设定，对营运资金融资结构动态调整问题、不同调整意愿和调整能力下营运资金融资结构的调整速度和经济后果问题进行实证检验；第三节对本章进行总结。

6.1 营运资金融资结构动态调整机理分析

6.1.1 目标营运资金融资结构的存在及动态调整

基于王竹泉（2013）[4]提出的经营性资金净需求概念，本书将营运资金融资结构定义为长期资本、短期金融性负债与经营性资金净需求的配置关系，即企业对经营性资金净需求的资金融通中长期资本和短期金融性负债各占多大比例。两种资金融通来源对应着不同的成本和风险，在资本市场不完美的现实条件下，不同的营运资金融资结构选择对企业价值会产生不同的影响。从显性成本来看，短期负债可以更好地减轻资产替代行为、投资不足和非效率投资问题，降低信息不对称水平和代理成本；相比之下，长期资本的信息不对称水平和代理成本较高，因而其交易成本往往高于短期金融性负债（Jensen 和 Meckling，1976；Kale 和 Noe，1990；Emery，2001；Jun 和 Jen，2003；等等）[26,58,64,40]。此外，短期负债还可以通过影响投资，进而提高公司治理效率和公司业绩（张慧和张茂德，2003）[169]。但是，由于稳定性和可持续性较低，短期金融性负债在降低融资成本和提高治理效率的同时，也伴随着更高的流动性风险和破产风险（Kane 等，1985；Emery，2001；Antoniou 等，2006；Baños—Caballero 等，2016；等等）[39,64,44,106]。尤其是在金融危机等外部不利条件冲击下，实体经济发展不确定性加大，风险控制往往超过成本约束成为企业营运资金融资结构抉择的主导因素（王贞洁和王竹泉，2013）[97]。此外，在通货膨胀上升期，借款利率上升较快，企业可能面临的更高的展期成本和通货膨胀溢价（Jun 和 Jen，2003；肖作平，2006；王东静，2007；等等）[40,36,45]。因此，企业需要对长期资本和短期负债比例进行权衡，确定对企业价值产生最优影响的营运资金融资结构。而由于资本市场不完美等因素的存在以及企业自身经营能力的制约，实际营运资金融资结构通常会偏离其目标值，导致营运资金融资结构过于激进或过于保守，此时企业需要进一步权衡调整收益与成本，对营运资金融资结构进行调整，以向目标值靠拢。综上所述，营运资金融资结构的本质是企业基于自身特点和所处行业以及宏观经济形势，对不同来源和期限的营运资金融通方式（长期资本与短期金融性负债）的风险和成本进行权衡，寻求企业价值最大化的一个动态决策过程。因此，本书提出如下假设：

H1：企业存在目标营运资金融资结构，并不断向这一目标值进行动态调整。

6.1.2 不同调整意愿下营运资金融资结构的调整速度

企业融资结构的选择和融资策略的制定是企业自身条件与外部宏观经济因素共同作用的结果。企业营运资金融资结构作为企业重要的融资策略选择，除了受到规模、性质、成长能力、风险承担等企业内部因素的影响外，必然受到企业所处的宏观经济环境的影响。外部宏观经济形势的好坏直接影响了企业营运资金融资结构调整的动机和意愿。当企业面临的外部宏观经济景气度较高时，企业家、投资者和债权人等对经济发展前景普遍看好，企业外部融资渠道通畅，此时企业主要经营目标是是投资效率和公司业绩的提升，调整重点是长期资本决策，对营运资金管理等短期投、融资决策调整幅度相对较小（吴娜，2013）[11]。而当企业面临的宏观经济形势较差，企业家对经济预期的信心程度低，投资者对企业发展判断悲观，外部资本市场融资环境恶化，企业间风险传染效应加大，企业会加快调整融资决策以适应环境变化。而且相比长期资本调整，企业对营运资金等短期资本的控制力和操作性更强，且调整难度更低（连玉君等，2010）[170]，因而企业往往会加快对营运资金融资决策的调整。此外，已有研究表明，实体经济的风险传染效应在经济景气度低或者经济危机时期往往会被进一步放大，风险控制成为营运资金融资结构管理的重要内容（王贞洁和王竹泉，2013）[97]，因此，企业在宏观经济不景气或经济下行时期应更加关注营运资金融资决策的调整，以便于更好的应对风险传染和扩散。基于上述分析，本书提出如下假设：

H2a：当企业家经济预期较悲观或经济景气度较低时，企业营运资金融资结构调整速度通常较快。

已有研究表明，供应链关系（包括供应商和客户关系）是企业利益相关者管理的重要内容，直接影响到企业的融资选择、风险管理和经营业绩（Titman 和 Wessels，1988；Kale 和 Shahrur，2007；Banerjee 等，2008；Patatoukas，2011；Barrot，2015；李任斯和刘红霞，2016；等等）[138,150,140,136,137,155]。尤其是在“互联网 +”时代倡导的网络平台交易模式下，企业与供应商、客户等重要利益相关者之间交易往来更加密切，利益共享、风险共担的平台合作模式日益普及（鲍群和赵秀云，2016）[154]。特别是对于供应商和客户集中度均较高的企业而言，由于供应链关系相对集中，营运资金管理效果与上、下游交易伙伴的利益关系更为密切。一方面，供应链企业间关系越集中，经营活动中商业信用的使用也更频繁，由此形成的紧密融资关系加强了彼此间的财务风险传导性，下游应收账款拖欠将直接影响到上游企业资金风险（Van Horen，2004）[156]；另一方面，企业与供应商和客户的交易越集中，供应链经营风险传导效应越严重，一旦大客户因为经营性资金净需求得不到满足而导致经营难以为继，就会给供应商企业的产品销售带来重创（Hertzel 等，2008）[158]。从供应链企业的功能责任和影响力角度来看，处于供应链关键节点的企业通常与其上、下游企业和相邻产业都有着广泛而密切的合作，经济和社会影响力往往较高，一旦其营业活动资金融通出现问题，其风险传染性更强、波及面更广，对供应链整体发展的危害性也更大。因此，对于供应链关系集中度高的企业而言，应更注重供应链资金风险传导问题，加快对营运资金融资结构的优化调整，以维持自身资金链稳定和供应链企业协同发展。

H3a：供应链集中度越高，企业营运资金融资结构的调整速度通常越快。

企业实际营运资金融资结构与目标值的偏离形态通常有两种，一种情况是：营运资金融资结构实际值高于目标值，即营运资本占营业活动流动资金净需求之比高于该比例的目标值，称为“上偏”。此时，企业营运资金融资策略过于稳健，融资成本较高而财务风险较小；另一种情况是：营运资金融资结构实际值低于目标值，即营运资本占营业活动流动资金净需求之比低于该比例的目标值，称为“下偏”。这种情况下，企业营运资金融资结构过于激进，营业活动流动资金净需求更多地由短期金融性负债提供融资支持，虽然融资成本相对较低，但却隐含着较大的财务风险。当宏观经济不景气或者处于经济下行期，以及企业所处供应链关系集中度较高时，如果企业的营运资金融资策略较为激进（即营运资金融资结构呈“下偏”形态），对风险传染和扩散的控制超过企业的盈利和发展需求，成为企业最应该关注的关键问题（李心合，2014）[171]，此时，企业应进一步加快营运资金融资结构的动态调整。因此，本书认为，当宏观经济不景气或者处于经济下行期，以及企业所处供应链关系集中度较高时，呈“下偏”形态的企业营运资金融资结构的调整速度更快；而在宏观经济景气度高的经济上行期，以及企业所处供应链关系集中度较低时，盈利和成本控制成为企业营运资金管理的重点，此时，呈“上偏”形态的企业营运资金融资结构的调整速度更快。基于上述分析，本书提出如下假设：

H2b：当企业家经济预期较悲观或经济景气度较低时，“下偏”形态（营运资金融资结构实际值低于目标值）的企业营运资金融资结构调整速度更快；而在企业家经济预期较为乐观或经济上行时期，“上偏”形态（营运资金融资结构实际值高于目标值）的企业营运资金融资结构调整速度更快。

H3b：当企业供应链关系集中度较高时，“下偏”形态（营运资金融资结构实际值低于目标值）的企业营运资金融资结构调整速度较快；而当企业供应链关系集中度较低时，“上偏”形态（营运资金融资结构实际值高于目标值）的企业营运资金融资结构调整速度更快。

6.1.3　不同调整能力下营运资金融资结构的调整速度

企业营运资金政策的动态调整不仅取决于其与目标值的偏离

程度以及企业的调整意愿和动机，而且受到调整成本的影响。通常情况下，调整成本越低，相应的企业调整能力越强，企业越容易向营运资金融资结构目标值靠拢（Baños 等，2013）[10]。当前，我国经济发展步入新常态，在经济下行压力下，企业发展面临诸多问题，其中融资约束问题更是成为制约企业转型升级的重要瓶颈之一。中国企业家调查系统发布的《2015 中国企业经营者问卷跟踪调查报告》显示，现阶段，我国企业普遍面临融资困难问题，流动性紧张状况亟需缓解。不少学者指出，融资约束的强弱对企业投、融资策略的动态调整会产生重要影响。Faulkender 等（2008）[172]指出，融资约束的存在在很大程度上增加了企业融资结构的调整成本，限制了企业融资结构的调整能力，最终会降低企业融资结构的动态调整速度。Baños 等（2013）[10]以 1997～2004 年西班牙非金融类上市公司的面板数据为样本，对营运资金净需求的动态调整问题进行了实证分析。实证结果显示，融资约束程度不同使得企业营运资金动态调整速度存在显著差异，外部融资能力强、融资约束弱的企业营运资金净需求的动态调整速度更快。陈克兢等（2015）[110]实证研究发现，我国不同地区间企业营运资金的动态调整速度存在显著的异质性，东部地区由于外部融资渠道更为通畅、融资约束程度相对较弱，因而营运资金的调整速度在东、中、西部地区中最快。根据上述分析，对于存在融资约束或融资约束程度比较高的企业而言，其外部融资可获得性较弱，银行借款等正式渠道融资规模较小，且融资成本更高，进而会导致企业营运资金融资结构的调整成本上升。因此，在其他条件相同的情况下，存在融资约束的企业通常会减慢营运资金融资结构的调整速度。基于上述分析，本书提出如下假设：

H4：面临的融资约束程度越高，企业营运资金融资结构调整速度越慢。

根据企业战略管理理论和组织的动态权变理论，企业不应被动地接受经营环境的改变，而是应该主动适应、快速调整以应对外部市场冲击等不确定性因素。企业这种应对经营环境冲击和变化的灵活性，即被定义为企业柔性（flexibility），而这种柔性体现在公司财务领域即被定义为财务柔性或财务弹性、财务灵活性（financial flexibility）（邓康林和刘名旭，2013）[173]。面对经济形势的不确定性和经营环境的变幻莫测，越来越多的企业意识到提高自身环境适应能力的重要性。根据 Graham 和 Harvey（2001）[32]对 300 多家美国上市公司的财务负责人的调查问卷，保持合理的财务柔性是企业财务管理策略的关键要素之一。不少学者指出，财务柔性对企业的融资能力和融资策略会产生重要影响。Gamba 和 Triantis（2008）[174]认为，当企业保持一定的财务柔性或灵活性时，就可以以更低的成本获得融资来源，以及对其融资结构进行进一步调整。曾爱民等（2011）[175]以金融危机为背景通过实证检验指出，相比于财务灵活性较低的企业，高财务柔性企业在金融危机的冲击下，仍可以具备较强的资本筹措能力和资金调用能力，财务柔性的储备使得企业可以更好地应对外部经济冲击带来的现金流短缺和投资资金供给不足等问题。王帆和倪娟（2016）[176]也指出，由于财务柔性企业通常拥有更强的债务融资能力、更多的现金持有和留存收益等，因而即使面临较强的融资约束冲击，企业仍然可以为经营和非经营活动保持一定的现金流。

Baños—Caballero 等（2016）[106]进一步指出，财务柔性较大（财务杠杆越低、现金持有越多）的企业可以在不损害企业价值的前提下，保持较短的营运资金融资期限结构，而这种作用在金融危机时期更为凸显。根据以往学者对财务柔性的理论和实证研究，可以看出，企业财务柔性的保持是企业融资选择的重要因素之一，保持较高的财务柔性可以使企业以更低的资本成本和更易获得的融资来源进行融资结构调整，也就是说，财务柔性提高了企业融资结构调整的能力。基于上述分析，本书提出如下假设：

H5：财务柔性越高，企业营运资金融资结构调整速度越快。

企业营运资金融资结构的调整能力不仅受到企业自身面临的融资约束水平和财务柔性的制约，而且受到宏观货币政策的影响。饶品贵和姜国华（2011）[166]指出，货币政策（通常包括利率政策和信贷规模等）可以通过信贷和货币两大渠道对企业融资能力产生影响，前者主要体现为企业外部资金的融通规模和融通成本上，而后者则以折现率和资产价格两方面的调整影响企业投资机会。具体而言，当货币政策趋紧时，在银行贷款效应和资产负债表效应的影响下，企业资金融通规模缩小，资金融通成本上升。也就是说，当央行缩紧银根，实施紧缩的货币政策时，一方面，在银行信贷效应下，银行放贷规模相应会减少，贷款利率会相应提高，进而导致企业直接的信贷融资成本上升，融资能力下降；另一方面，在资产负债表效应下，银行信贷利率上升导致企业可抵押资产价值的贬值，使得企业资产负债表状况恶化，逆向选择和道德风险问题进一步加重，根据信息不对称和代理成本理论，此时企业会面临更高的资本成本，而且外部融资能力会受到进一步弱化（张西征，2010）[165]。在实证研究方面，雒敏和聂文忠（2012）[177]通过实证研究发现，在货币政策宽松时期，降低利率可以促进实际资本结构低于目标值的企业提高资本结构的调整速度；而货币供给量的增加可以促进所有偏离形态的企业均加快向目标资本结构的调整速度。宋献中等（2014）[178]则指出，货币政策紧缩和严重的信贷配给问题限制了企业融资结构的调整速度，会导致企业实际融资结构与目标值的较大偏离；而不管通过利率的降低还是货币供给量的增加，宽松的货币政策均有利于促进企业融资结构向目标值的动态调整。邹萍（2015）[179]研究发现，在货币政策宽松时期，企业的正式渠道融资来源更多、融资成本更低，进而可以降低企业融资结构的调整成本，加快融资结构的调整速度；反之，在货币政策紧缩时期，企业融资结构的调整成本上升，基于对调整收益和调整成本的权衡，企业通常会降低融资结构的调整速度。基于上述分析，本书提出如下假设：

H6：货币政策紧缩时期，企业营运资金融资结构的调整速度更慢。

6.2　营运资金融资结构动态调整实证检验

6.2.1　营运资金融资结构动态调整实证研究设计

1. 样本选择与数据来源

本书以2004～2015年的A股制造业上市公司作为研究样本。在样本选择上，做了如下处理：（1）剔除ST、PT公司；（2）剔除部分财务数据存在缺漏值的公司；（3）剔除供应商、客户关系未披露的公司；（4）为了降低异常值对研究结论的影响，本书对所有连续变量进行上下1%的Winsorize缩尾处理。本书所使用的上市公司财务数据来源于CSMAR数据库；产权性质数据取自CCER数据库；企业家经济预期指标取自国家统计局公布的企业景气度和企业家信心指数；供应商、客户关系集中度指标从各上市公司年报中逐份手工搜集，并进行了复核；货币政策相关指标取自中国人民银行关于货币政策的相关报告。

2. 变量定义

（1）营运资金融资结构（LCR）：借鉴王竹泉（2013）[4]、王贞洁和王竹泉（2013）[97]的做法，本书将该指标定义为营运资本与营业活动流动资金净需求的比值。其中，“营运资本 = 流动资产 - 流动负债 =（长期负债 + 所有者权益）- 非流动资产”，表示长期资本投放到流动资产的部分；“营业活动流动资金净需求 = 流动资产 - 经营性流动负债”，表示业务部门在营业活动自发性融资之后，需要财务部门提供的融资支持。LCR 指标值越大，表示营业活动流动资金净需求由长期资本进行融通的比例越大，营运资金融资结构越稳健。

（2）企业家经济预期（Exp）：借鉴苏冬蔚和曾海舰（2011）[180]、张西征（2014）[181]以及韩国高和胡文明（2016）[182]等人的做法，用企业家信心指数衡量企业家对未来经济形势的预期。这一指标值越大，企业家对未来经济走势的预期越乐观，取值为 1；反之，宏观经济景气度较低，企业家对经济形势的预判较悲观，取值为 0。在稳健性检验部分，本书经济周期指标作为替代性指标对企业家经济预期进行衡量。

（3）供应链关系（SCR）：借鉴 Banerjee et al.（2008）[140]、Van Horen（2004）[156]、鲍群和赵秀云（2016）[154]以及 Campello 和 Gao（2017）[69]等国内外学者的普遍做法，本书引入企业与其前五大供应商、前五大客户的交易占比之和对供应链关系进行衡量。具体而言，将企业前五大供应商采购占比与前五大客户销售占比之和与企业所属行业均值进行比较，当该比例大于行业均值时，定义为企业的供应链关系集中度高，取值为 1；反之，供应链关系集中度低，取值为 0。在稳健性检验部分，本书单独使用客户关系集中度指标进行了检验。

（4）偏离形态（Dev）：当营运资金融资结构实际值高于目

标值时，即企业 LCR 实际值高于目标值（LCR^*）时，称为“上偏”；当营运资金融资结构实际值低于目标值时，即企业实际 LCR 取值低于目标值（LCR^*）时，称为“下偏”。

（5）融资约束程度（FC）：本书借鉴吴娜（2013）[11] 以及孙兰兰和王竹泉（2016）[116] 的做法，采用 SA 指数对融资约束程度进行衡量。当 SA 指数小于行业中位数时，定义为高融资约束组，取值为 0；当 SA 指数大于行业中位数时，定义为低融资约束组，取值为 1。在稳健性检验部分，本书进一步选用股利分配率指标对企业的融资约束程度进行了衡量。

（6）财务柔性（FFlex）：借鉴曾爱民等（2011）[175] 以及 Baños—Caballero 等（2016）[106] 等人的做法，本书用财务杠杆水平衡量企业保有的财务柔性。当企业财务杠杆率低于所处行业均值时，定义为高财务柔性公司，取值为 1；当财务杠杆率高于所处行业均值时，定义为低财务柔性公司，取值为 0。在稳健性检验部分，本书进一步选取现金持有政策对企业的财务柔性水平进行衡量。

（7）货币政策（MP）：本书借鉴陆正飞等（2011）[146] 以及孙兰兰和王竹泉（2016）[116] 的做法，采用“M2 增长率 - GDP 增长率 - CPI 增长率”这个指标来衡量货币政策。经过计算，本书选取了数值较小的 2004 年、2005 年、2006 年、2007 年、2008 年和 2011 年作为货币政策紧缩的年份，MP 取值为 1，其他年份 MP 取值为 0。在稳健性检验部分，本书借鉴饶品贵和姜国华（2013）[183] 的做法，结合宏观经济形势和我国特有的货币政策定义虚拟变量 MP，将 2004 年、2005 年、2006 年、2007 年和 2010 年定义为货币政策紧缩年份，取值为 1，其他年度取值为 0，定义为货币政策宽松年。

（8）其他变量：根据前述企业营运资金融资结构的影响因

素分析，本书在模型中加入了如下变量：资金需求特征（CRC）、总资金报酬率（ROA）、现金周转期（CCC）、风险承担水平（Risk）、企业成长性（Growth）、企业规模（Size）、企业成立年限（Age）、企业性质（State）、年度哑变量（Year）、行业哑变量（Industry）。具体变量定义见表6-1。

表6-1　变量定义

变量性质	变量名称	符号	变量定义
被解释变量	目标营运资金融资结构	LCR*	采用固定效应模型估计得到
	营运资金融资结构	LCR	(流动资产-流动负债)/(流动资产-经营性流动负债)=[(长期负债+所有者权益)-非流动资产]/[流动资产-(应付账款+应付票据+预收账款+应付职工薪酬+应交税费+其他应付款+其他流动负债)]
解释变量	企业家经济预期	Exp	虚拟变量，企业家信心指数越大，则企业家对未来经济走势的预期越乐观，取值为1；反之，宏观经济景气度较低，企业家对经济形势的预判较悲观，取值为0
	供应链集中度	SCR	虚拟变量，当企业的客户集中度与供应商集中度之和大于企业所属行业均值时，定义为企业的供应链关系集中度高，取值为1；其他情况代表企业的供应链关系集中度低，取值为0。（其中，客户集中度=前五大客户销售占比；供应商集中度=前五大供应商采购占比）

续表

变量性质	变量名称	符号	变量定义
解释变量	偏离形态	Dev	虚拟变量，当营运资金融资结构实际值高于目标值时，即企业 LCR 实际值高于目标值 LCR*，称为"上偏"，取值为 1；当营运资金融资结构实际值低于目标值时，即企业实际 LCR 取值低于目标 LCR*，称为"下偏"，取值为 0
	融资约束程度	FC	虚拟变量，$SA = -0.737 \times Size + 0.043 \times Size^2 - 0.04 \times Age$，当 SA 指数大于行业中位数时，定义为低融资约束，取值为 1；当 SA 指数小于行业中位数时，定义为高融资约束，取值为 0
	财务柔性	FFlex	虚拟变量，企业财务杠杆 LEV = 负债总额/资产总额，当 LEV 低于所处行业均值时，定义为高财务柔性公司，取值为 1；当 LEV 高于所处行业均值时，定义为低财务柔性公司，取值为 0
	货币政策	MP	哑变量，MP 的取值用"M2 增长率—GDP 增长率—CPI 增长率"的大小（陆正飞等，2011）来衡量，我们选取数字较小的 2004 年、2005 年、2006 年、2007 年、2008 年和 2011 年作为货币政策紧缩年，MP = 1（紧缩的货币政策）；其他年份 MP = 0

续表

变量性质	变量名称	符号	变量定义
控制变量	资金需求特征	CRC	营运资金/总资金 =(流动资产 - 经营性流动负债)/(总资产 - 经营性负债)
	盈利能力	ROA	EBIT/总资金 = EBIT/(总资产 - 经营性负债)
	现金周转期	CCC	存货周转期 + 应收账款周转期 - 应付账款周转期 = 存货/营业收入 ×360 +(应收账款 + 应收票据)/营业收入 ×360 -(应付账款 + 应付票据)/营业收入 ×360
	风险承担水平	Risk	[息税折旧摊销前利润(EBITDA)/总资金]的第 t - 2 年至 t + 2 年(五年)滚动取值的标准差
	产权性质	State	虚拟变量,当企业实际控制人性质为国有时,定义为国有企业,取值为 1;反之,定义为非国有企业,取值为 0
	企业成长性	Growth	(本年销售收入 - 上年销售收入)/上年销售收入
	企业规模	Size	期末总资产的自然对数
	成立年限	Age	(1 + 成立年限)的自然对数
	年度哑变量	Year	2004 年 - 2015 年,设置 11 个年度虚拟变量
	行业哑变量	Industry	依照证监会 2001 上市公司行业分类指引,设置 10 个制造业二级虚拟变量

3. 模型设定

基于前几章对营运资金融资结构影响因素的分析研究，借鉴刘怀义（2010）[2]、王贞洁和王竹泉（2013）[97]等学者对营运资金融资结构的实证研究，经过 Wald 和 Hausman 检验，本书构建了目标营运资金融资结构预测的固定效应模型。具体形式如下：

$$
\begin{aligned}
LCR_{it}^{*} &= \alpha + \beta_1 CRC_{it} + \beta_2 ROA_{it} + \beta_3 CCC_{it} + \beta_4 Risk_{it} \\
&\quad + \beta_5 State_{it} + \beta_6 Growth_{it} + \beta_7 Size_{it} + \beta_8 Age_{it} \\
&\quad + \beta_9 Year + \beta_{10} Industry + \mu_i + \varepsilon_{it}
\end{aligned}
\qquad \text{（模型 6 - 1）}
$$

模型 6 - 1 是固定效应模型，其中，α 是常数项，μ_i反映不随时间变化的个体效应，ε_{it}是随机误差项。

根据前述理论分析，当实际营运资金融资结构与目标值发生偏离时，企业往往会在综合成本、风险的基础上，根据目标值对营运资金融资结构进行动态调整，而由于调整成本的限制，企业不能立刻调整到目标值，只能进行局部调整。借鉴企业融资结构的动态调整研究，本书选用局部调整模型来反映营运资金融资结构的动态调整过程，具体形式如下：

$$
LCR_{it} - LCR_{i,t-1} = \lambda(LCR_{it}^{*} - LCR_{i,t-1})
$$

（模型 6 - 2）

模型 6 - 2 中，LCR_{it}和 $LCR_{i,t-1}$分别表示企业在第 t 期和第 t - 1 期的实际营运资金融资结构，而 LCR_{it}^{*} 则表示企业在第 t 期的目标营运资金融资结构；系数 λ 反映了企业对营运资金融资结构的调整速度（λ 介于 0 和 1 之间，越接近 1 表示调整速度越快）。进一步地，将式（2）中的 LCR_{it}^{*} 用式（1）线性拟合公式进行替换，整理后得到如下模型：

$$
LCR_{it} = \rho + \gamma LCR_{i,t-1} + \delta_1 CRC_{it} + \delta_2 ROA_{it} + \delta_3 CCC_{it} + \delta_4 Risk_{it}
$$

$$+\delta_5 State_{it}+\delta_6 Growth_{it}+\delta_7 Size_{it}+\delta_8 Age_{it}+\delta_9 Year+\delta_{10} Industry+\sigma_i+\omega_{it} \quad (模型 6-3)$$

其中，$\rho=\lambda\alpha$，$\gamma=1-\lambda$，$\delta_i=\lambda\beta_i$，$\sigma_i=\lambda\mu_i$，$\omega_{it}=\lambda\varepsilon_{it}$。

模型6-3是双向固定效应模型，其中，σ_i反映不随时间变化的个体效应，ω_{it}是随机误差项；营运资金融资结构滞后一期（$LCR_{i,t-1}$）的系数γ则是对企业营运资金融资结构调整速度的直接度量，由于$\gamma=1-\lambda$，因此γ越小，表示调整速度越快。为了进一步检验企业营运资金融资结构的调整意愿（包括企业家经济预期（Exp）和供应链集中度（SCR））和调整能力（包括融资约束程度（FC）、财务柔性（FFlex）和货币政策（MP））对其调整速度的影响，本书在模型6-3的基础上，进一步加入营运资金融资结构滞后项（$LCR_{i,t-1}$）与调整意愿和调整能力相关指标的交乘项，具体形式如下：

$$LCR_{it}=\rho+\gamma_1 LCR_{i,t-1}+\gamma_2 Exp\times LCR_{i,t-1}+\gamma_3 Exp+\delta_1 CRC_{it}+\delta_2 ROA_{it}+\delta_3 CCC_{it}+\delta_4 Risk_{it}+\delta_5 State_{it}+\delta_6 Growth_{it}+\delta_7 Size_{it}+\delta_8 Age_{it}+\delta_9 Year+\delta_{10} Industry+\sigma_{it}+\omega_{it}$$

（模型6-4）

模型6-4中，Exp取值为1时，表示企业家经济预期乐观，对应的营运资金融资结构调整速度为$1-(\gamma_1+\gamma_2)$。根据假设H2a，企业家经济预期乐观时，营运资金融资结构调整速度慢。因此，本书预期γ_1显著为正，γ_2也显著为正。

$$LCR_{it}=\rho+\gamma_1 LCR_{i,t-1}+\gamma_2 SCR\times LCR_{i,t-1}+\gamma_3 SCR+\delta_1 CRC_{it}+\delta_2 ROA_{it}+\delta_3 CCC_{it}+\delta_4 Risk_{it}+\delta_5 State_{it}+\delta_6 Growth_{it}+\delta_7 Size_{it}+\delta_8 Age_{it}+\delta_9 Year+\delta_{10} Industry+\sigma_{it}+\omega_{it}$$

（模型6-5）

模型 6－5 中，SCR 取值为 1 时，表示供应链关系集中度高，对应的营运资金融资结构调整速度为 $1-(\gamma_1+\gamma_2)$。根据假设 H3a，供应链集中度越高，营运资金融资结构调整速度越快。因此，本书预期 γ_1 显著为正，而 γ_2 显著为负。

$$\begin{aligned} LCR_{it} = {} & \rho + \gamma_1 LCR_{i,t-1} + \gamma_2 FC \times LCR_{i,t-1} + \gamma_3 FC + \delta_1 CRC_{it} \\ & + \delta_2 ROA_{it} + \delta_3 CCC_{it} + \delta_4 Risk_{it} + \delta_5 State_{it} + \delta_6 Growth_{it} \\ & + \delta_7 Size_{it} + \delta_8 Age_{it} + \delta_9 Year + \delta_{10} Industry + \sigma_{it} + \omega_{it} \end{aligned}$$

（模型 6－6）

模型 6－6 中，FC 取值为 1 时，表示企业面临的融资约束程度较弱，对应的营运资金融资结构调整速度为 $1-(\gamma_1+\gamma_2)$。根据假设 H4，融资约束程度越弱，营运资金融资结构调整速度越快。因此，本书预期 γ_1 显著为正，而 γ_2 显著为负。

$$\begin{aligned} LCR_{it} = {} & \rho + \gamma_1 LCR_{i,t-1} + \gamma_2 FFlex \times LCR_{i,t-1} + \gamma_3 FFlex + \delta_1 CRC_{it} \\ & + \delta_2 ROA_{it} + \delta_3 CCC_{it} + \delta_4 Risk_{it} + \delta_5 State_{it} + \delta_6 Growth_{it} \\ & + \delta_7 Size_{it} + \delta_8 Age_{it} + \delta_9 Year + \delta_{10} Industry + \sigma_{it} + \omega_{it} \end{aligned}$$

（模型 6－7）

模型 6－7 中，FFlex 取值为 1 时，表示企业的财务柔性水平较高，对应的营运资金融资结构调整速度为 $1-(\gamma_1+\gamma_2)$。根据假设 H5，财务柔性越高，营运资金融资结构调整速度越快。因此，本书预期 γ_1 显著为正，而 γ_2 显著为负。

$$\begin{aligned} LCR_{it} = {} & \rho + \gamma_1 LCR_{i,t-1} + \gamma_2 MP \times LCR_{i,t-1} + \gamma_3 MP + \delta_1 CRC_{it} \\ & + \delta_2 ROA_{it} + \delta_3 CCC_{it} + \delta_4 Risk_{it} + \delta_5 State_{it} + \delta_6 Growth_{it} \\ & + \delta_7 Size_{it} + \delta_8 Age_{it} + \delta_9 Year + \delta_{10} Industry + \sigma_{it} + \omega_{it} \end{aligned}$$

（模型 6－8）

模型 6－8 中，MP 取值为 1 时，表示货币政策紧缩，对应的营运资金融资结构调整速度为 $1-(\gamma_1+\gamma_2)$。根据假设 H6，在货币政策紧缩期，营运资金融资结构调整速度较慢。因此，本书预期 γ_1 显著为正，γ_2 也显著为正。

6.2.2 营运资金融资结构动态调整实证结果分析

1. 营运资金融资结构动态调整检验

表 6-2 给出了模型 6-3 营运资金融资结构局部调整模型的回归结果。表 6-2 的第（1）列~第（3）列均以第 t 期营运资金融资结构（LCR）为被解释变量，解释变量中加入滞后一期营运资金融资结构（LCR_{t-1}），分别进行了混合 OLS 估计、随机效应和固定效应模型估计。从回归结果来看，在以上三种回归方法下，滞后一期的营运资金融资结构（LCR_{t-1}）均在 1% 的水平上显著为正，表明企业会对营运资金融资结构进行动态调整，假设 H1 得到验证。进一步地，经过 Wald 和 Hausman 检验显示，采用固定效应模型对营运资金融资结构动态调整问题进行实证研究要优于混合 OLS 估计和随机效应模型，因此本书在接下来的实证检验中主要采用固定效应模型进行回归分析。此外，固定效应模型回归结果显示，营运资金融资结构滞后项（LCR_{t-1}）的系数为 0.348，反映了样本期间内我国制造业上市公司营运资金融资结构平均调整速度为 0.652（=1-0.348）。

表 6-2　　营运资金融资结构动态调整

被解释变量：	（1）混合 OLS 估计	（2）随机效应模型	（3）固定效应模型
	LCR	LCR	LCR
LCR_{t-1}	0.600***	0.516***	0.348***
	(90.701)	(71.329)	(37.211)
CRC	0.531***	0.684***	1.045***
	(31.048)	(34.802)	(36.532)

续表

被解释变量：	(1) 混合 OLS 估计	(2) 随机效应模型	(3) 固定效应模型
	LCR	LCR	LCR
ROA	1.030 *** (22.204)	1.102 *** (22.425)	1.079 *** (18.394)
CCC	0.001 *** (15.852)	0.001 *** (17.156)	0.001 *** (16.506)
Risk	0.208 ** (2.519)	0.103 (1.136)	-0.0560 (-0.473)
Size	-0.037 *** (-14.914)	-0.042 *** (-13.744)	-0.037 *** (-5.368)
Age	0.00100 (0.128)	-0.0110 (-1.340)	0.069 ** (2.093)
Growth	-0.051 *** (-7.067)	-0.048 *** (-6.821)	-0.043 *** (-5.767)
State	0.010 * (1.910)	0.00600 (0.969)	0.00800 (0.653)
Constant	0.546 *** (9.807)	0.685 *** (9.606)	0.0550 (0.340)
Year	Yes	Yes	Yes
Industry	Yes	Yes	Yes
FE	No	No	Yes
R2_adj	0.8013	—	0.8567
Observations	7482	7482	7482

注：括号中为 t 值；*、**、*** 分别表示 10%、5%、1% 显著性水平。

2. 企业家经济预期、偏离形态与营运资金融资结构调整速度

表6-3列示了企业家经济预期对营运资金融资结构动态调整的影响效应，并区分了在不同的偏离形态（当 LCR 实际值高于目标值 LCR^* 时，列为“上偏组”；当企业实际 LCR 取值低于目标值

LCR^*的取值，列为“下偏组”）下，上述影响效应的差异。第（1）列呈现了对模型6－4固定效应模型进行估计的结果，其中，营运资金融资结构的滞后一期（LCR_{t-1}）在1%的水平上显著为正，其与企业家经济预期的交乘项（$Exp \times LCR_{t-1}$）也显著为正，表明企业家经济预期乐观时（Exp取值为1），对应的企业营运资金融资结构调整速度$1-(\gamma_1+\gamma_2)$的取值较小，调整速度较慢，假设H2a得到验证。此外，第（2）列和第（3）列给出了对不同企业家经济预期进行分组回归的对比结果。可以看到，企业家经济预期乐观组的营运资金融资结构调整速度为0.629（=1－0.371），而企业家经济预期悲观组的营运资金融资结构调整速度达到0.716（=1－0.284），也就是说，分组检验同样论证了假设H2a。

进一步地，第（4）列至第（7）列列示了不同偏离形态下，企业家经济预期对营运资金融资结构动态调整的影响效应。从第（4）列和第（5）列分组回归的结果可以看出，当企业家经济预期乐观时，“上偏组”（企业实际LCR取值高于目标值，营运资金融资结构过于稳健）的企业营运资金融资结构调整速度为0.800（=1－0.200），而“下偏组”（企业实际LCR取值低于目标值，营运资金融资结构过于激进）的企业营运资金融资结构调整速度为0.780（1－0.220），小于“上偏组”的调整速度。而从第（6）列和第（7）列分组回归的结果来看，当企业家经济预期较悲观时，“上偏组”和“下偏组”的营运资金融资结构调整速度普遍加快，其中，“下偏组”的企业营运资金融资结构的调整速度更是加快至0.892（=1－0.108），快于“上偏组”的营运资金融资结构的调整速度。也就是说，当企业家经济预期较为乐观时，“上偏”形态的企业营运资金融资结构调整速度更快；而当企业家经济预期较为悲观时，“下偏”形态的企业营运资金融资结构的调整速度更快。假设H2b得到验证。

表 6－3　企业家经济预期、偏离形态与营运资金融资结构动态调整

被解释变量：	全样本			经济预期乐观		经济预期悲观	
LCR	（1）全样本	（2）经济预期乐观	（3）经济预期悲观	（4）上偏组	（5）下偏组	（6）上偏组	（7）下偏组
LCR_{t-1}	0.338 ***	0.371 ***	0.284 ***	0.200 ***	0.220 ***	0.166 ***	0.108 ***
	(34.184)	(19.548)	(21.950)	(6.949)	(9.365)	(11.065)	(7.673)
$Exp * LCR_{t-1}$	0.031 ***						
	(2.943)						
Exp	0.0090						
	(0.712)						
CRC	1.041 ***	1.253 ***	1.085 ***	0.908 ***	1.562 ***	0.889 ***	1.339 ***
	(36.369)	(19.818)	(29.211)	(13.021)	(17.353)	(25.082)	(29.396)
ROA	1.079 ***	1.144 ***	1.003 ***	1.019 ***	1.636 ***	0.717 ***	0.779 ***
	(18.413)	(9.960)	(12.855)	(7.542)	(10.947)	(9.509)	(8.016)
CCC	0.001 ***	0.001 ***	0.001 ***	0.001 ***	0.001 ***	0.001 ***	0.001 ***
	(16.613)	(5.401)	(13.947)	(6.538)	(3.957)	(13.092)	(7.272)
Risk	−0.0530	−0.0640	0.235	−0.259	−0.0620	0.0150	0.0310
	(−0.453)	(−0.298)	(1.386)	(−0.984)	(−0.241)	(0.086)	(0.167)
Size	−0.036 ***	0.00700	−0.042 ***	−0.0280	0.0220	−0.041 ***	0.046 ***
	(−5.203)	(0.528)	(−4.180)	(−1.583)	(1.131)	(−3.904)	(3.881)

续表

被解释变量：LCR	全样本			经济预期乐观		经济预期悲观	
	（1）全样本	（2）经济预期乐观	（3）经济预期悲观	（4）上偏组	（5）下偏组	（6）上偏组	（7）下偏组
Age	0.080**	0.0300	0.0580	-0.135	0.0470	0.0130	0.0480
	(2.429)	(0.356)	(1.286)	(-1.225)	(0.443)	(0.273)	(1.004)
Growth	-0.042***	-0.044***	-0.045***	-0.082***	-0.0270	-0.034***	-0.025**
	(-5.717)	(-2.869)	(-4.956)	(-4.859)	(-1.322)	(-3.837)	(-2.470)
State	0.0085	0.0080	0.0160	-0.00900	0.0310	0.0270	0.0260
	(0.700)	(0.345)	(0.929)	(-0.328)	(1.067)	(1.503)	(1.416)
Constant	0.0380	-0.964***	0.190	0.958*	-1.705***	0.719***	-1.336***
	(0.229)	(-2.742)	(0.743)	(1.952)	(-3.971)	(2.811)	(-5.205)
Year	Yes	Yes	Yes	Yes	Yes	Yes	Yes
Industry	Yes	Yes	Yes	Yes	Yes	Yes	Yes
FE	Yes	Yes	Yes	Yes	Yes	Yes	Yes
R2_adj	0.8569	0.8584	0.8676	0.8374	0.9230	0.8656	0.9482
Observations	7482	2379	5103	1231	1148	2672	2431

注：括号中为 t 值；*、**、*** 分别表示 10、5%、1% 显著性水平。

3. 供应链集中度、偏离形态与营运资金融资结构调整速度

表 6-4 列示了企业供应链集中度对营运资金融资结构动态调整的影响效应，在此基础上，进一步区分了不同的偏离形态（当 LCR 实际值高于目标值 LCR^* 时，列为“上偏组”；当企业实际 LCR 取值低于目标值 LCR^* 的取值，列为“下偏组”）的影响。第（1）列呈现了对模型 6-5 进行固定效应估计的结果，其中，营运资金融资结构的滞后一期（LCR_{t-1}）在 1% 的水平上显著为正，而其与供应链集中度的交乘项（$SCR \times LCR_{t-1}$）在 5% 的水平上显著为负，表明供应链集中度较高时（SCR 取值为 1），企业营运资金融资结构调整速度较快，假设 H3a 得到验证。此外，第（2）列和第（3）列给出了对供应链集中度不同的企业进行分组回归的对比结果。可以看到，高供应链集中度组的营运资金融资结构调整速度为 0.701（=1-0.299），而低供应链集中度组的营运资金融资结构调整速度仅为 0.628（=1-0.372），同样论证了假设 H3a。

进一步地，第（4）列至第（7）列列示了企业营运资金融资结构的不同偏离形态下，供应链集中度对营运资金融资结构动态调整的影响效应的差异。从第（4）列和第（5）列的对比结果可以看出，当供应链集中度较高时，“上偏组”（企业实际 LCR 取值高于目标值，营运资金融资结构过于稳健）的企业营运资金融资结构调整速度为 0.800（=1-0.200），而“下偏组”（企业实际 LCR 取值低于目标值，营运资金融资结构过于激进）的企业营运资金融资结构调整速度为 0.872（1-0.128），快于“上偏组”的调整速度。而从第（6）列和第（7）列的结果对比来看，当供应链关系集中度较低时，“上偏组”和“下偏组”的营运资金融资结构调整速度普遍减慢，其中，“上偏组”的企业营运资金融资结构的调整速度为 0.768（=1-0.232），稍快于

表 6-4　　供应链集中度、偏离形态与营运资金融资结构动态调整

被解释变量：LCR	全样本			供应链集中度高		供应链集中度低	
	（1）全样本	（2）供应链集中度高	（3）供应链集中度低	（4）上偏组	（5）下偏组	（6）上偏组	（7）下偏组
LCR_{t-1}	0.360*** (32.900)	0.299*** (20.138)	0.372*** (27.881)	0.200*** (10.712)	0.128*** (7.721)	0.232*** (13.605)	0.249*** (15.421)
$SCR*LCR_{t-1}$	-0.026** (-2.200)						
SCR	0.010 (1.367)						
CRC	1.046*** (36.559)	1.086*** (22.539)	1.055*** (26.980)	0.855*** (18.556)	1.337*** (19.827)	0.889*** (22.421)	1.384*** (24.915)
ROA	1.079*** (18.392)	1.001*** (10.688)	1.131*** (14.124)	0.833*** (9.180)	1.292*** (10.414)	0.751*** (9.143)	1.634*** (14.970)
CCC	0.001*** (16.518)	0.001*** (9.311)	0.001*** (13.699)	0.001*** (8.418)	0.001*** (9.821)	0.001*** (11.938)	0.001*** (9.006)
Risk	-0.0620 (-0.531)	0.218 (1.126)	-0.219 (-1.393)	0.307 (1.375)	-0.141 (-0.623)	-0.190 (-1.194)	-0.517*** (-2.589)
Size	-0.037*** (-5.222)	-0.056*** (-4.448)	-0.021** (-2.302)	-0.034*** (-2.642)	-0.037** (-2.062)	-0.020* (-1.891)	-0.0120 (-1.000)

续表

被解释变量：LCR	全样本			供应链集中度高		供应链集中度低	
	（1）全样本	（2）供应链集中度高	（3）供应链集中度低	（4）上偏组	（5）下偏组	（6）上偏组	（7）下偏组
Age	0.068 ** （2.070）	0.0410 （0.685）	0.0500 （1.171）	-0.0610 （-0.999）	-0.0770 （-1.024）	-0.0600 （-1.272）	-0.0210 （-0.393）
Growth	-0.044 *** （-5.865）	-0.032 *** （-2.911）	-0.057 *** （-5.147）	-0.059 *** （-5.303）	-0.063 *** （-4.625）	-0.057 *** （-5.061）	-0.051 *** （-3.583）
State	0.00800 （0.663）	0.0220 （0.939）	-0.00100 （-0.094）	0.0190 （0.811）	0.0470 （1.574）	-0.00300 （-0.212）	-0.00800 （-0.440）
Constant	0.0380 （0.233）	0.479 （1.500）	-0.284 （-1.219）	0.618 ** （1.988）	0.00200 （0.006）	0.0340 （0.135）	-0.514 * （-1.888）
Year	Yes	Yes	Yes	Yes	Yes	Yes	Yes
Industry	Yes	Yes	Yes	Yes	Yes	Yes	Yes
FE	Yes	Yes	Yes	Yes	Yes	Yes	Yes
R2_adj	0.8568	0.8470	0.8793	0.8349	0.9263	0.8754	0.9325
Observations	7482	3187	4295	1689	1498	2214	2081

注：括号中为 t 值；*、**、*** 分别表示 10%、5%、1% 显著性水平。

“下偏组”的营运资金融资结构的调整速度0.751（1－0.249）。也就是说，当企业供应链关系集中度较高时，“下偏”形态的企业出于风险控制的目的，营运资金融资结构调整速度较快；而当企业供应链关系集中度较低时，“上偏”形态的企业营运资金融资结构调整速度相对更快。假设H3b得到验证。

4. 融资约束与营运资金融资结构调整速度

表6－5列示了融资约束程度对企业营运资金融资结构动态调整速度的影响。第（1）列呈现了对模型6－6进行固定效应估计的结果，其中，营运资金融资结构的滞后一期（LCR_{t-1}）在1%的水平上显著为正，而其与融资约束哑变量的交乘项（$FC \times LCR_{t-1}$）在5%的水平上显著为负。这表明，当企业面临的融资约束程度较弱时（FC取值为1），企业对营运资金融资结构的调整能力较强，因此，营运资金融资结构调整速度较快，假设H4得到验证。此外，第（2）列和第（3）列进一步给出了对不同融资约束程度的企业进行分组回归的对比结果。可以看到，高融资约束组的营运资金融资结构调整速度为0.673（＝1－0.327），而低融资约束组的营运资金融资结构调整速度有了一定程度的提高，达到0.693（＝1－0.307），也就是说，分组检验同样论证了假设H4。

表6－5　融资约束与营运资金融资结构动态调整

被解释变量：LCR	（1）	（2）	（3）
	全样本	高融资约束组	低融资约束组
LCR_{t-1}	0.369***	0.327***	0.307***
	(29.424)	(23.099)	(23.238)
$FC \times LCR_{t-1}$	－0.035**		
	(－2.549)		

续表

被解释变量：LCR	(1)	(2)	(3)
	全样本	高融资约束组	低融资约束组
FC	0.030*** (3.078)		
CRC	1.039*** (36.243)	1.048*** (27.583)	1.205*** (24.078)
ROA	1.082*** (18.443)	0.827*** (11.285)	1.375*** (13.974)
CCC	0.001*** (16.467)	0.001*** (8.986)	0.001*** (12.104)
Risk	-0.0480 (-0.405)	0.204 (1.338)	-0.167 (-0.852)
Size	-0.045*** (-5.836)	-0.114*** (-8.209)	-0.030** (-2.450)
Age	0.070** (2.126)	0.0410 (0.926)	0.0650 (1.053)
Growth	-0.043*** (-5.847)	-0.040*** (-3.772)	-0.051*** (-4.279)
State	0.00800 (0.662)	0.00100 (0.064)	0.00700 (0.394)
Constant	0.196 (1.119)	1.995*** (6.448)	-0.270 (-0.817)
Year	Yes	Yes	Yes
Industry	Yes	Yes	Yes
FE	Yes	Yes	Yes
R2_adj	0.8570	0.8795	0.8423
Observations	7482	3585	3897

注：括号中为t值；*、**、***分别表示10%、5%、1%显著性水平。

5. 财务柔性与营运资金融资结构调整速度

表 6 – 6 列示了企业的财务柔性（财务灵活性）水平对企业营运资金融资结构动态调整速度的影响。第（1）列是对模型 6 – 7 进行固定效应估计的回归结果，可以看到，营运资金融资结构的滞后一期（LCR_{t-1}）在 1% 的水平上显著为正，而其与财务柔性哑变量的交乘项（$FFlex \times LCR_{t-1}$）在 1% 的水平上显著为负。这表明，当企业的财务灵活性较高时（FFlex 取值为 1），企业对营运资金融资结构的调整能力较强，营运资金融资结构调整速度（$1-(\gamma_1+\gamma_2)$）相对较快；而财务灵活性较低的企业对应的营运资金融资结构的调整速度为 $1-\gamma_1$，与财务灵活性较高的企业相比，营运资金融资结构的调整速度有所降低。假设 H5 得到验证。此外，第（2）列和第（3）列进一步给出了对不同财务柔性的企业进行分组回归的对比结果。可以看到，财务柔性较大的企业的营运资金融资结构调整速度为 0.756（=1 – 0.244），而财务柔性水平较低的企业的营运资金融资结构调整速度相对较小，为 0.701（=1 – 299）。分组对比检验同样论证了假设 H5。

表 6 – 6　　财务柔性与营运资金融资结构动态调整

被解释变量：LCR	(1)	(2)	(3)
	全样本	财务柔性大	财务柔性小
LCR_{t-1}	0.343***	0.244***	0.299***
	(34.486)	(18.787)	(23.781)
$FFlex \times LCR_{t-1}$	−0.131***		
	(−9.616)		
FFlex	0.221***		
	(27.663)		

续表

被解释变量：LCR	(1)	(2)	(3)
	全样本	财务柔性大	财务柔性小
CRC	1.069*** (39.673)	0.943*** (31.214)	1.339*** (28.019)
ROA	0.837*** (15.019)	0.504*** (7.641)	1.265*** (14.390)
CCC	0.001*** (14.738)	0.001*** (8.511)	0.001*** (9.309)
Risk	-0.0900 (-0.816)	0.0790 (0.556)	-0.0170 (-0.102)
Size	-0.012* (-1.845)	-0.00600 (-0.654)	0.0130 (1.256)
Age	0.063** (2.052)	0.126*** (7.194)	0.0150 (0.612)
Growth	-0.030*** (-4.275)	-0.042*** (-4.642)	-0.033*** (-3.259)
State	0.00400 (0.395)	0.0270 (1.605)	-0.0240 (-1.564)
Constant	-0.574*** (-3.741)	-0.399** (-2.403)	-1.083*** (-5.910)
Year	Yes	Yes	Yes
Industry	Yes	Yes	Yes
FE	Yes	Yes	Yes
R2_adj	0.8737	0.8248	0.8331
Observations	7482	3788	3694

注：括号中为 t 值；*、**、*** 分别表示 10%、5%、1% 显著性水平。

6. 货币政策与营运资金融资结构调整速度

表 6-7 列示了不同货币政策下企业营运资金融资结构动态调整速度的差异。第（1）列是对模型 6-8 进行固定效应估计

的回归结果。可以看到，营运资金融资结构的滞后一期（LCR_{t-1}）在1%的水平上显著为正，而其与货币政策虚拟变量的交乘项（$MP \times LCR_{t-1}$）在5%的水平上显著为正。这表明，在货币紧缩时期（MP取值为1），企业的外部融资获得能力较弱，对应的企业营运资金融资结构的调整能力也相对较弱，营运资金融资结构调整速度（$1-(\gamma_1+\gamma_2)$）相对较慢。与之相对比，在货币政策宽松时期（MP取值为0），外部融资的可获得性较强，对应的企业对营运资金融资结构的调整能力也较强，进而导致营运资金融资结构的调整速度（$1-\gamma_1$）有所提高。假设H6得到验证。此外，第（2）列和第（3）列进一步给出了不同货币政策的分组回归的对比结果。可以看到，货币政策紧缩时期企业的营运资金融资结构调整速度为0.726（=1-0.274），而在货币政策宽松期，企业营运资金融资结构调整速度稍微有所提升，为0.731（=1-269）。分组对比检验同样论证了假设H6。

表6-7　　货币政策与营运资金融资结构动态调整

被解释变量：LCR	(1)	(2)	(3)
	全样本	货币政策紧缩	货币政策宽松
LCR_{t-1}	0.340***	0.274***	0.269***
	(33.778)	(14.679)	(21.373)
$MP \times LCR_{t-1}$	0.021**		
	(1.977)		
MP	-0.059***		
	(-4.128)		
CRC	1.043***	1.367***	1.057***
	(36.450)	(19.841)	(29.577)
ROA	1.080***	1.101***	0.808***
	(18.419)	(9.468)	(10.336)

续表

被解释变量：LCR	(1)	(2)	(3)
	全样本	货币政策紧缩	货币政策宽松
CCC	0.001*** (16.540)	0.001*** (6.303)	0.001*** (14.644)
Risk	-0.0580 (-0.494)	-0.247 (-0.991)	0.0110 (0.069)
Size	-0.037*** (-5.312)	-0.0210 (-1.394)	-0.033*** (-3.415)
Age	0.075** (2.277)	0.0460 (1.215)	0.049** (2.089)
Growth	-0.043*** (-5.724)	-0.045*** (-2.643)	-0.044*** (-5.290)
State	0.00900 (0.721)	0.00500 (0.176)	-0.00400 (-0.217)
Constant	0.0940 (0.571)	-0.331 (-1.197)	0.159 (0.876)
Year	Yes	Yes	Yes
Industry	Yes	Yes	Yes
FE	Yes	Yes	Yes
R2_adj	0.8568	0.8483	0.8664
Observations	7482	2275	5207

注：括号中为 t 值；*、**、*** 分别表示 10%、5%、1% 显著性水平。

7. 进一步讨论

如前所述，企业营运资金融资结构决策是对不同来源和期限的资金融通方式的风险和成本进行权衡的动态过程，存在目标营运资金融资结构使得企业价值达到最大化。因此，当企业的实际营运资金融资结构偏离其目标值时，企业价值就会受到损害。参考 Campbell et al. (2015)[184]、王竹泉和孙兰兰 (2016)[157] 等学者采用的两阶段方法，本书首先对模型 6－1 营运资金融资结构的线性回归模型进行估计，将得到的拟合值（LCR^*）作为目标营运资金融资结构的衡量指标；在此基础上，进一步分析实际营运资金融资结构（LCR_{it}）与目标营运资金融资结构拟合值（LCR^*）的偏离程度对企业价值的影响。

$$Tobin's\ q_{it} = \alpha + \beta_1 Deviation_{it} + \beta_2 Growth_{it} + \beta_3 Size_{it} + \beta_4 Age_{it} + \beta_5 CF_{it} + \beta_6 Top1_{it} + \beta_7 Indd_{it} + \beta_8 Dual_{it} + \varepsilon_{it}$$

（模型 6－9）

模型 6－9 用于检验实际与目标营运资金融资结构的偏离程度对企业价值的影响。其中，被解释变量为托宾 Q 值（Tobin's q），解释变量为实际与目标营运资金融资结构拟合值的偏离程度（Deviation）。在控制变量的选择上，本书参考前人的研究，控制了企业成长性（Growth）、规模（Size）、企业成立年限（Age）、经营活动产生的现金流量净额（CF），以及公司治理层的第一大股东持股比例（Top1）、独立董事比例（Indd）、两权分离（Dual）等相关变量。基于前述分别，本书预期，企业实际营运资金融资结构与其目标拟合值的偏离程度（Deviation）与企业价值（Tobin's q）负相关。即企业实际营运资金融资结构与目标值的偏离程度越大，对企业价值的损害越大。

表 6－8 列示了对式（5）的混合 OLS 和 2SLS（两阶段最小二乘法）的估计结果，反映了实际营运资金融资结构与目标值的偏离程度对企业价值的影响。在 2SLS 估计方法下，本书用企业实际营运资金融资结构与其目标拟合值的偏离程度（Deviation）的滞后一期（L1. Deviation）和滞后两期（L2. Deviation）作为工具变量。根据第（3）和第（4）列 2SLS 估计的结果，Sargan 检验的 p 值分别为 0.4172 和 0.2707，均超过 5% 的临界

值，表明所选取的工具变量不存在过度识别问题，工具变量有效。表 6－8 第（1）和第（3）列只对成长性（Growth）进行了控制；第（2）和第（4）列则进一步加入了其他控制变量。可以看到，企业实际营运资金融资结构与最优值的偏离程度（Deviation）与被解释变量企业价值（Tobin's q）均显著负相关，表明偏离程度越大，企业价值越低。这一结果也进一步论证了企业存在目标营运资金融资结构的结论，当偏离这一目标值时，会对企业价值造成损害。

表 6－8　实际与目标营运资金融资结构的偏离程度与公司价值

被解释变量：Tobin's q	混合 OLS 估计		2SLS 估计	
	(1)	(2)	(3)	(4)
Deviation	-0.154* (-1.690)	-0.189** (-2.227)	-0.732*** (-3.744)	-0.580*** (-3.258)
Growth	0.503*** (10.341)	0.618*** (13.637)	0.526*** (7.346)	0.635*** (9.745)
Size		-0.550*** (-35.746)		-0.642*** (-30.650)
Age		0.586*** (14.500)		0.383*** (5.850)
CF		3.720*** (15.813)		3.847*** (11.883)
Top1		0.00100 (0.888)		0.007*** (4.543)
Indd		2.570*** (8.584)		2.278*** (5.596)
Dual		0.276*** (7.268)		0.215*** (4.144)
Constant	2.425*** (86.216)	11.652*** (34.781)	2.638*** (51.399)	14.322*** (30.527)

续表

被解释变量：Tobin's q	混合 OLS 估计		2SLS 估计	
	(1)	(2)	(3)	(4)
R2_adj	0.012	0.169	0.013	0.203
Sargan (p-value)	—	—	0.4172	0.2707
Observations	9273	9142	4937	4863

注：括号中为 t 值；*、**、*** 分别表示 10%、5%、1% 显著性水平。

8. 稳健性检验

（1）内生性问题的处理。由于模型 6-3 中加入了被解释变量的滞后一期，会导致内生性问题的存在。为了克服潜在的内生性，本书进一步采用系统 GMM 方法对模型 6-3 进行稳健性检验。系统 GMM 估计的回归结果在表 6-10 中进行了列示，第（1）和第（2）列的被解释变量分别为 LCR 和作为稳健性检验的 LCR2（"营运资金融资结构（LCR2）=营运资本/[流动资产-（应付账款+应付票据）]"）。从回归结果来看，被解释变量为 LCR 和 LCR2 的 Sargan 检验的 P 值分别为 0.160 和 0.051，均大于 5% 的临界值，表明不存在过度识别问题，模型设定合理。从回归结果来看，在系统 GMM 估计下，营运资金融资结构的滞后一期（LCR_{t-1} 和 $LCR2_{t-1}$）仍在 1% 的水平上显著为正，而且系数与固定效应模型估计的系数差异不大，依然支持假设 H1 的结论。

表 6-9　营运资金融资结构动态调整（内生性问题的处理）

被解释变量：	系统 GMM 估计	
	(1) LCR	(2) LCR2
LCR_{t-1}	0.403*** (9.170)	

续表

被解释变量：	系统 GMM 估计	
	（1）LCR	（2）LCR2
$LCR2_{t-1}$		0.386*** （6.692）
CRC	1.093*** （2.636）	1.201** （2.213）
ROA	2.216** （2.300）	2.995** （2.400）
CCC	0.001* （1.781）	0.003*** （2.790）
Risk	2.121 （1.007）	2.988 （1.061）
Size	−0.112 （−1.196）	−0.252** （−2.099）
Age	0.221 （0.880）	0.389 （1.210）
Growth	0.0250 （0.276）	0.0310 （0.250）
State	−0.179 （−1.450）	−0.101 （−0.627）
Constant	1.685 （0.735）	3.932 （1.326）
Year	Yes	Yes
Industry	Yes	Yes
FE	No	No
Sargan（p−value）	0.160	0.051
Observations	7482	7482

注：括号中为 t 值；*、**、*** 分别表示 10%、5%、1% 显著性水平。

（2）营运资金融资结构衡量方式的稳健性检验。在对营运资金融资结构的衡量方面，由于企业营业活动中流动负债的最主要来源为对供应商的资金占用（应付账款和应付票据），因此，借鉴 Etiennot 等（2012）的做法，在计算营运资金（营业活动营运资金净需求）时，流动资产只减去应付账款和应付票据，即“营运资金 = 流动资产 - （应付账款 + 应付票据）”，在此基础上进一步得到营运资金融资结构的计量，即“营运资金融资结构（LCR2） = 营运资本/［流动资产 - （应付账款 + 应付票据）］”。在此基础上，本书对营运资金融资结构的动态调整进行了估计，结果如表 6 - 10 所示。从表中可以看到，营运资金融资结构的滞后一期（LCR_{t-1}）仍在 1% 的水平上显著为正，依然支持假设 H1 的结论。

表 6 - 10　　营运资金融资结构动态调整（稳健性检验）

被解释变量：	（1）混合 OLS 估计	（2）随机效应模型	（3）固定效应模型
	LCR2	LCR2	LCR2
$LCR2_{t-1}$	0. 682 ***	0. 662 ***	0. 380 ***
	(89. 408)	(84. 460)	(32. 743)
CRC	0. 510 ***	0. 543 ***	1. 089 ***
	(26. 493)	(27. 200)	(30. 602)
ROA	0. 963 ***	0. 990 ***	1. 079 ***
	(18. 825)	(18. 969)	(15. 461)
CCC	0. 001 ***	0. 001 ***	0. 001 ***
	(13. 579)	(13. 884)	(13. 906)
Risk	0. 194 **	0. 169 *	-0. 165
	(2. 127)	(1. 801)	(-1. 181)
Size	-0. 030 ***	-0. 032 ***	-0. 030 ***
	(-11. 092)	(-11. 113)	(-3. 544)

续表

被解释变量：	(1) 混合 OLS 估计	(2) 随机效应模型	(3) 固定效应模型
	LCR2	LCR2	LCR2
Age	0.0110 (1.516)	0.00900 (1.091)	0.0330 (0.729)
Growth	-0.050 *** (-6.117)	-0.050 *** (-6.058)	-0.042 *** (-4.610)
State	0.014 ** (2.320)	0.013 ** (2.137)	0.00700 (0.493)
Constant	0.308 *** (5.034)	0.430 *** (6.429)	0.0220 (0.101)
Year	Yes	Yes	Yes
Industry	Yes	Yes	Yes
FE	No	No	Yes
R2_adj	0.7910	—	0.8287
Observations	7482	7482	7482

注：括号中为 t 值；*、**、*** 分别表示 10%、5%、1% 显著性水平。

（3）企业家经济预期、偏离形态与营运资金融资结构调整速度的稳健性检验。本书在第五章中提到，经济周期是指经济在运行过程中交替出现的繁荣和衰退的更迭现象，呈现的是一种循环往复的状态。在经济繁荣与衰退的不同周期下，社会总需求、国民总产出、工业生产指数、就业（失业）率、通货膨胀、消费增长、投资热度、企业融资结构等都会呈现不同的变化趋势。在经济上行时期，社会总需求和消费者购买力相对旺盛，企业面临着相对有利的产品销售条件，企业家对企业发展的前景普遍看好，表现为企业家经济预期乐观；而在经济下行期，社会总需求和客户购买力普遍下降，企业面临相对不利的市场条件，企业家对经济预期的信心程度普遍较低。也就是说，企业家对经济的乐观或悲观预期在很大程度上与经济周期的繁荣或衰退呈同步趋势。鉴于此，本书进一步采用经济周期（BC）对企业家经济预期进行替换，对企业家经济预期、偏离形态与营运资金融资结构调整速度进行稳健性检验。借鉴前述分析，本书将 GDP 增长速度较快的 2003～2007 年定义为经济上行期，BC 取值为 1；将 GDP 增长速度较慢的 2008～2015 年定义为经济下行期，BC 取值为 0。表 6－11 列示了经济周期、偏离形态对营运资金融资结构动态调整速度的影响。从回归结果来看，在经济下行期，企业营运资金融资结构调整速度快于经济上行期，与前述回归结果一致，假设 H2a 得到进一步验证。在经济上行期，"上偏"形态的企业营运资金融资结构调整速度更快；而在经济下行期，"下偏"形态的企业营运资金融资结构的调整速度更快。与前述回归结果一致，假设 H2b 得到进一步验证。

（4）供应链集中度、偏离形态与营运资金融资结构调整速度的稳健性检验。从目前整体市场来看，不少企业尤其是制造业企业面临着供过于求的"买方市场"状况。在买方市场条件下，客户通常有着较强的议价能力，处于相对强势地位，而供应商企业则往往面临更为激烈的市场竞争，一旦大客户流失将很难在短时间内找到购买力较强的大客户或者开辟新的营销渠道，进而造成销售收入的大幅降低，甚至影响企业正常的生产经营（孙兰兰和王竹泉，2016）[157]。从这一角度来看，在供应链关系中，客户关系对企业日常经营和风险水平的影响更大，进而对企业营运资金融资结构的调整也有着较大的影响。因此，为了保证供应链集中度与营运资金融资结构动态调整关系研究结论的稳健性，本书进一步检验了在供应链关系中影响力比较大的客户集中度要

表 6-11　　经济周期、偏离形态与营运资金融资结构动态调整（稳健性检验）

被解释变量：LCR	全样本			经济上行期		经济下行期	
	（1）全样本	（2）经济上行期	（3）经济下行期	（4）上偏组	（5）下偏组	（6）上偏组	（7）下偏组
LCR_{t-1}	0.342*** (34.858)	0.326*** (14.200)	0.287*** (24.231)	0.174*** (5.116)	0.189*** (6.638)	0.155*** (11.249)	0.128*** (9.954)
$BC*LCR_{t-1}$	0.024** (2.072)						
BC	-0.026* (-1.926)						
CRC	1.045*** (36.551)	1.340*** (17.217)	1.063*** (32.005)	0.892*** (10.683)	1.649*** (14.423)	0.871*** (27.627)	1.267*** (31.206)
ROA	1.078*** (18.381)	1.058*** (7.545)	0.995*** (14.202)	1.018*** (6.451)	1.580*** (8.607)	0.723*** (10.656)	0.831*** (9.618)
CCC	0.001*** (16.529)	0.001*** (4.244)	0.001*** (14.358)	0.001*** (4.706)	0.001*** (3.340)	0.001*** (13.671)	0.001*** (8.568)
Risk	-0.0560 (-0.473)	-0.0500 (-0.186)	0.170 (1.102)	0.153 (0.450)	-0.0760 (-0.253)	0.0130 (0.087)	-0.156 (-0.923)
Size	-0.037*** (-5.249)	-0.0220 (-1.190)	-0.035*** (-3.843)	-0.044* (-1.941)	-0.0270 (-0.958)	-0.044*** (-4.548)	0.040*** (3.845)

续表

被解释变量：LCR	全样本			经济上行期		经济下行期	
	(1) 全样本	(2) 经济上行期	(3) 经济下行期	(4) 上偏组	(5) 下偏组	(6) 上偏组	(7) 下偏组
Age	0.075**	−0.0210	0.0450	−0.170	−0.0140	0.00500	0.0510
	(2.266)	(−0.189)	(1.129)	(−1.171)	(−0.226)	(0.118)	(1.200)
Growth	−0.043***	−0.035*	−0.049***	−0.090***	0.00100	−0.037***	−0.027***
	(−5.771)	(−1.863)	(−5.831)	(−4.562)	(0.038)	(−4.457)	(−2.858)
Constant	0.0560	−0.107	0.0370	1.207**	−0.454	0.884***	−1.250***
	(0.341)	(−0.228)	(0.172)	(2.003)	(−0.892)	(3.512)	(−5.117)
Year	Yes	Yes	Yes	Yes	Yes	Yes	Yes
Industry	Yes	Yes	Yes	Yes	Yes	Yes	Yes
FE	Yes	Yes	Yes	Yes	Yes	Yes	Yes
R2_adj	7482	1734	5748	898	836	3005	2743
Observations	0.8568	0.8428	0.8711	0.8091	0.9137	0.8686	0.9484

注：括号中为t值；*、**、*** 分别表示10%、5%、1%显著性水平。

素对企业营运资金融资结构动态调整的影响。客户集中度（CR）用企业前五大客户销售占比衡量，当 CR 大于行业均值时，取值为 1，表示客户集中度高；当 CR 小于行业均值时，取值为 0，表示客户集中度低。表 6－12 列示了客户集中度、偏离形态对营运资金融资结构动态调整速度的影响。从回归结果来看，当客户集中度较高时，企业营运资金融资结构调整速度较快，与前述回归结果一致，假设 H3a 得到进一步验证。当客户关系集中度较高时，"下偏组"（营运资金融资结构实际值低于目标值）的企业营运资金融资结构调整速度较快；而当客户关系集中度较低时，"上偏组"（营运资金融资结构实际值高于目标值）的企业营运资金融资结构调整速度更快。与前述回归结果一致，假设 H3b 得到进一步验证。

（5）融资约束与营运资金融资结构调整速度的稳健性检验。除了前述采用 SA 指数衡量融资约束程度，不少学者还提出使用股利分派率对企业面临的融资约束水平进行衡量。一般来说，企业的股利分派率较高，则意味着企业内部留存收益等资本积累较为充裕，而且外部融资来源的可获得性较强、融资成本较低，即企业面临的融资约束程度较低。鉴于此，本书借鉴连玉君等（2010）[170]的做法，采用股利分派率作为融资约束的稳健性衡量指标，用 FC2 表示。当 FC2 大于行业中位数时，定义为低融资约束，取值为 1；当 FC2 小于行业中位数时，定义为高融资约束，取值为 0。表 6－13 列示了用股利分派率衡量的融资约束程度与营运资金融资结构动态调整速度之间的关系。从回归结果来看，企业的股利分派率越高，面临的融资约束程度越低，营运资金融资结构的调整速度越快。与前述回归结果一致，假设 H4 得到进一步验证。

表 6-12　客户集中度、偏离形态与营运资金融资结构动态调整（稳健性检验）

被解释变量：LCR	全样本			客户集中度高		客户集中度低	
	（1）全样本	（2）客户集中度高	（3）客户集中度低	（4）上偏组	（5）下偏组	（6）上偏组	（7）下偏组
LCR_{t-1}	0.367*** (34.087)	0.263*** (16.625)	0.353*** (27.557)	0.179*** (9.578)	0.137*** (7.801)	0.226*** (13.851)	0.236*** (16.244)
$CR * LCR_{t-1}$	-0.044*** (-3.507)						
CR	0.017** (2.223)						
CRC	1.046*** (36.616)	1.090*** (23.217)	1.067*** (26.901)	0.861*** (18.691)	1.319*** (20.965)	0.900*** (22.584)	1.340*** (24.939)
ROA	1.073*** (18.307)	0.726*** (7.648)	1.271*** (15.988)	0.722*** (7.852)	1.286*** (10.132)	0.910*** (11.305)	1.519*** (14.970)
CCC	0.001*** (16.403)	0.001*** (8.638)	0.001*** (14.352)	0.001*** (9.117)	0.001*** (10.207)	0.001*** (14.004)	0.001*** (9.651)
Risk	-0.0550 (-0.465)	0.436** (2.152)	-0.235 (-1.506)	0.529** (2.295)	-0.0660 (-0.279)	-0.265 (-1.643)	-0.523*** (-2.842)
Size	-0.037*** (-5.311)	-0.064*** (-4.987)	-0.021** (-2.255)	-0.043*** (-3.285)	-0.091*** (-5.330)	-0.021** (-2.070)	-0.00900 (-0.769)

续表

被解释变量：LCR	全样本			客户集中度高		客户集中度低	
	(1) 全样本	(2) 客户集中度高	(3) 客户集中度低	(4) 上偏组	(5) 下偏组	(6) 上偏组	(7) 下偏组
Age	0.068**	0.0520	0.0720	-0.0460	-0.0190	-0.0370	0
	(2.069)	(0.929)	(1.637)	(-0.794)	(-0.259)	(-0.774)	(-0.003)
Growth	-0.044***	-0.018*	-0.066***	-0.030***	-0.046***	-0.056***	-0.037***
	(-5.864)	(-1.667)	(-5.952)	(-2.784)	(-3.532)	(-4.963)	(-2.782)
Constant	0.0380	0.624**	-0.171	0.740**	0.885**	0.208	-0.411
	(0.238)	(2.011)	(-0.693)	(2.453)	(2.374)	(0.767)	(-1.549)
Year	Yes	Yes	Yes	Yes	Yes	Yes	Yes
Industry	Yes	Yes	Yes	Yes	Yes	Yes	Yes
FE	Yes	Yes	Yes	Yes	Yes	Yes	Yes
R2_adj	0.8570	0.8463	0.8754	0.8401	0.9284	0.8698	0.9353
Observations	7482	2923	4559	1584	1339	2319	2240

注：括号中为t值；*、**、*** 分别表示10%、5%、1%显著性水平。

表 6-13 融资约束与营运资金融资结构动态调整（稳健性检验）

被解释变量：LCR	(1)	(2)	(3)
	全样本	高融资约束组	低融资约束组
LCR_{t-1}	0.351*** (34.959)	0.305*** (21.739)	0.249*** (20.626)
$FC2 * LCR_{t-1}$	-0.019* (-1.708)		
FC2	0.033*** (5.216)		
CRC	1.040*** (36.363)	1.167*** (25.060)	0.830*** (25.736)
ROA	1.041*** (17.650)	1.247*** (14.098)	0.225*** (2.800)
CCC	0.001*** (16.355)	0.001*** (9.610)	0.001*** (7.260)
Risk	-0.0220 (-0.190)	-0.0210 (-0.121)	0.242 (1.592)
Size	-0.037*** (-5.363)	-0.032*** (-2.922)	0.037*** (4.418)
Age	0.073** (2.227)	0.0440 (0.675)	0.098*** (2.949)
Growth	-0.042*** (-5.644)	-0.048*** (-4.195)	0.00700 (0.773)
State	0.00700 (0.611)	-0.0130 (-0.656)	0.0130 (0.946)
Constant	0.0370 (0.228)	-0.0650 (-0.243)	-0.933*** (-4.603)
Year	Yes	Yes	Yes
Industry	Yes	Yes	Yes
FE	Yes	Yes	Yes
R2_adj	0.8574	0.8405	0.9208
Observations	7482	3753	3729

注：括号中为 t 值；*、**、*** 分别表示 10%、5%、1% 显著性水平。

（6）财务柔性与营运资金融资结构调整速度的稳健性检验。除了前述用财务杠杆水平衡量企业的财务灵活性外，不少学者认为企业的现金持有在很大程度上也可以反映企业的财务灵活性。具体来看，当现金持有量较高时，企业可以更好地减轻外部冲击对企业经营活动的不利影响，预防经营活动资金链断裂，维持企业生产活动的正常和持续开展，表现为较高的财务柔性水平。参考曾爱民等（2011）[175]以及 Baños - Caballero 等（2016）[106]的做法，本书进一步选取现金持有政策对企业的财务柔性水平进行衡量，用 FFlex2 作为表示符号。当企业现金持有量占总资产之比高于所处行业均值时，定义为高财务柔性公司，FFlex2 取值为 1；企业现金持有量占总资产之比低于所处行业均值时，定义为低财务柔性公司，FFlex2 取值为 0。表 6 - 14 列示了用现金持有量衡量的企业财务柔性与营运资金融资结构动态调整速度之间的关系。从回归结果来看，企业的现金持有量越高，财务柔性越大，营运资金融资结构的调整速度越快。与前述回归结果一致，假设 H5 得到进一步验证。

表 6 - 14　财务柔性与营运资金融资结构动态调整（稳健性检验）

被解释变量：LCR	(1)	(2)	(3)
	全样本	财务柔性大	财务柔性小
LCR_{t-1}	0.362***	0.159***	0.321***
	(37.790)	(12.986)	(26.616)
$FFlex2 * LCR_{t-1}$	-0.092***		
	(-7.071)		
FFlex2	0.105***		
	(13.662)		
CRC	0.915***	0.582***	1.072***
	(29.875)	(21.099)	(21.490)

续表

被解释变量：LCR	(1)	(2)	(3)
	全样本	财务柔性大	财务柔性小
ROA	1.055 *** (18.257)	0.229 *** (4.215)	1.220 *** (14.046)
CCC	0.001 *** (18.039)	0.000 *** (6.416)	0.001 *** (12.288)
Risk	-0.144 (-1.244)	0.111 (1.003)	-0.252 (-1.457)
Size	-0.040 *** (-5.792)	0.045 *** (6.592)	-0.048 *** (-4.597)
Age	0.090 *** (2.770)	0.058 ** (2.089)	0.094 * (1.748)
Growth	-0.044 *** (-5.946)	0 (-0.028)	-0.041 *** (-3.708)
State	0.00600 (0.489)	-0.023 ** (-2.075)	0.0160 (0.949)
Constant	0.0870 (0.549)	-0.669 *** (-4.438)	0.247 (0.916)
Year	Yes	Yes	Yes
Industry	Yes	Yes	Yes
FE	Yes	Yes	Yes
R2_adj	0.8611	0.9470	0.8291
Observations	7482	2952	4530

注：括号中为 t 值；*、**、*** 分别表示 10%、5%、1% 显著性水平。

（7）货币政策与营运资金融资结构调整速度的稳健性检验。本书借鉴饶品贵和姜国华（2013）[183] 的做法，结合宏观经济形势和我国特有的货币政策定义虚拟变量 MP2。具体来看，2004 年、2005 年、2006 年、2007 年和 2010 年央行普遍通过上调存款准备金率或存、贷款利率等方式应对经济过热或投资过快的势头；此外，与央行直接货币政策同步，银行间拆借利率和国库券利率等市场化利率水平也在这几年保持较高水平，反映了有限的市场资本供给和较高的资本成本（饶品贵，姜国华，2013）[183]。鉴于此，将 2004 年、2005 年、2006 年、2007 年和 2010 年定义为货币政策紧缩年，MP2 取值为 1；其他年份定义为货币政策宽松年，MP2 取值为 0。表 6－15 列示了饶品贵和姜国华（2013）[183] 提出的货币政策衡量指标（MP2）与营运资金融资结构动态调整速度之间的关系。从回归结果来看，与货币政策宽松期相比，货币政策紧缩时期，企业营运资金融资结构的调整速度较慢。与前述回归结果一致，假设 H6 得到进一步验证。

表 6－15　货币政策与营运资金融资结构动态调整（稳健性检验）

被解释变量：LCR	(1)	(2)	(3)
	全样本	货币政策紧缩	货币政策宽松
LCR_{t-1}	0.342*** (34.826)	0.335*** (14.964)	0.284*** (24.255)
$MP2*LCR_{t-1}$	0.024** (2.095)		
MP2	−0.026* (−1.936)		
CRC	1.044*** (36.524)	1.366*** (17.605)	1.055*** (32.749)
ROA	1.079*** (18.391)	1.069*** (7.784)	0.997*** (14.322)
CCC	0.001*** (16.531)	0.001*** (4.269)	0.001*** (14.669)
Risk	−0.0570 (−0.484)	−0.0840 (−0.314)	0.160 (1.054)

续表

被解释变量：LCR	(1)	(2)	(3)
	全样本	货币政策紧缩	货币政策宽松
Size	-0.037*** (-5.268)	-0.0200 (-1.069)	-0.031*** (-3.600)
Age	0.074** (2.255)	0.096** (2.190)	0.073*** (3.554)
Growth	-0.043*** (-5.769)	-0.0280 (-1.495)	-0.054*** (-6.572)
State	0.00900 (0.724)	0.0100 (0.358)	0.00500 (0.353)
Constant	0.0580 (0.351)	-0.504 (-1.499)	0.0280 (0.175)
Year	Yes	Yes	Yes
Industry	Yes	Yes	Yes
FE	Yes	Yes	Yes
R2_adj	7482	1734	5748
Observations	0.8568	0.8409	0.8706

注：括号中为 t 值；*、**、*** 分别表示 10%、5%、1% 显著性水平。

（8）营运资金融资结构偏离度与企业价值的稳健性检验。借鉴 Flannery 和 Rangan（2006）[185] 的做法，本书进一步用企业所处行业的营运资金融资结构的中位数作为企业营运资金融资结构最优值的替代指标，对营运资金融资结构偏离度（实际值偏离目标值的大小）（Deviation2）对企业价值的影响进行稳健性检验。表 6-16 列示了营运资金融资结构偏离度与企业价值关系的混合 OLS 估计和 2SLS 估计的稳健性检验结果。从表中可以看到，企业实际营运资金融资结构与最优值的偏离程度（Deviation2）与被解释变量企业价值（Tobin's q）均显著负相关，与前述回归结果一致。表明偏离程度越大，企业价值越低。

表 6－16　实际与目标营运资金融资结构的偏离程度与公司价值（稳健性检验）

被解释变量：Tobin's q	混合 OLS 估计		2SLS 估计	
	(1)	(2)	(3)	(4)
Deviation2	-0.290*** (-4.639)	-0.311*** (-5.340)	-0.485*** (-4.191)	-0.441*** (-4.158)
Growth	0.488*** (10.031)	0.603*** (13.299)	0.515*** (7.201)	0.623*** (9.548)
Size		-0.550*** (-35.740)		-0.637*** (-30.350)
Age		0.586*** (14.563)		0.378*** (5.798)
CF		3.762*** (16.011)		3.987*** (12.334)
Top1		0.00100 (0.907)		0.007*** (4.608)
Indd		2.550*** (8.528)		2.251*** (5.538)
Dual		0.275*** (7.247)		0.208*** (4.008)
Constant	2.488*** (87.535)	11.701*** (34.965)	2.627*** (58.412)	14.225*** (30.394)
R2_adj	0.014	0.171	0.019	0.206
Sargan (p-value)	—	—	0.0119	0.2489
Observations	9273	9142	4937	4863

注：括号中为 t 值；*、**、*** 分别表示 10%、5%、1% 显著性水平。

6.3 本章小结

相比于投资视角的营运资金投资规模和周转绩效研究，国内外学者对营运资金融资结构问题的探讨仍然较少，而从动态角度对企业营运资金融资结构进行分析则是一个崭新的视角。本书以2004~2015年沪、深两市A股制造业上市公司为研究样本，选用局部调整模型，对营运资金融资结构的动态调整进行了实证检验。本章主要回答三个问题：第一，企业是否会对营运资金融资结构进行动态调整？第二，调整意愿（企业家经济预期、供应链集中度）和调整成本（融资约束、财务柔性、货币政策）分别会对企业营运资金融资结构动态调整的速度产生何种影响？第三，企业实际营运资金融资结构偏离目标值会对企业价值产生怎样的经济后果？本章的实证研究结果表明：第一，企业营运资金融资结构选择是对不同来源和期限的资金融通方式进行权衡的一个动态调整过程。第二，企业家经济预期和供应链集中度会影响企业对营运资金融资结构的调整意愿，进而影响营运资金融资结构动态调整的速度。具体来看，当企业家经济预期较悲观或经济景气度较低时，企业营运资金融资结构调整速度通常较快；当供应链集中度较高时，出于风险控制的目的，企业通常也会加快对营运资金融资结构的动态调整。进一步区分偏离形态（当营运资金融资结构实际值高于目标值，即营运资本占营业活动流动资金净需求之比高于该比例的目标值时，称为“上偏”；当营运资金融资结构实际值低于目标值，即营运资本占营业活动流动资金净需求之比低于该比例的目标值时，称为“下偏”）的研究结果表明，当企业家经济预期较悲观和企业所处供应链集中度较高时，风险成为企业最主要考虑的因素，“下偏”形态的企业营运资金融资结构调整速度更快；而在企业家经济预期较为乐观和企业所处供应链集中度较低时，成本因素更可能成为企业关注的重点，“上偏”形态的企业营运资金融资结构调整速度更快。第三，企业面临的融资约束程度、财务柔性和货币政策是影响企业融资结构调整成本的主要因素，进而也会对营运资金融资结构的调整速度产生影响。具体来看，企业的融资约束程度越低、财务灵活性越高、货币政策越宽松，企业的融资结构调整成本越低、调整能力越强，营运资金融资结构的调整速度也就越快。

本章的研究结论拓展了营运资金融资结构动态调整研究的视野，填补了营运资金融资结构动态调整研究的空白，也有助于更深入地理解宏观经济形势和政策、供应链关系、外部融资能力、财务灵活性等与企业营运资金管理决策的协同效应。基于上述分析，本书提出如下建议：第一，企业应树立优化营运资金融资结构的意识，根据企业自身财务条件、所处供应链和经济景气度等外部经营环境的变化，对营运资金融资结构进行调整。第二，当经济处于下行期或供应链关系较集中时，实体企业间的风险传染性较强，一旦经营性资金融通出现问题，很可能导致企业面临破产危机。因此，在经济下行期和供应链关系集中度较高时，企业应更加重视资金风险传导问题，及时对营运资金融资结构进行优化调整。第三，为了更好地应对外部经济冲击的影响，企业应努力提高自身的外部融资能力，保持较高的财务灵活性以应对货币政策紧缩或金融危机等带来的融资成本的提升和资本供给的减少，最终提高对营运资金融资结构进行动态调整的能力。

第7章 研究结论与不足

7.1 主要研究结论

企业营运资金融资政策不仅涉及到短期和长期资金融通规模，而且直接决定了营业活动流动资金的结构配置。而不同来源和期限的营运资金融资选择会对企业资本成本和财务风险产生不同的影响，进而对企业营业活动正常开展和企业长远发展都会产生重要影响。尤其在经济下行的大背景下，企业面临着更为残酷的竞争环境，资金链日趋紧张，实体经济风险传染问题愈发严重，因此，如何对营业活动流动资金来源进行合理安排、对营运资金融资结构进行优化选择，成为我国企业生存和发展面临的重要问题。鉴于此，一方面，本书从静态研究视角，对营运资金融资结构的企业微观层面、中观层面（行业和供应链）和宏观经济层面的相关影响因素进行了系统的理论分析和实证检验；另一方面，本书从动态调整视角，对企业目标营运资金融资结构的存在性和营运资金融资结构的动态调整速度及经济后果问题进行了系统论证。从而有助于从更深层面理解企业营运资金融资结构选择，为企业合理制定营运资金融资计划和进行长、短期资本配置提供借鉴和指导。本书的主要研究结论如下：

第一，对成本和风险权衡视角下的营运资金融资结构的概念和内涵进行了分析。营运资金融资结构的概念界定以拓展营业观下的营运资金概念重构为基础。在利益相关者集体选择的企业观下，经营活动和投资活动在本质上是相同的，两者共同归于企业的广义营业活动；而筹资活动则是为企业价值创造提供资本支持和保障的活动。在拓展的营业观下，企业营运资金应界定为企业在营业活动中（既包括经营活动也包括投资活动）净融通的流动资金，即：流动资产与营业活动流动负债之差。与上述重新界定的营运资金概念相对应，企业营运资金筹资活动应该是为广义营业活动概念下的营运资金需求净额提供资金支持和保障；营运资金融资策略的选择则应是解决营运资金净需求如何融通的问题，即营业活动流动资金净需求有多少由短期金融性负债提供支持，又有多少由营运资本来融通和满足。因此，营运资金融资结构则应界定为：营运资本（或短期金融性负债）占营运资金之比。当选择激进的营运资金融资策略（短期金融性负债占营运资金之比较高）时，企业面临着更高的风险和更低的成本；而当选择稳健的营运资金融资策略（营运资金占营运资金之比较高）时，企业通常面临着更高的成本和更低的风险。根据融资结构的权衡理论，企业需要结合自身经营特点和外部经营环境的变化，对不同来源和期限的资金融资方式进行风险和成本的权衡，最终确定最适合的营运资金融资结构。

第二，对我国制造业企业营运资金融资结构的特征进行了时序、行业和特征分类分析。从我国制造业企业营运资金融资结构的时序特征来看，我国制造业上市公司营运资金融资结构近12年以来（2004~2015年），营运资本占营运资金之比的平均值和中位数均小于0.5，也就是说，制造业企业营业活动流动资金净需求更多地由短期金融性负债来融通和支持，营运资金融资结构较为激进，隐含着较高的财务风险水平。进一步分析来看，在2008年之前，制造业企业营运资本占营运资金之比基本维持在较低的水平，波动性较小；而2008年以后，我国制造业上市公司营运资本占营运资金之比呈现总体上升趋势，特别是2008~2011年，营运资本占营运资金之比持续急剧上升。结合宏观经济形势可以看出，受金融危机影响，企业意识到风险把控的重要性，因而普遍采用相对稳健的营运资金融资结构。从我国制造业企业营运资金融资结构的行业特征来看，不同制造业细分行业间企业营运资金融资结构存在较大差异，体现了行业竞争、产品差异化、产品耐用性等行业特征对营运资金融资结构选择的影响。此外，通过企业特征分类对比发现，不同企业资金需求特征、盈利能力、周转绩效、风险承担水平、所有权性质和规模下，企业营运资金融资结构也呈显著异质性。

第三，从静态权衡视角，对我国制造业企业营运资金融资结构的微观影响因素进行了分析。以2004~2015年的A股制造业上市公司作为研究样本，本书对企业营运资金融资结构的微观影响因素进行了实证检验。研究结果显示：（1）企业资金需求特征（CRC）与营运资金融资结构（LCR）显著正相关。当营运资金需求占营业活动总资金需求的比例较高时，企业通常会更多地选择长期资本为营运资金需求提供支持，表现为营运资本占营运资金之比较大。（2）企业盈利能力（ROA）与营运资金融资结构（LCR）显著正相关。企业资金报酬率越高，盈利能力越强，企业通常倾向于选择稳健的营运资金融资结构，即营运资本占营运资金之比较大。（3）企业现金周转期（CCC）也与营运资金融资结构（LCR）显著正相关。当企业在营业活动过程中的现金周转期较短、资金周转效率较高时，企业会选择用较多的短期金融性负债满足营业活动流动资金的净需求，即营运资本占营运资金之比较小。（4）企业风险承担水平（Risk）与营运资金融资结构（LCR）显著负相关。高风险承担企业的管理者会倾向于选择较为激进的营运资金融资结构，即营运资本占营运资金之比较小。（5）企业成长性（Growth）与营运资金融资结构（LCR）显著负相关。高成长性企业通常更多地选择短期金融性负债来对营运资金需求进行融通和满足，营运资本占营运资金之比相对较小。（6）企业规模（Size）、成立年限（Age）以及企业所有权性质（State）与营运资金融资结构（LCR）均呈显著负相关关系。小规模企业、成立年限较短的企业和非国有企业更多地使用长期资本为营业活动提供资金支持，即营运资本占营运资金之比较大。

第四，从静态权衡视角，对我国制造业企业营运资金融资结构的中观（行业和供应链）和宏观影响因素进行了分析。实证结果显示：（1）行业垄断程度（HHI）与企业营运资金融资结构（LCR）显著正相关。在营运资金融资结构决策方面，垄断行业企业通常会选择长期资本对营运资金需求进行满足，即营运资本占营运资金之比较大。（2）行业产品差异化程度（Diff）与企业营运资金融资结构（LCR）显著正相关。差异化产品生产企业通常会选择更多的长期资本为营业活动流动资金需求提供融资支持，即营运资本占营运资金之比较大。（3）耐用品行业（Durable）与企业营运资金融资结构（LCR）显著负相关。耐用品行业的生产企业通常将短期金融性负债等短期资金作为企业营运资金需求的主要来源，即营运资本占营运资金之比较小。(4) 供应链集中度 (SCR) 与企业营运资金融资结构 (LCR) 显著正相关。供应链集中度较高的企业倾向于选择成本较高但风险较低的长期资本作为营运资金需求的主要来源，即营运资本占营运资金之比较大。(5) 经济周期 (BC) 与企业营运资金融资结构 (LCR) 显著负相关。经济周期对企业营运资金融资结构的影响可以分为直接影响和通过企业相关微观因素发挥的中介效应而产生间接影响。从直接影响来看，在经济上行时期，企业会倾向于选择成本较低的短期金融性负债作为营运资金需求的主要来源；从间接效应来看，在经济上行期，企业总资金需求中长期资金需求占比提高而营运资金需求占比降低、现金周转期缩短、成长机会增加、风险承担水平普遍上升，进而会导致企业在营运资金融资决策时更多地选择短期金融性负债来满足营运资金融资需求。(6) 货币政策 (MP) 与企业营运资金融资结构 (LCR) 显著负相关。在货币政策紧缩时，企业通常会更多地选择短期金融性负债作为营运资金融资需求的主要来源，即营运资本占营运资金之比较小。

第五，从动态调整视角，对我国制造业企业营运资金融资结构的调整速度进行了分析。本书以 2004 ~ 2015 年沪、深两市 A 股制造业上市公司为研究样本，选用局部调整模型，对营运资金融资结构的动态调整进行了实证检验。实证结果表明：(1) 企业营运资金融资结构选择是对不同来源和期限的资金融通方式进行权衡的一个动态调整过程，企业会根据目标值对营运资金融资结构进行不断调整。(2) 企业家经济预期和供应链集中度会影响企业对营运资金融资结构的调整意愿，进而影响营运资金融资结构动态调整的速度。当企业家经济预期较悲观或经济景气度较低时，企业营运资金融资结构调整速度通常较快；当供应链集中度较高时，出于风险控制的目的，企业通常也会加快对营运资金融资结构的动态调整。进一步区分偏离形态的研究结果表明，当企业家经济预期较悲观和企业所处供应链集中度较高时，风险成为企业最主要考虑的因素，“下偏”形态的企业营运资金融资结构调整速度更快；而在企业家经济预期较为乐观和企业所处供应链集中度较低时，成本因素更可能成为企业关注的重点，“上偏”形态的企业营运资金融资结构调整速度更快。(3) 企业面临的融资约束程度、财务柔性和货币政策是影响企业融资结构调整成本的主要因素，进而也会对营运资金融资结构的调整速度产生影响。企业的融资约束程度越低、财务灵活性越高、货币政策越宽松，企业的融资结构调整成本越低、调整能力越强，营运资金融资结构的调整速度也就越快。

7.2 研究启示

第一，企业营运资金融资结构选择的实质是对不同期限的资金融资方式进行风险和成本的权衡，以确定企业营业活动流动资金净需求如何融通。企业在进行营运资金融资结构选择时，应充分考虑企业自身的特征。具体来看，当营运资金需求占营业活动总资金需求的比例较高时，表明营业活动流动资金需求是企业最主要的资金需求方，相应地，企业融资活动最重要的目标应是最大可能地保证营业活动流动资金链的安全和稳定，因此，在营运资金融资结构的选择上，企业应更多地选择长期资本为营运资金需求提供支持；高盈利性企业对融资成本的承受能力较强，可以选择成本较高而风险较低的长期资本作为营运资金需求的主要来源；资金周转效率较高的企业营业活动为自身业务开展提供资金的能力较强，企业只需要用短期资金来源满足营运资金需求就可以保证营业活动流动资金链安全性；高风险承担企业的长期资金的可获得性相对较低、融资成本相对更高，出于降低融资成本的考虑，应更多地选择成本较低的短期金融性负债作为营运资金的主要融资来源；为了降低代理成本和将更多的长期资本应投放到长期投资和成长机会之中，高成长性企业应更多地选择短期金融性负债来对营运资金需求进行融通和满足；出于对流动性和破产风险的预防和控制，小规模、成立年限较短的企业和非国有企业应选择相对保守的营运资金融资结构。

第二，企业的经营发展离不开其所处的行业、供应链以及外部宏观经济环境和经济政策的支持。企业所处的行业特征、供应链集中度以及宏观经济形势和政策通过影响企业与投资者之间的交易成本、代理成本和风险水平等，对企业营运资金融资结构决策产生重要影响。因此，企业在制定营运资金融资决策时，除了考虑自身因素，还应进一步结合企业所处的行业特征、供应链集中度以及外部宏观经济形势和政策等因素。具体来看，为了减弱竞争对手掠夺行为的损害和降低流动性风险，高垄断性行业应选择较为稳健的营运资金融资结构；为了更好地平衡风险和控制风险传染效应，差异化产品企业应选择稳健性的营运资金融资结构；耐用品行业的生产企业大多为资本密集型产业，固定资产等长期资本投资强度较大，企业应更多地将长期资本投放到长期资产投资之中，而将短期金融性负债等短期资金作为企业营运资金需求的主要来源；出于对风险的控制和平衡，供应链集中度较高的企业也应选择稳健性的营运资金融资结构；在经济下行时期，外部资本市场融资环境恶化，企业间风险传染效应不断加大，企业最主要的经营目标不再是一味地增加投资和追逐利润，而是应该将注意力转移到对自身流动性风险的预防上，因此，在进行营运资金融资决策时，应选择偏于稳健的营运资金融资结构；在货币政策紧缩时，企业外部资金融资成本较高，出于控制成本和未来降息时财务灵活性的考虑，企业应更多地选择短期金融性负债作为营运资金需求的主要资金融通来源。

第三，企业应树立优化营运资金融资结构的意识，根据企业自身财务条件、所处供应链和经济景气度等外部经营环境的变化，确定营运资金融资结构目标值，并在此基础上对营运资金融资结构进行动态调整。特别地，当经济处于下行期或供应链关系较集中时，实体企业间的风险传染性较强，一旦经营性资金融通出现问题，很可能导致企业面临破产危机。因此，在经济下行期和供应链关系集中度较高时，企业应更加重视资金风险传导问题，及时对营运资金融资结构进行优化调整。此外，为了更好地应对外部经济冲击的影响，企业应努力提高自身的外部融资能力，保持较高的财务灵活性以应对货币政策紧缩或金融危机等带来的融资成本的提升和资本供给的减少，最终提高对营运资金融资结构进行动态调整的能力。

7.3　研究不足

本书对企业营运资金融资结构的概念和内涵进行了界定，从微观、中观（行业和供应链）以及宏观层面对营运资金融资结构的影响因素进行了静态分析，并在此基础上，从动态权衡视角对营运资金融资结构的动态调整进行了探讨，取得了一些初步成果。但由于本人能力的欠缺和相关数据可获得性的受限，本书在理论分析和实证研究方面仍存在一些不足，主要体现在如下几点：

第一，在营运资金融资结构的理论分析方面，仅对营运资金融资来源中的长期资本和短期金融性负债各自的风险和成本进行了比较和分析，提出基于风险和成本权衡的营运资金融资结构理论，但并没有进一步地构建数理模型，对目标营运资金融资结构的存在性进行数理推导。

第二，在营运资金融资结构的影响因素研究方面，没有进一步考虑公司治理层面的相关因素对营运资金融资结构的影响。事实上，公司治理层面的很多因素对企业风险水平和成本承担能力都有重要影响，进而会影响到企业营运资金融资结构决策。

第三，在实证研究的样本选择方面，本书只针对制造业上市公司数据进行了检验，而没有对非上市公司的营运资金融资结构问题进行研究。事实上，上市公司大多为实力较强的大公司，而非上市公司则有很多规模较小、实力较弱的企业，两者在市场竞争力、风险承担能力和外部资本获取能力等方面存在很大不同，因而在营运资金融资结构选择上也会存在较大的异质性。

针对上述不足，在后续的研究中，我们希望对目标营运资金融资结构的存在性进行数量模型推导，在此基础上，构建一个权衡风险和成本的营运资金融资结构优化决策模型；进一步将研究视角拓展到公司治理层面，分析股权集中度、管理层持股比例、两权分离、董事独立性、财务总监影响力、管理层风险偏好等公司治理因素与营运资金融资结构的关系；对非上市公司（或小规模企业）的营运资金融资结构影响因素和动态调整问题进行探讨和分析。

参考文献 References

［1］王竹泉，孙莹，孙建强，王苑琢，王贞洁，王秀华，张先敏，杜媛，程六兵，杜瑞，赵璨等．营运资金管理发展报告2016［M］．北京，中国财政经济出版社，2016：1.

［2］刘怀义．营运资本管理政策影响因素实证研究［J］．南开经济研究，2010（3）：105－115＋134.

［3］Etiennot，H.，Preve，L. A. and Sarria－Allende，V. Working capital management：an exploratory study［J］. Journal of Applied Finance，2012（1）：161－175.

［4］王竹泉．重新认识营业活动和营运资金［J］．财务与会计（理财版），2013（4）：1.

［5］Baños－Caballero S，García－Teruel P J，Martínez－Solano P. Working capital management in SMEs［J］. Accounting & Finance，2010（3）：511－527.

［6］Azeem，M. M. and Marsap，A. Determinant Factors and

Working Capital Requirement [J]. International Journal of Economics and Finance, 2015 (2): 280 - 292.

[7] Ding, S., Guariglia, A. and Knight, J. Investment and financing constraints in China: does working capital management make a difference? [J]. Journal of Banking 和 Finance, 2013 (5): 1490 - 1507.

[8] 鞠晓生，卢荻，虞义华．融资约束、营运资本管理与企业创新可持续性 [J]. 经济研究，2013 (1): 4 - 16.

[9] de Almeida, J. R. and Eid, W. Access to finance, working capital management and company value: Evidences from Brazilian companies listed on BM & FBOVESPA [J]. Journal of Business Research, 2014 (5): 924 - 934.

[10] Baños - Caballero, S., García - Teruel, P. J. and Martínez - Solano, P. The speed of adjustment in working capital requirement [J]. The European Journal of Finance, 2013 (10): 978 - 992.

[11] 吴娜．经济周期、融资约束与营运资本的动态协同选择 [J]. 会计研究，2013 (8): 54 - 61 + 97.

[12] 毛付根．论营运资金管理的基本原理 [J]. 会计研究，1995 (1): 38 - 40.

[13] 汪平，闫甜．营运资本、营运资本政策与企业价值研究——基于中国上市公司报告数据的分析 [J]. 经济与管理研究，2007 (3): 27 - 36.

[14] Salawu, R. O. Capital industry practice and aggressive conservative working capital policies in Nigeria [J]. Global Journal of Business Research, 2007 (2): 109 - 117.

[15] Nazir, M. S. and Afza, T. Impact of aggressive working capital management policy on firms' profitability [J]. IUP Journal of

Applied Finance, 2009 (8): 19 - 19.

[16] 袁卫秋. 营运资本管理表征变量对公司绩效影响的定量分析 [J]. 现代财经 (天津财经大学学报), 2012 (3): 95 - 108.

[17] Wang, L. and Li, Y. Effects of working capital management on company value under different competitive strategies [J]. Metallurgical & Mining Industry, 2015 (4): 122 - 131.

[18] 陈耿. 上市公司融资结构: 理论与实证研究 [D]. 西南财经大学, 2004.

[19] 孔庆辉. 宏观经济波动对中国上市公司资本结构影响的实证研究 [D]. 东北财经大学, 2011.

[20] 袁卫秋. 国内资本结构影响因素的实证研究述评 [J]. 重庆工商大学学报. 西部经济论坛, 2003 (6): 54 - 57.

[21] 沈艺峰, 资本结构理论史 [M], 北京, 经济科学出版社, 1999: 1.

[22] Frank, M. Z. and Goyal, V. K. Capital structure decisions: which factors are reliably important? [J]. Financial management, 2009 (1): 1 - 37.

[23] Modigliani, F. and Miller, M. H. The cost of capital, corporation finance and the theory of investment [J]. The American economic review, 1958 (58): 261 - 297.

[24] Frank, Murray Z., and Vidhan K. Goyal. Tradeoff and pecking order theories of debt, Working paper. University of British Columbia, 2005. Available at SSRN: https://ssrn.com/abstract=670543 or http://dx.doi.org/10.2139/ssrn.670543.

[25] 朱武祥, 魏炜, 王正位. 回归经典: 资本结构研究 60 年思考 [J]. 金融研究, 2014 (12): 194 - 206.

[26] Jensen, M. and Meckling, W. Theory of the firm: managerial behavior, agency costs and capital structure [J]. Journal of Financial Economics, 1976 (4): 30 - 38.

[27] Jensen, M. C. Agency costs of free cash flow, corporate finance, and takeovers [J]. The American economic review, 1986 (2): 323 - 329.

[28] Myers, S. C. Determinants of corporate borrowing [J]. Journal of financial economics, 1977 (2): 147 - 175.

[29] Titman, S. The effect of capital structure on a firm's liquidation decision [J]. Journal of financial economics, 1984 (1): 137 - 151.

[30] Hart, O. and Moore, J. A theory of debt based on the inalienability of human capital [J]. The Quarterly Journal of Economics, 1994 (4): 841 - 879.

[31] Myers, S. C. The capital structure puzzle [J]. The journal of finance, 1984 (3): 574 - 592.

[32] Graham, J. R. and Harvey, C. R. The theory and practice of corporate finance: Evidence from the field [J]. Journal of financial economics, 2001 (2): 187 - 243.

[33] Lucas, D. J. and McDonald, R. L. Equity issues and stock price dynamics [J]. The journal of finance, 1990 (4): 1019 - 1043.

[34] Baker, M. and Wurgler, J. Market timing and capital structure [J]. The journal of finance, 2002 (1): 1 - 32.

[35] 袁卫秋. 债务期限结构理论综述 [J]. 会计研究, 2004 (10): 9 - 13.

[36] 肖作平. 公司债务期限结构问题研究综述 [J]. 证券

市场导报，2006（11）：70－77.

[37] Stiglitz，J. E. On the irrelevance of corporate financial policy [J]. The American Economic Review，1974（6）：851－866.

[38] Brick，I. E. and Ravid，S. A. On the relevance of debt maturity structure [J]. The Journal of Finance，1985（5）：1423－1437.

[39] Kane，A.，Marcus，A. J. and McDonald，R. L. Debt policy and the rate of return premium to leverage [J]. Journal of Financial and Quantitative Analysis，1985（04）：479－499.

[40] Jun，S. G. and Jen，F. C. Trade－off model of debt maturity structure [J]. Review of Quantitative Finance and Accounting，2003（1）：5－34.

[41] Wiggins，J. B. The relation between risk and optimal debt maturity and the value of leverage [J]. Journal of Financial and Quantitative Analysis，1990（03）：377－386.

[42] Scherr，F. C. and Hulburt，H. M. The debt maturity structure of small firms [J]. Financial management，2001：85－111.

[43] 肖作平．对我国上市公司债务期限结构影响因素的分析 [J]．经济科学，2005（3）：80－89.

[44] Antoniou，A.，Guney，Y. and Paudyal，K. The determinants of debt maturity structure：evidence from France，Germany and the UK [J]. European Financial Management，2006，12（2）：161－194.

[45] 王东静．中国上市公司债务期限结构研究 [D]．上海交通大学，2007.

[46] Renato Soares Terra，P. Determinants of corporate debt maturity in Latin America [J]. European Business Review，2011

(1): 45 - 70.

[47] 王汀汀，施秋圆，张漫春. 中小企业债务期限结构及其影响因素研究——基于生命周期的视角 [J]. 中央财经大学学报，2015 (5): 64 - 70.

[48] Barnea, A., Haugen, R. A. and Senbet, L. W. A rationale for debt maturity structure and call provisions in the agency theoretic framework [J]. The Journal of Finance, 1980, 35 (5): 1223 - 1234.

[49] Duffie, D. and Singleton, K. J. Modeling term structures of defaultable bonds [J]. Review of Financial studies, 1999 (4): 687 - 720.

[50] Barclay, M. J. and Smith, C. W. The maturity structure of corporate debt [J]. The Journal of Finance, 1995 (2): 609 - 631.

[51] Guedes, J. and Opler, T. The determinants of the maturity of corporate debt issues [J]. the Journal of Finance, 1996 (5): 1809 - 1833.

[52] Ozkan, A. An empirical analysis of corporate debt maturity structure [J]. European Financial Management, 2000 (2): 197 - 212.

[53] 黄乾富，沈红波. 债务来源、债务期限结构与现金流的过度投资——基于中国制造业上市公司的实证证据 [J]. 金融研究，2009 (9): 143 - 155.

[54] Dang, V. A. Leverage, debt maturity and firm investment: An empirical analysis [J]. Journal of Business Finance & Accounting, 2011 (38) (1—2): 225 - 258.

[55] 肖坤，秦彬. 我国上市公司债务结构对财务治理效率的影响 [J]. 经济管理，2011 (2): 109 - 115.

[56] 胡启明，马如飞，王国顺．债务期限结构与企业投资关系——基于流动性风险视角的实证研究 [J]. 系统工程，2015 (4): 24 -31.

[57] Flannery, M. J. Asymmetric information and risky debt maturity choice [J]. The Journal of Finance, 1986 (1): 19 -37.

[58] Kale, J. R. and Noe, T. H. Risky debt maturity choice in a sequential game equilibrium [J]. Journal of Financial Research, 1990 (2): 155 -166.

[59] Diamond, D. W. Debt maturity structure and liquidity risk [J]. The Quarterly Journal of Economics, 1991 (3): 709 -737.

[60] Mitchell, K. The call, sinking fund, and term - to - maturity features of corporate bonds: an empirical investigation [J]. Journal of Financial and Quantitative Analysis, 1991 (2): 201 -222.

[61] Gottesman, A. A. and Roberts, G. S Maturity and corporate loan pricing [J]. Financial Review, 2004 (1): 55 -77.

[62] Armstrong, C. S. , Guay, W. R. and Weber, J. P. The role of information and financial reporting in corporate governance and debt contracting [J]. Journal of Accounting and Economics, 2010 (2): 179 -234.

[63] Custódio, C. , Ferreira, M. A. and Laureano, L. Why are US firms using more short - term debt? [J]. Journal of Financial Economics, 2013 (1): 182 -212.

[64] Emery, G. W. Cyclical demand and the choice of debt maturity [J]. The Journal of Business, 2001 (4): 557 -590.

[65] Stohs, M. H. and Mauer, D. C. The determinants of corporate debt maturity structure [J]. Journal of Business, 1996: 279 -312.

［66］于鑫，从债务期限影响因素看中小企业债券市场发展［J］. 证券市场导报，2012（5）：17 –26.

［67］钟凯，程小可，张伟华．货币政策适度水平与企业“短贷长投”之谜［J］. 管理世界，2016（3）：87 – 98 + 114 +188.

［68］Kanatas，G. and Qi，J. Imperfect competition，agency，and financing decisions［J］. The Journal of Business，2001（2）：307 –338.

［69］Campello，M. and Gao，J. Customer concentration and loan contract terms［J］. Journal of Financial Economics，2017（1）：108 –136.

［70］Booth，L.，Aivazian，V.，Demirguc – Kunt，A. and Maksimovic，V. Capital structures in developing countries［J］. The journal of finance，2001（1）：87 –130.

［71］Vermoesen，V.，Deloof，M. and Laveren，E. Long – term debt maturity and financing constraints of SMEs during the Global Financial Crisis［J］. Small Business Economics，2013（2）：433 –448.

［72］Fan，J. P.，Titman，S. and Twite，G. An international comparison of capital structure and debt maturity choices［J］. Journal of Financial and quantitative Analysis，2012（1）：23 –56.

［73］De Fiore，F. and Uhlig，H. Corporate debt structure and the financial crisis［J］. Journal of Money，Credit and Banking，2015（8）：1571 –1598.

［74］王克岭，刘春江，付宇翔．利率与公司债务期限结构的实证研究——基于制造业的经验分析［J］. 华东经济管理，2015（1）：103 –111.

［75］胡建雄，茅宁．国外资本结构调整研究述评及展望［J］．外国经济与管理，2014（8）：62－72.

［76］Lööf，H. Dynamic optimal capital structure and technical change［J］. Structural Change and Economic Dynamics，2004（4）：449－468.

［77］Frydenberg，S. T. E. I. N. Capital structure theories and empirical tests：An overview［M］. Capital Structure and Corporate Financing Decisions：Theory，Evidence，and Practice，2011（15）：129－150.

［78］袁卫秋，董秋萍．营运资本管理研究综述［J］．经济问题探索，2011（12）：157－162.

［79］Merville，L. J. and Tavis，L. A.. Optimal working capital policies：A chance－constrained programming approach［J］. Journal of Financial and Quantitative Analysis，1973：47－59.

［80］Nunn，K. The strategic determinants of working capital［J］. Financial Review，1980（4）：67－67.

［81］Van Horne，J. C. A Risk－Return Analysis of a Firm's Working－Capital Position［J］. The Engineering Economist，1969（2）：71－89.

［82］Smith，K. Profitability versus liquidity tradeoffs in working capital management［J］. Readings on the management of working capital，1980：549－562.

［83］王竹泉，逄咏梅，孙建强．国内外营运资金管理研究的回顾与展望［J］．会计研究，2007（2）：85－90＋92.

［84］王竹泉，李文妍，修小圆，倪玥，柳艺．基于营运资金需求保障能力的企业财务风险评估［J］．财务与会计（理财版），2013（7）：13－15.

[85] 王竹泉，孙莹，王秀华，张先敏，杜媛．中国上市公司营运资金管理调查：2012 [J]. 会计研究，2013 (12)：53－59＋97.

[86] 王竹泉，孙莹，张先敏，杜媛，王秀华．中国上市公司营运资金管理调查：2013 [J]. 会计研究，2014 (12)：72－78＋96.

[87] 孙莹，王竹泉，张先敏，杜瑞，程六兵．中国上市公司营运资金管理调查：2014 [J]. 会计研究，2015 (12)：67－73＋97.

[88] Watson, R. and Wilson, N. Small and medium size enterprise financing: A note on some of the empirical implications of a pecking order [J]. Journal of Business Finance & Accounting, 2002 (29): 557－578.

[89] Padachi, K., Narasimhan, M. S., Durbarry, R. and Howorth, C. An analysis of working capital structure and financing pattern of Mauritian small manufacturing firms [J]. Journal of Applied Finance, 2008 (7): 41－62.

[90] 曹玉珊．定向增发企业的营运资金管理研究——来自中国上市公司的证据 [J]. 经济管理，2012 (8)：129－137.

[91] 王贞洁，王竹泉．外向型水平与上市公司营运资金管理绩效——基于我国电子信息产业的实证分析 [J]. 管理评论，2014 (9)：100－108.

[92] 王竹泉，王贞洁，李静．经营风险与营运资金融资决策 [A]. 2014 营运资金管理高峰论坛论文集 [C]. 中国企业营运资金管理研究中心，2014：14－25.

[93] Erdogan, A. I. Determinants of Working Capital and Investment Financing Patterns of SMEs: Evidence from Turkey [J].

Journal of Applied Finance and Banking, 2015 (3): 81 -92.

[94] 朱晓. 营运资本筹资战略政策影响因素分析——基于新疆上市公司的经验数据 [J]. 新疆财经大学学报, 2015 (1): 47 -54.

[95] Sathyamoorthi, C. R. and Wally - Dima, L. B. Working capital management: the case of listed retail domestic companies in Botswana [J]. The Icfaian Journal of Management Research, 2008 (5): 7 -24.

[96] Demica. Lack of working capital stymies upturn [J]. Trade Finance, 2010 (6): 74 -74.

[97] 王贞洁, 王竹泉. 经济危机、信用风险传染与营运资金融资结构——基于外向型电子信息产业上市公司的实证研究 [J]. 中国工业经济, 2013 (11): 122 -134.

[98] McGuinness, G. The impact of the financial crisis on the working capital of SMEs: a panel data analysis [D]. Doctoral dissertation, Dublin City University, 2015.

[99] de Rozari, P. E. , Sudarma, Y. S. , Indiastuti, R. and Febrian, E. The Integrated Measuring of Working Capital Management Efficiency on Financial Performance in Indonesia Stock Exchange [J]. Information Management and Business Review, 2015 (3): 26.

[100] Kieschnick, R. and Rotenberg, W. Working Capital Management, the Credit Crisis, and Hedging Strategies: Canadian Evidence [J]. Journal of International Financial Management & Accounting, 2016 (27): 208 -232.

[101] 邱妘, 梁立. 企业营运资金结构对绩效的影响——以纺织服装业为例的实证研究 [J]. 经济管理, 2010 (8):

131 – 136.

[102] Al – Mwalla, M. The impact of Working Capital Management Policies on firm's Profitability and Value: the case of Jordan [J]. International Research Journal of Finance and Economics, 2012 (4): 1450 – 2887.

[103] Alavinasab, S. M. and Davoudi, E. Studying the relationship between working capital management and profitability of listed companies in Teheran stock Exchange [J]. Business Management Dynamics, 2013 (7): 1 – 8.

[104] Hoang, T. V. Impact of Working Capital Management on Firm Profitability: The Case of Listed Manufacturing Firms on Ho Chi Minh Stock Exchange [J]. Asian Economic and Financial Review, 2015 (5): 779 – 789.

[105] Pais, M. A. and Gama, P. M. Working capital management and SMEs profitability: Portuguese evidence [J]. International Journal of Managerial Finance, 2015 (3): 341 – 358.

[106] Baños – Caballero, S., García – Teruel, P. J. and Martínez – Solano, P. Financing of working capital requirement, financial flexibility and SME performance [J]. Journal of Business Economics and Management, 2016 (6): 1189 – 1204.

[107] Afza, T. and Nazir, M. S. Is it better to be aggressive or conservative in managing working capital [J]. Journal of quality and technology management, 2007 (2): 11 – 21.

[108] Peles, Y. C. and Schneller, M. I. The duration of the adjustment process of financial ratios [J]. The Review of Economics and Statistics, 1989 (3): 527 – 532.

[109] 张淑英. 宏观经济形势与企业营运资金需求动态调

整研究［J］. 产经评论，2015（4）：133－147.

［110］陈克兢，李延喜，曾伟强，张婷婷. 上市公司营运资金影响因素及其调整速度的实证研究——基于系统广义矩估计的动态面板数据分析［J］. 当代会计评论，2015（2）：43－60.

［111］孙兰兰，朱大鹏. 上市公司营运资金管理宏观影响因素分析——以制造业为例［J］. 财会通讯，2014（32）：28－30.

［112］孙莹. 营运资金概念重构与管理创新［D］. 中国海洋大学，2011.

［113］王竹泉，杜媛. 利益相关者视角的企业形成逻辑与企业边界分析［J］. 中国工业经济，2012（3）：108－120.

［114］孙兰兰，陈晓辉，王晓骁，杜媛. 利益相关者集体选择视角的通用财务报告列报框架［A］. 中国会计学会会计基础理论专业委员会. 中国会计学会会计基础理论专业委员会2014年学术研讨会论文集［C］. 中国会计学会会计基础理论专业委员会：，2014：14.

［115］逄咏梅. 供应链交易、制衡机制与营运资金管理效率研究［D］. 南京大学，2013.

［116］孙兰兰，王竹泉. 议价能力、货币政策与商业信用政策动态调整［J］. 江西财经大学学报，2016（5）：43－53.

［117］王菁华，茅宁. 企业风险承担研究述评及展望［J］. 外国经济与管理，2015（12）：44－58.

［118］Jalilvand，A. and Harris，R. S. Corporate behavior in adjusting to capital structure and dividend targets：An econometric study［J］. The Journal of Finance，1984（1）：127－145.

［119］申香华. 银行风险识别、政府财政补贴与企业债务融资成本——基于沪深两市2007－2012年公司数据的实证检验

[J]. 财贸经济，2014 (9)：62 -71.

[120] 苏坤. 企业风险承担经济后果研究——基于债务期限结构的视角 [J]. 现代管理科学，2016 (6)：57 -59.

[121] Gul, F. A. Growth opportunities, capital structure and dividend policies in Japan [J]. Journal of Corporate Finance, 1999 (2): 141 -168.

[122] Aivazian, V. A., Ge, Y. and Qiu, J. The impact of leverage on firm investment: Canadian evidence [J]. Journal of corporate finance, 2005 (1): 277 -291.

[123] 杨兴全，吴昊旻. 成长性、代理冲突与公司财务政策 [J]. 会计研究，2011 (8)：40 -45 +96.

[124] 邓可斌，曾海舰. 中国企业的融资约束：特征现象与成因检验 [J]. 经济研究，2014 (2)：47 -60 +140.

[125] La Rocca, M., La Rocca, T. and Cariola, A. Capital structure decisions during a firm's life cycle [J]. Small Business Economics, 2011 (1): 107 -130.

[126] Berger, A. N. and Udell, G. F. The economics of small business finance: The roles of private equity and debt markets in the financial growth cycle [J]. Journal of banking & finance, 1998 (6): 613 -673.

[127] Deloof, M. and Jegers, M. Trade credit, product quality, and intragroup trade: some European evidence [J]. Financial management, 1996 (25): 33 -43.

[128] García - Teruel, P. and Martinez - Solano, P. Effects of working capital management on SME profitability [J]. International Journal of managerial finance, 2007 (2): 164 -177.

[129] 曹玉珊. 经营性营运资金管理效率与企业绩效的相

关性——来自中国上市公司的经验证据［J］. 当代财经，2013（8）：109－120.

［130］ John, K., Litov, L. and Yeung, B. Corporate governance and risk－taking［J］. The Journal of Finance, 2008（4）：1679－1728.

［131］ Acharya, V. V., Amihud, Y. and Litov, L. Creditor rights and corporate risk－taking［J］. Journal of Financial Economics, 2011（1）：150－166.

［132］ 李文贵，余明桂. 所有权性质、市场化进程与企业风险承担［J］. 中国工业经济，2012（12）：115－127.

［133］ 余明桂，李文贵，潘红波. 管理者过度自信与企业风险承担［J］. 金融研究，2013（1）：149－163.

［134］ 孙兰兰，翟士运，王竹泉. 供应商关系、社会信任与商业信用融资效应［J］. 软科学，2017（2）：71－74.

［135］ Erol, T. Strategic debt with diverse maturity in developing countries: Industry－level evidence from Turkey［J］. Emerging Markets Finance and Trade, 2004（5）：5－24.

［136］ Patatoukas, P. N. Customer－base concentration: Implications for firm performance and capital markets: 2011 american accounting association competitive manuscript award winner［J］. The Accounting Review, 2011（2）：363－392.

［137］ Barrot J N. Trade credit and industry dynamics: Evidence from trucking firms［J］. The Journal of Finance, 2015（1）：2－67

［138］ Titman, S. and Wessels, R. The determinants of capital structure choice［J］. The Journal of finance, 1988（1）：1－19.

［139］ Allen, J. W. and Phillips, G. M. Corporate equity ownership, strategic alliances, and product market relationships［J］. The

Journal of Finance, 2000 (6): 2791 -2815.

[140] Banerjee, S. , Dasgupta, S. and Kim, Y. Buyer - supplier relationships and the stakeholder theory of capital structure [J]. The Journal of Finance, 2008 (5): 2507 -2552.

[141] Frésard, L. and Valta, P. How does corporate investment respond to increased entry threat? [J]. Review of Corporate Finance Studies, 2015 (28): cfv015.

[142] Lugli, P. Spotlight shifts to money in the supply chain [J]. Financial Executive, 2006 (9): 54 -56.

[143] Wadhwa, S. , Kanda, A. and Bhoon, K. S. Impact of supply chain collaboration on customer service level and working capital [J]. Global Journal of Flexible Systems Management, 2006 (7): 27 -27.

[144] 张先敏．供应链管理与经营性营运资金管理绩效：影响机理与实证检验 [D]．中国海洋大学，2013.

[145] 吴昊旻，王华．行业产品市场竞争与上市公司债务融资选择实证研究 [J]．暨南学报（哲学社会科学版），2009 (6): 124 -132.

[146] 陆正飞，杨德明．商业信用：替代性融资，还是买方市场？[J]．管理世界，2011 (4): 6 -14 +45.

[147] Valta, P. Competition and the cost of debt [J]. Journal of Financial Economics, 2012 (3): 661 -682.

[148] Hertzel, M. G. and Officer, M. S. Industry contagion in loan spreads [J]. Journal of Financial Economics, 2012 (3): 493 -506.

[149] 张顺葆．行业特征、企业间信任与资本结构选择 [J]．山西财经大学学报，2015 (3): 48 -59.

［150］ Kale, J. R. and Shahrur, H Corporate capital structure and the characteristics of suppliers and customers ［J］. Journal of Financial Economics, 2007 （2）: 321 －365.

［151］ Smith, J. K. Trade credit and informational asymmetry ［J］. The journal of finance, 1987 （4）: 863 －872.

［152］ 孙大超，王伟，景红桥．产权性质、产业差异化与企业商业信用供给 ［J］．经济管理，2014 （3）：53 －62.

［153］ Chenery, Hollis B. , Sherman Robinson, and Moshe Syrquin. Industrialization and growth. ［M］. Washington: World Bank, 1986.

［154］ 鲍群，赵秀云．产权性质、供应商关系与公司风险 ［J］．中南财经政法大学学报，2016 （3）：117 －123.

［155］ 李任斯，刘红霞．供应链关系与商业信用融资——竞争抑或合作 ［J］．当代财经，2016 （4）：115 －127.

［156］ Van Horen, N. Do firms use trade credit as a competitiveness tool? Evidence from developing countries ［R］. World Bank mimeo, 2004 （1）: 1 －96.

［157］ 王竹泉，孙兰兰．市场势力、创新能力与最优商业信用供给 ［J］．山西财经大学学报，2016 （10）：36 －46.

［158］ Hertzel, M. G. , Li, Z. , Officer, M. S. and Rodgers, K. J. Inter－firm linkages and the wealth effects of financial distress along the supply chain ［J］. Journal of Financial Economics, 2008 （2）: 374 －387.

［159］ Garcia－Appendini, E. and Montoriol－Garriga, J. Firms as liquidity providers: Evidence from the 2007 －2008 financial crisis ［J］. Journal of Financial Economics, 2013 （1）: 272 －291.

［160］ 王勇，刘志远．供应商关系与企业现金持有——来

自中国制造业上市公司的经验证据［J］. 审计与经济研究，2016（1）：83－91.

［161］陈信元，靳庆鲁，肖土盛，张国昌. 行业竞争、管理层投资决策与公司增长/清算期权价值［J］. 经济学（季刊），2014（1）：305－332.

［162］余明桂，潘红波. 金融发展，商业信用与产品市场竞争［J］. 管理世界，2010（8）：117－129.

［163］王勇. 关系客户影响管理者的风险承担决策吗？——基于股权激励视角的经验研究［A］. 2016 营运资金管理高峰论坛论文集［C］. 中国企业营运资金管理研究中心，2016：172－185.

［164］Baños－Caballero，S.，García－Teruel，P. J. and Martínez－Solano，P. Working capital management，corporate performance，and financial constraints［J］. Journal of Business Research，2014（3）：332－338.

［165］张西征. 货币政策、融资约束与公司投资决策［D］. 南开大学，2010.

［166］饶品贵，姜国华. 货币政策波动、银行信贷与会计稳健性［J］. 金融研究，2011（3）：51－71.

［167］王竹泉，赵璨，王贞洁. 国内外融资约束研究综述与展望［J］. 财务研究，2015（3）：16－26.

［168］Zhao，X.，Lynch，J. G. and Chen，Q. Reconsidering Baron and Kenny：Myths and truths about mediation analysis［J］. Journal of consumer research，2010（2）：197－206.

［169］张慧，张茂德. 债务结构、企业绩效与上市公司治理问题的实证研究［J］. 改革，2003（5）：77－81.

［170］连玉君，彭方平，苏治. 融资约束与流动性管理行

为［J］. 金融研究，2010（10）：158－171.

［171］李心合. 金融经济危机与公司财务学发展［J］. 当代财经，2014（2）：106－114.

［172］Faulkender, M., Flannery, M. J., Hankins, K. W. and Smith, J. M. January. Do adjustment costs impede the realization of target capital structure［C］. In AFA 2008 New Orleans Meetings Paper, 2008.

［173］邓康林，刘名旭. 环境不确定性、财务柔性与上市公司现金股利［J］. 财经科学，2013（2）：46－55.

［174］Gamba A, Triantis A. The value of financial flexibility［J］. The Journal of Finance, 2008（5）：2263－2296.

［175］曾爱民，傅元略，魏志华. 金融危机冲击、财务柔性储备和企业融资行为——来自中国上市公司的经验证据［J］. 金融研究，2011（10）：155－169.

［176］王帆，倪娟. 融资约束、财务柔性与股利政策选择［J］. 经济学家，2016（4）：79－87.

［177］雒敏，聂文忠. 财政政策、货币政策与企业资本结构动态调整——基于我国上市公司的经验证据［J］. 经济科学，2012（5）：18－32.

［178］宋献中，吴一能，宁吉安. 货币政策、企业成长性与资本结构动态调整［J］. 国际金融研究，2014（11）：46－55.

［179］邹萍. 货币政策、股票流动性与资本结构动态调整［J］. 审计与经济研究，2015（1）：74－82.

［180］苏冬蔚，曾海舰. 宏观经济因素、企业家信心与公司融资选择［J］. 金融研究，2011（4）：129－142.

［181］张西征. 企业家经济预期、融资约束与预防性现金管理［J］. 外国经济与管理，2014（12）：33－46.

[182] 韩国高，胡文明．宏观经济不确定性、企业家信心与固定资产投资——基于我国省际动态面板数据的系统 GMM 方法 [J]. 财经科学，2016 (3)：79 -89.

[183] 饶品贵，姜国华．货币政策对银行信贷与商业信用互动关系影响研究 [J]. 经济研究，2013 (1)：68 -82 +150.

[184] Campbell, T. C., Galpin, N. and Johnson, S. A. Optimal inside debt compensation and the value of equity and debt [J]. Journal of Financial Economics, 2016 (2): 336 -352.

[185] Flannery, M. J. and Rangan, K. P. Partial adjustment toward target capital structures [J]. Journal of financial economics, 2006 (3): 469 -506.

后记

时光荏苒，我在海大近九年的学习和生活时光早已告一段落，在青岛科技大学的教研生涯也已度过了整整一年，但这些时光仿佛就在昨天。

回顾博士阶段的求学时光，心中感慨万千，这几年，我不仅收获了知识、迈入了学术之门，还获得了友情、历练和成长。在书稿完成之际，我要向所有教授我专业知识、给予我人生指引的老师和一直陪伴在我身边、给我温暖和鼓励的家人、朋友说一声谢谢——因为有了你们，我才能顺利地完成毕业论文写作，才能在这一过程中得到历练、得以成长。

首先，我要特别感谢我敬爱的博士导师王竹泉教授。在我眼里，王老师是一位知识渊博、温文尔雅的学者，从他身上我不仅学习到了做学问应该有的严谨、认真和努力，而且学到了做人应该有的谦逊、真诚和善良。在科研方面，已经硕果累累的王老师依然在学术道路上不断探索、积极创新，对学术问题总是认真钻研和探讨，并为此付出大量时间和精力，为我们这些学生树立好的榜样；在教书育人方面，王老师虽然很忙，但对我们的问题和疑惑总是耐心指导，每次跟王老师讨论完总有一种豁然开朗甚至醍醐灌顶的感觉；在为人处世方面，王老师对待他人的真诚和善良让我敬佩，成为我努力改进自我的榜样。在以后的科研工作和日常生活中，我会时时以王老师为标杆，严格要求自己，不枉导师的言传身教。

本书是在我博士学位论文的基础上充实完善最终成稿。在写作过程中，王老师给予了我耐心的指导和无私的帮助。当时博士论文开题的时候我正在美国印第安纳大学布鲁明顿校区进行博士联合培养，通过与王老师的电话沟通交流，激发了我对一些问题学习和思考的积极性，对我的论文选题起到很大帮助；选题确定之后王老师对我的写作思路和理论基础提出了改进意见，为我的论文写作打下了坚实的基础；论文初稿完成后，王老师提出的修改意见和建议，使我更好的认识到论文的不足，明确了对论文改进的方向。回顾自己的博士论文和书稿的写作及出版过程，从选题到最终定稿，每一个步骤都离不开王老师的悉心引导和帮助，在这里我要向王老师表达由衷的感谢和敬意。

此外，我的老师、同学也给予了我很大的帮助和关怀。感谢印第安纳大学布鲁明顿校区的 Dubos J. Masson 教授在我博士联合培养期间给予的帮助和指导。感谢罗福凯老师、张世兴老师、王莛老师、孙建强老师和房巧玲老师在开题过程中给我提出的宝贵建议和指导。感谢孙莹老师、王贞洁老师、杜媛老师、程六兵老师给予我学术上的启迪和帮助。感谢王风华师姐、王秀华师姐、张先敏师姐、丁红燕师姐、付代红师姐、张文华师姐、赵璨师姐等给予我的关心照顾和引导。感谢同门好友金灿灿博士、杨华博士、张园园博士一直以来的陪伴和帮助，有了你们，我的博士生涯变得更加充实和精彩，愿我们友谊长存。同时，也要感谢王苑琢、祝兵、夏秀芳、周在霞、盖丽娟等师弟师妹的大力帮助。

最后，我要深深地感谢我的家人——我所有幸福的源泉和前行的动力。我要特别感谢我的爸爸、妈妈一直以来对我无私的爱，做我坚实的后盾，让我在充满爱的目光里温暖前行，有勇气和能力向着自己心中的目标努力奋斗；感谢我的老公李鹏远给我的帮助和支持；感谢我的姐姐、姐夫和小外甥给我的关心。家人的支持、鼓励和无尽的关爱带给了我温暖和感动，我会带着这份浓浓的亲情走好以后的人生路，在工作上尽力去实现自己的目标，在生活中更加积极乐观，提升自己的幸福感，努力成为自己心中想要成为的那个更好的自己。

此外，我还要真心感谢中国财政经济出版社的编审在本书出版过程中付出的辛苦和提供的帮助！

孙兰兰

2018 年 7 月于青岛